普通高等教育"十四五"规划教材

21世纪高等院校规划教材·旅游系列

世界旅游文化

（第三版）

孙克勤　孙　博　主编

图书在版编目（CIP）数据

世界旅游文化 / 孙克勤，孙博主编. --3版. --北京：北京大学出版社，2024.8. --（21世纪高等院校规划教材）. --ISBN 978-7-301-35240-3

Ⅰ.F591

中国国家版本馆CIP数据核字第2024A0Y233号

书　　　名	世界旅游文化（第三版）
	SHIJIE LÜYOU WENHUA（DI-SAN BAN）
著作责任者	孙克勤　孙　博　主编
策划编辑	周　丹
责任编辑	周　丹
标准书号	ISBN 978-7-301-35240-3
出版发行	北京大学出版社
地　　　址	北京市海淀区成府路205号　100871
网　　　址	http://www.pup.cn　新浪微博：@北京大学出版社
电子邮箱	编辑部 zyjy@pup.cn　总编室 zpup@pup.cn
电　　　话	邮购部 010-62752015　发行部 010-62750672　编辑部 010-62704142
印刷者	河北文福旺印刷有限公司
经销者	新华书店
	787毫米×1092毫米　16开本　16.75印张　383千字
	2007年3月第1版　2017年10月第2版
	2024年8月第3版　2024年8月第1次印刷　（总第6次印刷）
定　　　价	56.00元

未经许可，不得以任何方式复制或抄袭本书之部分或全部内容。
版权所有，侵权必究
举报电话：010-62752024　电子邮箱：fd@pup.cn
图书如有印装质量问题，请与出版部联系，电话：010-62756370

前　言

旅游作为一种自由、主动、积极的文化活动，是一种高层次的精神享受。旅游是传递文化的过程，文化是旅游业的灵魂。旅游文化作为旅游和文化的分支，既有旅游的综合性，又有文化的延续性，它是与旅游紧密相连，并对旅游者的旅游感受产生影响的各种文化现象。旅游文化推动着国际文化交流，只有在文化交流和比较中，才能彰显出旅游的文化价值。

世界旅游文化作为一种文化形态，是从文化方面研究人类旅游活动发展规律的学科，揭示了旅游活动本质上是一种文化活动。

本书以世界遗产为主线，同时融入大量世界旅游文化之精华，试图体现当代世界旅游文化的主流趋势和特征。本书尽可能地避免大量枯燥理论知识的叠加，跳出传统的旅游文化教科书结构，试图有所创新，体现当代旅游文化的主流趋势和特征。本书的内容包括：绪论、人文景观文化、自然景观文化、聚落文化、博物馆旅游文化、世界名校旅游文化、旅游艺术文化、园林文化、名人故居文化、南极旅游文化和世界遗产。

本书大量引用实例，增加了可读性和知识性；同时将世界旅游文化知识和其最新的发展现状呈现给读者。本书以中国旅游文化为主线，融入了大量世界旅游文化的精华，介绍了世界自然风光、名胜古迹和风土人情等。本书的主要特点是：将世界遗产理念贯穿全书，试图以全新的文化视角构筑旅游文化读本品牌。

本书由孙克勤、孙博担任主编。参加编写的人员及负责编写的章节分别为：孙克勤编写第一章、第四章、第五章、第六章和第十一章；刘婧编写第二章；潘运伟、姜英朝、刘艳编写第三章；胡瑛编写第七章；高海连、曲莹编写第八章；胡星、汪媛媛编写第九章；孙博编写第十章。本书中的全部照片均由孙克勤、孙博实地拍摄。

本书第一版《世界旅游文化》于2008年被评为北京高等教育精品教材（京教高〔2008〕21号）。本书第三版的修订工作由孙克勤和孙博负责，根据出版社的要求，在保持本书原有基本框架的前提下，增补了相关内容，并就近年来世界旅游文化发展的新趋势等在书中进行了增补和调整。

在本书的编写过程中，我们参考了国内相关书刊、报纸和网站发布的资料。由于本书涉及自然科学和社会科学诸多分支，限于作者的能力和水平，错误之处在所难免，敬请专家和读者给予指正。

编　者

2024年7月

目 录

第一章 绪论 1
    第一节 旅游文化概述 1
    第二节 旅游的文化内涵和旅游文化的研究内容 8
    第三节 旅游文化的特征 11

第二章 人文景观文化 14
    第一节 人类的栖居环境 14
    第二节 美景 31
    第三节 符号 34

第三章 自然景观文化 46
    第一节 自然景观文化概述 46
    第二节 地质与地貌景观文化 49
    第三节 水体景观文化 64
    第四节 生物景观文化 73
    第五节 气象与气候景观文化 78

第四章 聚落文化 81
    第一节 乡村 82
    第二节 城镇 106
    第三节 城市 120

第五章 博物馆旅游文化 142
    第一节 博物馆旅游文化概述 142
    第二节 北京故宫博物院 147
    第三节 卢浮宫 151
    第四节 不列颠博物馆 153
    第五节 艾尔米塔什国家博物馆 155

第六章 世界名校旅游文化 157
    第一节 世界名校旅游文化概述 157

第二节　北京大学 ··· 158
　　第三节　清华大学 ··· 161
　　第四节　牛津大学 ··· 162
　　第五节　剑桥大学 ··· 165
　　第六节　耶鲁大学 ··· 166
第七章　旅游艺术文化 ··· 168
　　第一节　绘画艺术 ··· 168
　　第二节　雕塑艺术 ··· 174
　　第三节　戏曲歌舞艺术 ··· 181
第八章　园林文化 ··· 189
　　第一节　我国园林发展史 ··· 190
　　第二节　园林的构景要素及其含义 ··· 193
　　第三节　我国古典园林的分类 ··· 200
　　第四节　我国古典园林的特征 ··· 202
　　第五节　西方园林简述 ··· 205
　　第六节　西方园林的不同流派及其特征 ·································· 207
　　第七节　中外园林赏析 ··· 211
第九章　名人故居文化 ··· 217
　　第一节　名人故居概述 ··· 217
　　第二节　世界名人故居 ··· 220
第十章　南极旅游文化 ··· 240
　　第一节　概述 ·· 240
　　第二节　自然地理 ··· 243
　　第三节　南极考察站 ·· 244
　　第四节　南极旅游 ··· 244
第十一章　世界遗产 ··· 247
　　第一节　世界遗产的产生、发展及现状 ·································· 248
　　第二节　世界遗产的定义 ··· 249
　　第三节　世界遗产组织的设立 ·· 252
　　第四节　世界遗产的申报和评定 ·· 254
　　第五节　世界遗产发展趋势 ··· 255
　　第六节　我国的世界遗产 ··· 257
参考文献 ·· 260

第一章 绪 论

旅游业现在已成为一个具有很高文化品位和综合经济效益的产业。旅游是传递文化的过程，文化是旅游业的灵魂。旅游作为一种自由、主动、积极的文化活动，是一种高层次的精神享受。旅游文化作为一种文化形态，揭示了旅游活动本质上是一种文化活动，是研究旅游文化活动现象、本质及其规律的一门学科。

第一节　旅游文化概述

地球上凡是有人类涉足的地方就有文化现象产生。南极（见图1-1）是最后一个被发现的大陆，那里是寒冷严酷的冰雪世界，有不可思议的神奇动物，有摄人心魄的绝色美景，是远离人类文明的净土。南极特殊的地理位置和极端的自然环境，造就了原始恢宏的自然景观和千姿百态的动物世界，南极因其纯净的世界和纯净的动物而成为世人向往的旅游目的地。

图1-1　南极企鹅

马赛马拉国家公园是全肯尼亚最大的国家野生动物保护区，这里是动物最集中的栖息地和色彩最多的大草原，是狮子、猎豹、大象、长颈鹿、斑马等野生动物的家园。每年马赛马拉国家公园都会上演举世闻名的动物大迁徙（见图1-2）。每年的6—10月，游人接踵而至，为的就是一睹非洲大草原上动物大迁徙的壮观景象，感受独特的原始文化。

1820年的一天，在爱琴海上的米洛岛出土了一尊女人雕像。尽管出土的时候雕像就已失去了两只手臂，但当这尊雕像在巴黎卢浮宫展出时，所有参观者都被这尊雕像的美所倾倒。这尊用洁白大理石雕成的雕像就是后来闻名世界的《米洛的维纳斯》。这尊半裸的女人雕像，亭亭玉立，神态优雅，是古希腊女性的典型代表。面

图1-2 动物大迁徙（肯尼亚）

对这尊洁白无瑕的大理石雕像，人们仿佛能感受到此中所蕴含的女性的活力和生命的旋律。

　　法国巴黎的卢浮宫（见图1-3）是世界上规模最大和藏品最丰富的艺术博物馆，向人们展示着人类无比辉煌的艺术成就和无限伟大的创造精神。卢浮宫的镇馆三宝是世人皆知

图1-3 卢浮宫（法国）

的"三位女人"：《蒙娜丽莎》《米洛的维纳斯》和《胜利女神》。蒙娜丽莎神秘的微笑、维纳斯典雅的美丽和胜利女神奔放的身姿都让世人为之倾倒。

佛罗伦萨是意大利文艺复兴的摇篮，这座城市成就了意大利文艺复兴鼎盛时期艺术史上一些最为杰出的艺术大师，如列奥纳多·达·芬奇、米开朗琪罗、拉斐尔、提香等。佛罗伦萨有许许多多博物馆、美术馆、教堂等，其中的乌菲奇美术馆珍藏着文艺复兴时期意大利著名画家桑德罗·博蒂切利的《维纳斯的诞生》。这幅作品取材于古典神话，描画了维纳斯浮出海面的情景。博蒂切利惟妙惟肖地刻画了爱与美的女神——维纳斯，象征着对美的追求。这幅画作是文艺复兴时期的代表作之一。

当人们置身于我国的云南三江并流保护区、美国的大峡谷国家公园、加拿大的格罗斯莫讷国家公园、厄瓜多尔的加拉帕戈斯群岛、澳大利亚的大堡礁、俄罗斯的贝加尔湖等举世闻名的世界自然遗产地时，不仅会感受到大自然的美丽风光，而且在欣赏自然美景时也会潜移默化地提升自己的审美品位。

在现代旅游活动中，人们不仅渴求欣赏大自然的苍茫迷幻和秀丽风光，还盼望置身于历史长河中，从中汲取营养、增长知识。通过对这些名胜古迹的观赏，旅游者可以了解一个民族或一个地区的文化，得到美的享受。

一、文化与旅游

文化是指人类在社会历史发展过程中所创造的物质财富和精神财富的总和，特指精神财富，如文学、艺术、教育、科学等。文化是人类智慧和劳动的创造，其存在和发展是与人及人类社会的存在与发展相联系的。作为人类认识和实践活动的产物，文化在本质上是一种精神性的东西，它既体现在人们的精神活动和行为活动中，也体现在人们创造的各种精神产品和物质产品中。多元的文化成就了丰富多彩的人类文明。

文化的内涵博大精深。文化被看作是一种人类文明抽象的结构，是人类社会历史的物质与精神成果的复合体。文化具有民族性、地域性和时代性特征，不同民族、不同地域和不同时代的人们所创造的文化具有不同的类型和特点，从而形成不同的民族文化、地域文化和历史文化。

旅游是人类的一种自由、主动、积极的文化活动和高层次的精神享受，是人类社会经济和文化发展到一定阶段的产物。真正意义上的旅游活动，从一开始就带有自由性、开放性和探索性等这样一些文化活动的特点。

旅游作为人类社会生活中的一项重要活动，源远流长。我国古代就有帝王巡游天下、文人游历山水和高僧云游四海等旅游活动。国外中世纪旅行家的商务之旅，以及现代探险家的环球旅行，都与旅游活动密切相关。如今，旅游已成为现代人社会生活中不可缺少的组成部分。

旅游作为一种社会、文化和经济现象，对当代社会产生了重要的影响。当人类的旅游活动发展到一定阶段与规模时，就出现了有关社会、文化、经济等方面的一系列新课题，旅游学科也应运而生。旅游学科的研究对象是旅游活动及其所引发的各种现象、所形成的各种关系。旅游与文化关系紧密，不可分割。文化是旅游资源的基本内涵，文化是旅游产品的根本属性。旅游作为一种特别的生活方式，主要是满足旅游者高层次的精神需求和文化享受，而旅游文化揭示了旅游活动本质上是一种文化活动。人们只有不断追求文化创新，提高旅游产品的文化含量，才能提高旅游产品的竞争力。

二、旅游文化的定义、产生和发展

旅游文化是研究旅游活动过程中的文化活动现象、本质及规律的学科。旅游文化作为旅游和文化的分支，既有旅游的综合性，又有文化的延续性，它是与旅游紧密相连，并对旅游者的旅游感受产生影响的各种文化现象，也是以文化的内在价值为依据和以旅游诸要素为依托而作用于旅游活动过程的一种特殊的文化形态。旅游文化是旅游与文化的深层次结合，是在旅游活动中创造的专门文化。旅游文化的内容十分宽泛，可以说，凡是人们在通过旅游活动认识自然与社会的过程中所形成的价值观念、行为模式、物质成果、精神成果和社会关系，都可以归入旅游文化的范畴。旅游文化的形成是旅游活动发展的结果，是旅游者、旅游资源和旅游介体相互作用的结果。

按照旅游的基本要素，我们将旅游文化划分为三部分：旅游主体文化、旅游客体文化、旅游介体文化。

（1）旅游主体文化：旅游主体文化即与旅游者的思想观念、心理特征、行为方式有关的文化。旅游者是旅游活动的主体，旅游主体文化在旅游文化中占据核心地位。

（2）旅游客体文化：旅游客体即旅游资源，是人们开展旅游活动的物质基础。旅游客体文化即与旅游资源有密切关系的文化，是作为旅游对象的文化事物与现象，包括聚落文化、人文景观文化、自然景观文化、艺术文化、建筑文化、园林文化、民俗文化等。

（3）旅游介体文化：旅游介体即旅游业。旅游介体文化即在旅游活动中联系旅游主体与旅游客体，起到中介作用的文化，包括旅游企业文化、旅游商品文化、旅游服务文化、旅游管理文化、旅游教育文化、导游文化、旅游政策和法规等。

从国内外的研究来看，旅游文化所探讨的内容主要包括旅游心理学、旅游社会学、旅游哲学、旅游美学等领域。旅游文化研究较多地集中在如何吸引大量的旅游者，如何实现令旅游者满意的企业管理与服务，如何提高经济效益，如何提升旅游产品的文化品位等方面，这样的研究有利于旅游文化事业的发展。

尽管自从人类有了旅游活动便有了旅游文化现象，然而对于旅游文化概念的认识，将旅游文化作为一种特殊的旅游产品来加以认识，则开始于20世纪70年代。20世纪50年代以来,旅游业曾被人们誉为"无烟工业",备受青睐,旅游业所带来的经济增长也使得一些国家与地区的经济地位得到迅速提升。自20世纪70年代以来,随着联合国教科文组织于1972年通过《保护世界文化和自然遗产公约》(Convention Concerning the Protection of the World Cultural and Natural Heritage),世界遗产委员会于1978年公布了第一批共12项世界遗产,世界旅游业进入一个多元发展的新时期。世界遗产旅游以其独特的魅力为国际旅游业提供了新的契机。世界遗产旅游作为各国一个新的旅游产品,促进了旅游业的发展。世界遗产旅游作为可持续发展的一种旅游形式,不仅最大限度地满足了人们寻幽访古和感受自然的心愿,还促进了全球性文化交流。在世界范围内,掀起了一股世界遗产旅游热潮,文化旅游也逐步成为旅游产品中的热点之一。1992年12月,在美国圣菲召开的联合国教科文组织世界遗产委员会第16届会议提出将"文化景观"纳入《世界遗产名录》。作为"自然与人类的共同作品"的文化景观开始成为全球人们关注的焦点,极大地促进了旅游文化的发展。自20世纪90年代以来,我国旅游业也开始了对旅游文化的研究。

旅游业的发展给我们的社会、经济、文化、自然环境带来了深刻的变化和影响,并使越来越多的人认识到旅游业的意义和作用,特别是空前高涨的世界遗产旅游,不仅给旅游业带来前所未有的经济效益,而且极大地提高了人们的文化品位。

埃及是世界著名的旅游胜地,是世界历史上最悠久的文明古国之一。金字塔(见图1-4)是古代世界七大奇迹之一,是古埃及人埋葬国王的陵墓,它历史久远,

图1-4 金字塔(埃及)

雄伟壮观,历经沧桑,是古埃及高度文明的象征,也是人类遥远历史的见证者。

泰姬陵(见图1-5)是印度古代建筑史上的经典之作。泰姬陵作为文化遗产于1983年被联合国教科文组织列入《世界遗产名录》。泰姬陵位于阿格拉,是一座用白色大理石建成的巨大陵墓,是莫卧儿皇帝沙·贾汗为纪念他的爱妻而建。这座洁

图1-5 泰姬陵(印度)

白晶莹、美轮美奂、清雅出尘的宏伟陵墓，浓缩了一个伟大民族和文明古国数千年的灿烂文化。

法国的卢瓦尔河是一处非常美丽而又著名的文化景观，卢瓦尔河（见图1-6）全长1012千米，是法国最大的河流，卢瓦尔河沿岸分布着一些历史名镇和村庄、中世纪的城堡、几个世纪以来人类开垦的耕地，这是人类和自然环境相互作用的结果。卢瓦尔河是法国文艺复兴的摇篮，孕育了古老的文明，灿烂的历史，众多的艺术家、作家和诗人，如拉伯雷、巴尔扎克、大仲马、莫里斯·日内瓦、夏尔·佩罗、乔治·桑等都曾云集于此。

图1-6　卢瓦尔河（法国）

图1-7　威尼斯（意大利）

世界上有许多城市都被称为"水城"，其中颇具特色的是意大利的威尼斯。威尼斯（见图1-7）这座历史文化名城拥有众多的名胜古迹、古老的建筑、超凡绝伦的雕塑等。几个世纪以来，威尼斯以其悠久的历史、美丽的风光、浪漫的情调、灿烂的文化和艺术吸引着来自世界各地不计其数的旅游者。它在1987年被列入《世界遗产名录》。

我国山西的平遥古城和云南的丽江古城在1996年以前还是鲜为人知的地方,自从1997年被列入《世界遗产名录》后便名声大振,来这两座古城旅游的人络绎不绝。世界遗产旅游推动了当地社会文化和旅游经济的发展。

我国的皖南古村落多是明清时期的遗存,是地域文化——徽文化的载体,反映了徽商鼎盛时期的一个社会侧面。古村落的空间变化韵味有致,建筑色调朴素淡雅,堪称徽派古民居建筑艺术之典范,具有很高的历史、艺术、科学价值,体现了皖南古村落人们在人居环境营造方面的杰出才能和成就。皖南古村落的两个代表西递和宏村(见图1-8),作为文化遗产于2000年被列入《世界遗产名录》,这意味着我国古村落不仅是弥足珍贵的文化遗产,也正在成为国内外旅游者向往的旅游目的地。

图1-8　宏村(中国)

殷墟(见图1-9)位于我国河南省安阳市,是我国第一个有文献记载并为考古发掘所证实的商代都城遗址。这里先后出土了数量惊人的甲骨文、青铜器、玉器、陶器、骨器等精美文物,全面、系统地展现出几千年前中国商代都城的风貌,为人类文明史上重要历史阶段的存在提供了坚实的证据。2006年殷墟被列入《世界遗产名录》后,古老的殷墟迎来了前所未有的客流高峰。

图1-9　殷墟(中国)

21世纪是一个市场化、技术化、生态化和个性化的时代。在这样的时代背景下，全球旅游业呈现出多极、多中心的发展趋势，旅游文化也将在旅游业中起到越来越重要的作用。

第二节　旅游的文化内涵和旅游文化的研究内容

旅游文化作为一种文化形态，是从文化方面研究人类旅游活动发展规律的学科，揭示了旅游活动本质上是一种文化活动。

一、旅游的文化内涵

无论是人文旅游资源还是自然旅游资源，魅力均在于其文化内涵。人文旅游资源包括古人类遗址、园林、历史建筑、工业景观、农业景观、民族风情等，是一个民族、一个地区的文化积淀，反映了特定时期的历史和文化风貌。作为大自然的直接造化，自然资源是最基本的旅游资源，如地质景观（山岳、化石遗址、火山和喀斯特地貌等）、水体景观（江、河、湖、海）、生物保护区等。自然资源属于大自然的产物，但人类赋予了自然景观丰富的文化内涵，如名人足迹、诗词、歌赋、游记、题咏、碑刻等，将山水等自然景观打上了深深的文化烙印。被联合国教科文组织世界遗产委员会列入世界文化与自然双重遗产（混合遗产）的泰山、黄山、峨眉山、武夷山（中国），比利牛斯-佩尔杜山（法国和西班牙），阿索斯山（希腊），马丘比丘历史圣地（秘鲁），卡卡杜国家公园（澳大利亚），汤加里罗国家公园（新西兰）等，不仅具有独特的自然风光，而且具有丰富的文化内涵。

无论是人文旅游资源还是自然旅游资源，要引起旅游者的兴趣，就必须具有独具特色的民族或地方文化内涵，满足人们对科学、历史、文学、艺术、美学等方面的不同需求。

旅游的本质属性和人类社会赋予旅游的文化内涵，具体表现在以下几个方面。

（1）旅游是人们学习和求知的广阔天地。

旅游景观不仅是旅游活动中游览观光的对象，还蕴含着丰富且博大精深的精神文化内涵，它们往往是一部部直观而生动的自然、社会或文化教科书，既可以成为人们认识和学习的对象，丰富人们的知识，提升人们的文化素质，又可以提高人们对自然和社会的学习、认识水平。在现代社会，旅游已成为一种特殊的求知方式，人们通过旅游可以学到许多书本上学不到的东西，受益无穷。

(2) 旅游促进了科学考察、学术交流、文化往来。

科学考察、学术交流、文化往来与旅游活动的有机结合，促进了社会文化的交融。一方面，现代旅游的兴起和发展，促进了国家和地区之间的文化和科技交流，推动了文化和科技前进的步伐；另一方面，旅游也加深了世界各国人民的友好往来，增进了彼此间的友谊。我国古代就有"读万卷书，行万里路"的名言。中外历史上许多有作为的诗人、作家、学者，都与旅游结下了不解之缘。

我国儒家学派创始人孔子率领弟子周游列国14年之久，足迹遍及卫、曹、宋、郑、蔡诸国，开创了游学活动的先河。我国古代一些著名诗人，如李白、白居易、孟浩然、苏轼、陆游等，他们游历了我国的名山大川，写出了千古流传的诗篇。

唐代高僧玄奘的《大唐西域记》、北宋伟大科学家沈括的《梦溪笔谈》、明代医药学家李时珍的《本草纲目》，都是与旅行活动有着密不可分关系的不朽著作。

我国历史上杰出的旅行家和地理学家徐霞客，从22岁第一次出游太湖开始，直至逝世的前一年，全身心地致力于专业旅游活动，他的足迹遍及苏、浙、赣、鲁、晋、冀、豫、陕、皖、湘、鄂、闽、粤、桂、黔、滇诸省，直至中缅交界。《徐霞客游记》一书，为地理学和地质学方面的考察研究做出了卓越的贡献。

著名的意大利旅行家马可·波罗于1254年出生于意大利威尼斯一个商人世家，是世界历史上第一个将地大物博的中国向欧洲人做出报道的人，他在他的游记《马可·波罗游记》（也称《东方见闻录》）中描述了中国的富饶和文化的博大精深，在欧洲引起了极大的震撼，为中西文化交流起到了巨大的促进作用。因此，马可·波罗被誉为"中世纪的伟大旅行家"和中意关系史上的友好使者。

英国著名生物学家达尔文在乘坐贝格尔号远洋船进行环球考察的过程中，于1835年来到厄瓜多尔的加拉帕戈斯群岛。岛上生物的多样性给他留下深刻的印象，为他提出自然选择的论点和撰写《物种起源》这一巨著奠定了基础。

(3) 旅游是一种自由、主动、积极的文化活动。

旅游是一种自由、主动、积极的文化活动，是一种高层次的愉快的精神享受。过去，西方旅游者喜欢到热带海滨去休闲度假，因为那里有明媚的阳光（Sun）、碧蓝的大海（Sea）和舒适的沙滩（Sand）。"3S"作为最具吸引力的旅游目的地的标准，热带海滨成为西方人所向往的地方。随着生态旅游的开展，游客环保意识的增强，西方游客的旅游热点也从"3S"转向"3N"，即到"自然"（Nature）中去缅怀人类与自然和谐相处的曾经，表达"怀旧"（Nostalgia）情感，使自己在融入自然的过程中进入"涅槃"（Nirvana）这一最高的精神境界。从"3S"到"3N"的转变，标志着人类对旅游的追求已经开始从以身体享乐为主转变为以精神追求为主。

我国的古村落，蕴藏着丰富的人文资源和自然资源，是我国乡村社会文化的典范。古村落保留的价值不仅仅是古建筑本身，更重要的是其中的文化内涵。它们是我国民间传统文化的集中体现，生动地展现了民族文化的丰富内涵，鲜明地折射出我国悠久的历史和民族文化传统，已成为了解我国历史和文化的一个重要窗口。我国的古村落正逐渐成为国内外游人向往的旅游目的地之一。

（4）旅游是艺术的享受和审美意识的升华。

人类的审美意识是社会意识中一种特殊的形态，是人对现实生活中具有审美价值的客体对象能动的反映。旅游是一种精神生活，这种精神生活是通过美感享受而获得的。从这一角度来看，旅游又是一种审美活动。在旅游过程中，无论是游山玩水、寻幽访古，还是感受风土人情、欣赏艺术珍品，都是为了通过旅游活动增长知识、开阔视野，获取精神上的享受，都是在追求一种美的体验。旅游可以培养旅游者的审美情趣，增强旅游者的审美意识，丰富旅游者的审美经历，不断提高旅游者的审美水平。旅游文化能让旅游者学会体验和欣赏人文景观和自然景观。

二、旅游文化的研究内容

（1）精神文化：是指旅游者的思想观念、心理特征、行为方式、审美标准、文化素质、生活方式、消费水准等。

（2）物质文化：是指具有一定空间和一定形态的文化物质实体，如聚落、建筑物、宫殿、园林、坛庙、考古遗址、桥梁、碑刻、雕塑等人文景观和自然景观。

（3）非物质文化：是指人类世代相承的各种传统文化表现形式和文化空间。其形式包括：语言、文学、音乐、舞蹈、游戏、民俗、节庆、礼仪、手工艺、建筑艺术及其他艺术。

旅游文化的研究内容，实际上就是以旅游主体、旅游客体、旅游介体之间的相互关系为基础，在旅游活动过程中业已形成的观念形态及其外在表现的总和。因此，旅游文化既是精神的，也是物质的。旅游文化的内涵十分丰富，外延也相当宽泛，其研究范围既涉及旅游者自身的文化素质、兴趣爱好、行为方式等旅游主体文化领域，也涉及人文景观文化和自然景观文化等旅游客体文化领域，还涉及旅游业的旅游企业文化、旅游商品文化、旅游服务文化、旅游管理文化、旅游教育文化、导游文化、旅游政策法规等旅游介体文化。

旅游文化是一门综合性学科，涉及多种相关知识体系的交叉和多种学科方法的应用。在现代科学综合化和整体化的发展趋势下，多学科、跨学科的研究方式处于特殊而重要的地位。在研究方法上，旅游文化研究也需借助历史学、民俗学、心理学、地理学等其他学科研究中所使用的方法。旅游文化研究中使用的一般科学研究方法主要有理论分析法、实地调查法、文献考证法、比较研究法和统计学方法。

第三节 旅游文化的特征

旅游文化并非旅游和文化的简单叠加，它是旅游和文化相结合而产生的一种全新的文化形态。旅游文化作为文化的一个分支学科，通常具有一般文化形态所具有的共同属性；而作为一种有别于其他类型文化而独立存在的文化类型，旅游文化又有其自身的特点。旅游资源具有鲜明的民族性、地域性和时代性特征。

1. 民族性

民族特指具有共同语言、共同地域、共同经济生活以及表现于共同文化上的共同心理素质的人的共同体。世界上有许多不同的民族，每个民族都有自己独特的文化传统以区别于其他民族，这就是文化的民族性。每个民族都生活在特定的自然和社会环境中，不同的环境造就了不同的生产和生活方式，形成了不同的语言、文字、艺术、道德、风俗习惯及物质成果等，构成了不同的民族文化。民族文化一经形成，就会变成一个稳定的因素沉淀于一个民族的文化深处，为整个民族所拥有，成为该民族拥有强大凝聚力的一个因素，如分布于世界各地的华人社区长期保留着中华民族文化的优良传统。旅游文化的民族性影响着人类行为活动的各个方面，也是旅游活动产生的直接诱因。文化本身具有民族性、区域性的特点，只有在文化交流和比较中，才能显示出自身文化的独特性。

我国的文化历史悠久，源远流长，从原始社会历经漫长的奴隶社会、封建社会、近代社会，进入现在的工业社会，每一次朝代的更迭、政权的转换，都在推动文明的历史车轮向前发展，并留下了大量的文化遗产。我国是一个统一的多民族国家，56个民族都有自己特色鲜明的历史文化、服饰装饰、民风习俗、乡土文化、喜庆节日和衣食住行等特点。我国在长期历史发展过程中，不仅形成了辉煌灿烂的物质文化，还形成了能够指导中华民族不断前进的精神文化。这种精神文化体现了中华民族特有的思想观念、价值体系、审美意识、民族性格。

2. 地域性

文化的地域性即文化的地域差异性，也称文化的地方性。文化的地域性，不仅表现在东西方文化之间存在极大的差异，不同国家具有不同的文化背景、不同的风土人情与生活习俗，而且即使在同一个国家的不同地方，也有文化差异存在。

地域性是地理环境在空间上表现出的这一地区和另一地区的明显的地域差别。各类旅游资源总是分布在一定的地理环境或区域之中，因此，地理环境在空间分布上的差异，必然导致旅游资源在空间上的差异，即具有明显的区域性特征。不论自然风光还是人文旅游资源，在空间分布上都存在鲜明的地域性。

从世界范围看，我国是以传统的东方文化为代表，美国以现代文化为代表，法、德、意等欧洲国家则代表了多元文化。从我国内部来看，我国的地域文化丰富多彩，有以江苏、浙江和上海为代表的吴越文化，以湖南、湖北为代表的荆楚文化，以四川、重庆为代表的巴蜀文化。此外，还有三晋文化、齐鲁文化、关陇文化、岭南文化等。

正如人们所知，奥地利是世界音乐之乡，它不仅拥有众多伟大的音乐家，而且其音乐传统也得到了奥地利人民很好的继承和发扬。奥地利历史上产生了众多名扬世界的音乐家：海顿、莫扎特、舒伯特、约翰·施特劳斯，以及生于德国波恩却长期生活在奥地利的贝多芬等。这些音乐大师在两个多世纪中，为奥地利留下了极其丰厚的文化遗产，形成了奥地利独特的民族文化传统。

我国江南六大水乡古镇——周庄、同里、甪直、西塘、乌镇（见图1-10）、南浔，以其"小桥、流水、人家"的规划格局和建筑艺术在世界上独树一帜，是江南水乡地域文化的集中体现。

图1-10　乌镇（中国）

3. 时代性

旅游活动是人类历史上渊源久远的一项文化活动，因此旅游文化具有时代性。文化既是在特定的空间中产生和发展起来的，也是在特定的时间内被创造和传播的。在不同的社会历史发展阶段，文化的内容和功能是不同的。文化具有鲜明的社会时代性，可以说，人类文化随着时代变化而进化出不同层次，是构成世界文明多样性的原因之一。同时，文化的时代性也是旅游活动产生和发展的原因之一。随着时代的变迁，传统文化与现代文化之间的相互碰撞和融合，会打破旧的文化传统，形成新的文化类型。

深圳无疑是我国最年轻的城市。作为一座移民城市，深圳融合了东西南北各地的文化。同时，它又是一个充满现代意识的特区。开放与包容几乎是深圳这座城市的文化特质。深圳在进行经济建设的同时，也在致力于文化建设。现已建有深圳大剧院、博物馆等文化设施，1994年深圳世界之窗的建成，更是为当时的国内旅游开创了一个新天地。在深圳世界之窗，不仅可以看到中华民族腾飞的足迹，还可以看到中西方文化碰撞出的火花。

在意大利罗马的旧城区，几乎看不到一座新建筑，每一座矗立的千年古建筑或废墟遗址都留存着深远的历史刻痕，都是艺术巨匠的大手笔。在这里，古代宫殿、教堂、博物馆等比比皆是，整个城市就像一座巨大的露天博物馆，记录着古罗马的历史过往。罗马新城区在面积上比旧城区要大许多，街道宽阔整洁，摩天大楼拔地而起，商店鳞次栉比，极具现代感。但是这里的游人却寥寥无几，与旧城区游人如织的情景形成强烈的反差。欧洲的许多城市都有新城区与旧城区之分，目的就是为了保护旧城的历史文物、名胜古迹和原有的风貌。

最具时代性的城市莫过于印度的旧德里和新德里。虽说两城之间仅隔一座德里门，两城的风格却迥然相异，象征着过去与现在、传统与现代、旧有与新生的并行不悖。旧德里就像一条时光隧道，留住了昔日的时光；而新德里则如同一座里程碑，传承了现代文化。

目前，旅游文化不仅已成为一种新兴的国际旅游产业时尚，而且蕴藏着巨大的经济潜能。它把旅游活动的综合效益和旅游产业的关联带动作用表现得淋漓尽致，从而促使旅游活动向更高品位发展，带动旅游产业向自然、社会、文化和经济协调发展的可持续发展模式转化。

思考与练习

1. 简述旅游文化的定义、产生和发展。
2. 简述旅游与文化的概念及其相互关系。
3. 举例说明旅游文化的研究内容。
4. 简述意大利文化之都佛罗伦萨与世界旅游文化的关系。
5. 简述旅游文化的特征。
6. 旅游业的发展给我们的社会、经济、文化带来怎样的变化和影响？

第二章　人文景观文化

人文景观是人类活动在土地及土地空间上的烙印,是人类生产、生活的艺术成就和文化结晶的写照,是人类适应并改造自身生存环境的科学的、历史的概括。

人文景观是多种功能和过程的载体,具体来说它可以被理解和表现为以下几类。

栖居地:栖居地即人类生活的空间和环境。这类景观代表了整个人类生息繁衍的环境,是最真实地展示了历史演变发展的物证,如古人类遗址、考古遗址、皇宫和王宫、理想居所、广场、陵园墓地等。

美景:美景即视觉审美过程的对象。这类景观主要是人类感官上觉得优美的风景,包括出于美学原因考虑而由人类建造的园林或公园。它们经常与其他纪念性建筑物或建筑群相联系,如国家公园、文化风景区等。

符号:符号是一种记载人类过去、表达人类希望与理想的语言或精神空间。这类景观主要以与自然因素、宗教、艺术或文化相联系为特征,如岩画、石窟、防御工程、水利工程(运河、桥梁)、农业景观、工业景观、大学、纪念碑等。

第一节　人类的栖居环境

在人类文明发展史中,为推动社会变革、历史进步而奋斗终身的众多仁人志士都已名留青史。但是人们往往注意不到,在这些伟人辉煌的奋斗历史下潜藏着人类追求和谐生活、舒适环境的理想。在大谈风水宝地、宜居城市的今天,又有多少人知道,其实在人类出现之时就已展现出择居的本能,尽管那仅仅是对自然条件的一种原始选择。随着时光流逝,昔日的栖居地已经成为现代人们了解人类发展史的一把钥匙,而其深藏的文化底蕴与独特的艺术风格,作为人类探古寻幽的一个原因,更是吸引着全世界的旅游者。

一、探寻古人类文化遗址

由于文字发明较晚，人类的史前文明没有留下翔实可得的记录，但是大量的实物遗迹都在默默地向人们诉说着古老原始的故事。古人类文化遗址是人类祖先繁衍生息的栖居场所。正是在这里，人类开始认知自己，寻找自己在自然演进历史中的位置，因此，我们可以说古人类文化遗址是人类的起源地。被列入《世界遗产名录》的古人类遗址包括：周口店北京人遗址（中国）、奥莫下游河谷（埃塞俄比亚）、南非古人类化石遗址（南非）、桑吉兰早期人类遗址（印度尼西亚）等。它们是最具有代表性的见证人类文明的第一站。

1. 周口店北京人遗址

周口店北京人遗址是打开70万年前人类进化历程的一把钥匙。北京猿人大约生活在中更新世早期。1921年，古生物学家在周口店发现了两枚早期人类牙齿化石，1929年又发现了北京人头盖骨化石，1931年起，确认了石器和用火遗迹等的存在，这成为震惊世界的重大考古发现；后来，古生物学家还发现了距今约2万年的山顶洞人化石和文化遗物。截止到1936年，考古学家又陆续发现数块分别来自多个不同年龄和不同性别古人类个体的头盖骨、头骨残片、面骨等；1973年更是周口店北京人遗址发掘史上振奋人心的一年，考古学家在周口店北京人遗址发掘出了一颗古人类的牙齿，这一古人类被称为新洞人。新洞人生活在距今约10万年前，晚于北京人，早于山顶洞人。2003年，中国科学家在北京周口店田园洞内发

图2-1　周口店遗址博物馆（中国）

现距今约4.2万～3.9万年的古人类化石。此次发现是北京地区山顶洞人时期仅存的人类化石实证，也弥补了山顶洞人化石丢失的缺憾。如图2-1所示为周口店遗址博物馆。

周口店北京人遗址是目前世界上发现古人类化石最丰富的遗址之一，它不仅是有关史前亚洲大陆人类社会的一个罕见的证据，而且也阐明了人类进化的进程。

2. 奥莫下游河谷

奥莫河由埃塞俄比亚中西部向南流淌。奥莫下游河谷位于埃塞俄比亚西南部，是迄今为止所知的史前时期人类所居住的最古老的露营地之一——在这里人们发现了南方古猿的化石遗址。奥莫下游河谷史前遗址的研究应该归功于20世纪30年代的卡米尔·阿兰布格教授和后来一支由古生物学家和史前考古学家组成的考古队，他们发掘出了南方古

猿的骨骼、大量的牙齿和残骸。在有关文物部门的监管下，这处史前时期的遗址得到了完好的保存。

3. 南非古人类化石遗址

在南非的斯泰克方丹、斯瓦特克朗和克罗姆德莱发现的石器和骨具年代可追溯至200万～150万年前。在斯泰克方丹洞穴发现的古人类用火的证据，其年代是在180万～100万年前。斯泰克方丹等遗址包括一个在科学上具有重要意义的遗址群，有助于后人了解人类祖先早期的生活状况。

4. 桑吉兰早期人类遗址

桑吉兰早期人类遗址位于印度尼西亚的爪哇岛。该地区以发现古爪哇魁人和直立猿人的头骨化石而闻名于世。人们在1936—1941年对这处遗址进行了挖掘，发现了一些早期原始人类化石。后来，又有一些化石先后在这里被发现，其中包括远古巨人化石、猿人直立人化石、直立人化石，占到世界已知原始人类化石的一半。150万年前的人类聚居地这一事实，使桑吉兰成为了解和研究人类进化史最重要的地区之一。

古人类遗址的发现，让人类学家与考古学家欣喜若狂，探究人类自身的起源、寻找人类最古老的根脉成为人类学家和考古学家的人生信念。事实上，除了这些学者之外，奔向年代久远的遗址地的还有许多充满了好奇心的旅游者，他们并不关心原始人类骨头的多少，而是抱着对原始人的生存环境的想象去感受远古历史的。从现今发掘的有关原始人类的骨骼化石、生存工具、使用器皿来推测其当时的生活状况，从遗址所处的位置来了解人类最原始的栖居地，可以得出这样一个推论，即原始人类都选择了临近水体、崖壁等隔离性的场所。人类就是在这种凶吉祸福并存的条件下，在采集、狩猎等活动中认识环境、辨析环境和利用环境，最终形成了栖息地的原始模型的。生命传承于此，文明发祥于此，社会起步于此，景观形成于此，旅游者追寻的文化色彩也在于此。

二、考古遗址

古人类遗址的发掘，讲述了人类的起源和衍进及其生生不息。人类永远在对自身与外界的追寻和探索中推动社会向前发展。社会越先进、发达，人们就越想找回从前的古朴和单纯，尤其想亲眼欣赏那些在没有现代科技的古代所创造出的惊人的建筑。尽管这样的建筑已经在时光中渐渐被毁坏、被遗弃，但是它们曾经散发出的魅力，却是在人类历史上永远也抹不去的。

在《世界遗产名录》中，考古遗址占有重要的一席之地，代表着不同的历史文化内涵。其中，在欧洲有奥克尼新石器时代遗址（英国）、梅里达考古遗址、阿塔普埃尔卡考古遗址和塔拉科考古遗址（西班牙）、庞贝、赫库兰尼姆和托雷安农齐亚塔考古区（意大利），特洛伊考古遗址（土耳其），克拿维考古遗址（立陶宛），博因考古遗址群（爱尔兰），奥林匹亚考古遗址、德尔斐考古遗址、埃皮达鲁斯的阿斯克勒庇俄斯庇护所、韦尔吉纳考古遗址、迈锡尼和梯林斯考古遗址（希腊），魏玛、德绍和贝尔瑙的包豪斯建筑及其遗址（德国），萨玛拉敦玛凯青铜时代埋葬遗址（芬兰），耶林土墩、石碑及教堂遗址（丹麦），埃奇米阿津大教堂、教堂群和兹瓦尔特诺茨考古遗址（亚美尼亚）；在亚洲有殷墟（中国），吴哥（柬埔寨），帕尔米拉遗址（叙利亚），塔克特巴依佛教遗址、萨尔依巴赫洛古城遗址和摩亨朱达罗考古遗址（巴基斯坦），巴特、库特姆和艾因考古遗址（阿曼）等；在非洲有莱普蒂斯·玛格纳考古遗址、昔兰尼考古遗址和萨布拉塔考古遗址（利比亚），阿布·辛拜勒至菲莱的努比亚遗址（埃及）等；在美洲有霍亚·德·赛伦考古遗址（萨尔瓦多）、科潘玛雅遗址（洪都拉斯），莱昂·维尧遗址（尼加拉瓜），巴拿马韦爵考古遗址和巴拿马历史区（巴拿马），霍契卡尔科考古遗址区（墨西哥）等。这里我们重点介绍殷墟，庞贝考古遗址，霍亚·德·塞伦考古遗址，特洛伊考古遗址，以及奥林匹亚考古遗址。

1. 灿烂的殷墟文化

殷墟位于我国河南省安阳市，是我国第一个有文献记载并为考古发掘所证实的商代都城遗址。图2-2所示为殷墟宫殿宗庙遗址，图2-3所示为殷墟王陵遗址。这里先后出土了数量惊人的甲骨文、青铜器、玉器、陶器、骨器等精美文物，全面、系统地展现出几千年前中国商代都城的风貌，为人类文明史上重要历史阶段的存在提供了坚实证据。一个世纪以来在殷墟的发现和发掘，不仅使殷墟成为我国近现代考古学的摇篮，而且提供

图2-2　殷墟宫殿宗庙遗址（中国）*

图2-3　殷墟王陵遗址（中国）

* 图中的"司母戊"应为"后母戊"。

了一种独有的、历史的和科学的见证，呈现出巨大的考古潜力。因此，殷墟于2006年被列为世界文化遗产。

2. 重现意大利的庞贝

公元79年8月24日，那不勒斯湾地区海拔1277米的维苏威火山突然爆发，喷出的岩浆、火山碎屑物质和气态喷出物把山下的庞贝城全部湮没。一座原本充满生机的城市，顷刻之间就被极其灼热的岩浆所凝固，瞬间变成一座死亡之城。从此，庞贝古城便从人们的眼前消失了。直到1763年考古学家发现一块刻有庞贝城市字样的标志物，人们才逐渐认识到这里掩埋了一座曾经在世界上如此美丽繁华的城市。图2-4所示为庞贝考古遗址。

图2-4　庞贝考古遗址（意大利）

庞贝西南毗邻那不勒斯湾，西北紧靠维苏威火山，依山傍水，风光秀丽。这里土壤肥沃，气候宜人，城里有众多居民，他们过着平静的生活。遍及城市的竞技场、剧场、浴场体现了当时庞贝人的生活情趣，一座座富人宅邸则是权力和财富的象征。商业街上的小酒店、面包房、客栈等随处可见。然而再繁盛的城市也挡不住火山喷发的摧残，生与死有时就在一线之间。

3. 萨尔瓦多的霍亚·德·塞伦考古遗址

霍亚·德·赛伦是前拉丁美洲的一个农庄，像意大利的庞贝和赫库兰尼姆一样，大约于公元600年由于洛马卡尔德拉火山的喷发而被掩埋。该处遗址位于蒙多玛雅东南，是考察拉丁美洲古代文明——玛雅文化的一个重要参照。1976年，人们非常偶然地发现了这处火山喷发遗址。自那以后，考古挖掘工作便在这里持续不断地进行着。该处遗址保存下来的村庄使我们能够对生活在1400多年前玛雅人的生活有所了解。这处在西半球发现的考古遗址为今人了解人类古代文化提供了详尽的材料。

4. 史诗里的特洛伊考古遗址

土耳其的特洛伊考古遗址（见图2-5），对于今人理解欧洲文明早期发展史上这一关键时期具有重大意义。再加上它对荷马的《伊利亚特》这部具有创造性的史诗所产生的两个多世纪的深刻影响，更使特洛伊在人类文化史上占有极其重要的一席之地。特洛伊以其自身所负载的四千多年的文化历史，成为世界上最著名的考古遗址之一。

图2-5　特洛伊考古遗址（土耳其）

特洛伊城本是一座土耳其古城，位于恰纳莱南部，北临达达尼尔海峡。该城于公元前16世纪前后为渡海而来的古希腊人所建，并于公元前13世纪到公元前12世纪时变得十分繁荣。1870年，著名的考古学家海因里希·谢里曼主持该处遗址的第一次挖掘，之后一直延续到20世纪30年代。考古学家在深达30米的地层中发现了公元前3000年—公元400年分属9个时期的特洛伊城遗迹，找到了公元400年罗马帝国时期的雅典娜神庙、议事厅、市场、剧场的废墟等。这些建筑虽已倒塌败落，但从其残存的墙垣、石柱来看，原有的气势相当雄伟。在这里，除了发现城堡、王宫及其他建筑外，还发现了许多金银珠宝、青铜器、陶器、石器、骨器、陶纺轮等。该处遗址广泛的遗存物，是安纳托利亚和地中海文明之间联系的最重要的证明。

公元前9世纪古希腊诗人荷马的史诗《伊利亚特》中叙述的"特洛伊木马计"就发生在这里。特洛伊王子帕里斯来到希腊斯巴达王麦尼劳斯的王宫做客，受到麦尼劳斯的盛情款待，但是，帕里斯却看上了麦尼劳斯年轻貌美的妻子海伦，并设法把她带回了特洛伊。麦尼劳斯和他的兄弟决定讨伐特洛伊。由于特洛伊城池牢固，易守难攻，连战十年亦未能如愿。最后英雄奥德修斯献计，让士兵烧毁营帐，登上战船离开，造成撤退回国的假象，并故意在城下留下一具巨大的木马，特洛伊人把木马作为战利品拖进城内。当天晚上，正当

特洛伊人酣歌畅饮欢庆胜利的时候,藏在木马中的士兵悄悄溜出,打开城门,放进早已埋伏在城外的军队,结果一夜之间特洛伊便化为废墟。《伊利亚特》中叙述的这段故事,成为西方文学艺术中传诵不绝的名篇,而且从那时起它还成为世界上众多艺术家的创作灵感。

5. 奥林匹亚考古遗址——体育圣地

在希腊伯罗奔尼撒半岛西部的克洛诺斯山旁,有一座遍布神殿和竞技场的小城,这就是著名的奥林匹克运动会发祥地奥林匹亚。公元前10世纪,希腊人为祭祀宙斯神,在奥林匹亚等地举行宗教节日,竞技会为节日活动之一。优胜者的奖品是橄榄枝编成的圆环。早在公元前776年,人们每4年在奥林匹亚举行一次奥运会。

公元6世纪,奥林匹亚发生大地震,随后克拉迪奥斯河又泛滥成灾,将这里变成废墟。1766年,英国学者钱德拉发掘了奥林匹亚。在那之后,经过几代人的挖掘,奥林匹亚圣地终于重现于世人眼前。

奥林匹亚竞技场至今仍保持原貌。竞技场入口处有石砌长廊,场内观众看台和贵宾席依山而建,全场可容纳4万名观众,竞技场内东西两端各有一条石灰岩砌成的起跑线。奥林匹亚还有著名的宙斯神殿、赫拉神殿、竞技场等多处建筑遗址。如今,这一具有三千多年历史的竞技场,已成为弘扬人类崇高体育精神的圣地。

考古遗址并不是孤立的一座城市、一组建筑或一片圣地,而是代表着一定时期内或者世界某一文化区域内的历史背景、文化传统和哲学理念。无论是充满生机的庞贝古城,还是美轮美奂的吴哥建筑;无论是体育圣地奥林匹亚,还是史诗中的特洛伊,它们都是一种人类创造性的体现,都能为一种已消失或仍在延续的文明提供特殊的见证。但是这样的遗迹也并非存在于地球上的每一个角落,因为人类会选择最适宜的环境栖居,然后进行创造。曾经的辉煌已经在时光的流变中悄然黯淡,但也正因如此才吸引了成千上万的旅游者从世界各地追随而来,人们所向往的就是体味那份苍凉,感受那份余韵。

三、 皇宫、王宫的奢华

一提到宫殿,人们往往就会将其与富丽堂皇联系在一起,历史上留下的皇宫及王宫建筑确实证明了这一点。尤其是被列入《世界遗产名录》中的宫殿,更是将"奢华"二字体现得淋漓尽致。在不同的时间、空间和文化背景中,世界各地的皇宫及王宫建筑各有各的威严与风姿,它们原本的特色不减当年地展现在今人眼前。

具有代表意义的皇宫包括:北京和沈阳的明清故宫(中国);威斯敏斯特宫、布莱尼姆宫(英国);卡塞塔18世纪王宫、萨沃亚王宫以及热那亚的新街和罗利宫殿体系(意大利);德罗特宁霍尔摩王室领地(瑞典);莫斯科的克里姆林宫和红场(俄罗斯);维尔茨堡宫、宫廷花园和宅邸广场,波茨坦与柏林的宫殿与庭院(德国);凡尔赛宫及其花园,枫丹白露宫及其花园,兰斯的圣母大教堂、前圣雷米修道院和T形宫殿(法国);申布伦宫殿和园林（奥地利）；阿格拉堡（印度）；昌德宫建筑群（韩国）；巴库围墙城及城内的希尔凡沙宫殿和少女塔（阿塞拜疆）；阿波美皇宫（贝宁）；皇家展览馆和卡尔顿园林（澳大利亚）等。这里我们重点介绍中国北京的故宫、印度的阿格拉堡、法国的凡尔赛宫、俄罗斯的克里姆林宫和红场，以及贝宁的阿波美皇宫。

1. 中国北京的故宫

故宫，又名紫禁城，是中国明清两朝的皇宫，始建于明永乐四年（1406），建成于明永乐十八年（1420），是我国保存最完整、规模最大的古代皇宫建筑群。故宫规划严整、宏伟壮观，无论从总体布局上还是建筑形式上，都体现了封建社会的等级礼治和帝王至高无上的权威。故宫里还珍藏了百余万件珍贵文物，代表了历代文化艺术的最高水平。

故宫位于北京城中央，占地面积72万平方米，四周以城墙环绕，城墙四角各有一座结构精巧的角楼，城墙外则有外金水河护城。故宫辟有四门，南有午门，为故宫正门，北有神武门，东有东华门，西有西华门。故宫坐北朝南，严格按照中轴对称、前朝后寝的布局规制，在南北中轴线上建有外朝太和殿（见图2-6）、中和殿和保和殿三大殿堂，以及内廷乾清宫、交泰殿和坤宁宫。故宫功能完备，除了勤政、就寝的宫殿，还有风景秀美的御花园、戒备森严的军机处、颐养天年的宁寿宫、陈列物品的珍宝馆等。它真实地记录了我国封建社会帝王的奢华生活和礼治权威。

图2-6　北京故宫太和殿（中国）

2. 印度的阿格拉堡

阿格拉堡（见图2-7），既是一座壮丽的皇家都城，又是16世纪重要的莫卧儿王朝纪念建筑。阿格拉堡是一座由红色砂岩建成的坚固堡垒，围墙长2.5千米，把皇宫围在中

图2-7 阿格拉堡（印度）

间。整个古堡的建筑约有500座，既庄严肃穆，又华彩流丽。古堡之内有设计精巧的觐见宫、清真寺、亭台楼阁等。

3. 法国的凡尔赛宫

凡尔赛宫是法国国王路易十四到路易十六时期的王宫，经过数代建筑师、雕塑家、装饰家及园林建筑师的不断修整，在17—18世纪中，一直是欧洲王室官邸的典范。

凡尔赛宫于1661年由路易十四下令开工。路易十四迁入凡尔赛宫后，凡尔赛宫就成为法国的政治中心。直到1789年10月，法国人民进攻并占领凡尔赛宫，才结束了凡尔赛宫王宫地位的历史。

凡尔赛宫分为三层，计有1800多间厅室，其中最为奢华的镜厅位于宫殿西侧的战争馆与和平馆之间。镜厅内有17面大镜子，还有水晶吊灯、银制家具、银制王座、锦缎窗帘，整个厅内显得富丽堂皇。镜厅是路易十四为了宣扬军事上的胜利和炫耀自己的权力而兴建的。国王寝宫、王后寝宫、巴洛克式礼拜堂、歌剧院和特利亚隆宫都是建筑的精华。凡尔赛宫广场上是一个绿荫满覆的花园，无数的雕塑、喷泉、橘树园、人工湖等点缀其间，让人流连忘返。

4. 俄罗斯的克里姆林宫和红场

克里姆林宫和红场如图2-8所示。克里姆林宫由俄罗斯与外国建筑家在14—17世纪之间共同修建而成。作为沙皇的住宅和宗教中心，它与13世纪以来俄罗斯所有最重要的历史事件和政治事件都密不可分。坐落在红场上防御城墙旁的圣瓦西里大教堂，是俄罗斯传统艺术中最漂亮的代表作之一。

克里姆林宫位于莫斯科市中心，曾是历代沙皇的皇宫，是沙皇权力的象征。克里姆林宫的主体是大克里姆林宫，宫内收藏有许多珍贵文物。克里姆林宫在二面围墙的环绕下呈三角形，墙体总长2.2千米，并加固有19座互不相同的塔楼。伊凡大帝钟楼是克里姆林宫中最高的建筑物，高达82米，在它的脚下有一座世界最大的钟，即铸于18世纪30年代的"钟王"，其重量超过200吨。钟楼附近还有一尊重达40.6吨的大炮，被称为"炮王"。

红场与克里姆林宫相毗连，始建于15世纪，既是俄罗斯最著名的广场，又是举行盛大庆典和阅兵典礼的地方。红场西侧是著名的列宁陵墓（由黑色和深红色的大理石和花岗岩建造而成）。广场南侧是闻名遐迩的圣瓦西里大教堂，北侧则是建于19世纪的具有典型俄罗斯风格的俄罗斯国家博物馆。

图2-8　克里姆林宫和红场（俄罗斯）

5. 渐逝的阿波美王宫

西非的阿波美王国始建于1625年，并在随后的两个多世纪中发展成为一个军事与经济强国。先后有12位国王统治过这个王国，每一个国王都修建了属于自己的王宫。王宫园林内存留了大量的各式建筑、壁画与浮雕等。大量使用陶制浮雕是多数宫殿正门建筑的主要特色，对于一个没有文献记载的古代社会来说，这些浮雕就是重要的历史档案。它们记载了阿波美王国历史上发生的一系列重要事件，反映了当时人民的生活习俗、宗教仪式和民间传说。从浮雕的图案中可以看出，阿波美王国军事上的强盛与其女战士的浴血奋战是分不开的。浮雕中还有许多象征国王性格和强权的神话图案。直到今天，这些珍贵的陶制浮雕仍被用于传统的宗教仪式和王室的重大庆典。

很不幸的是，在多次自然灾害的袭击以及因为环境恶化而引发的侵蚀中，阿波美王国的陵墓与浮雕等遭到了严重的损害。如今，曾见证过西非文明的王宫正在渐渐消失，挽救遗产的重任需要人类共同承担。

世界上每一个皇宫都必然会与一段辉煌历史相联系。历史上多数的财富、威严与权力都聚集在这里，人们为之倾慕、赞叹，但这并不属于普通百姓。

四、理想居所

与帝王贵族相比，普通百姓对居所的选择和规划，并非像一般人所想象的那般简单和随便；相反，他们对居所的选择和规划往往更加挑剔，并有更多的忌讳。那么究竟什么才是理想居所的模式呢？实际上，在最贴近自然的地方，就存在表现人类天性的居所，虽然

其形式多样、情调各异，但都体现了人地和谐的理念。千百年来，这一理念在世界各地铸造了令人赞叹不已的人文景观。

1. 悠然民居——云南丽江古城

丽江古城位于云南省丽江市古城区，又名大研镇，地处云贵高原，是纳西族、白族、傈僳族、彝族、普米族、苗族、藏族、壮族、回族等民族的聚居地。古城依山而建，街铺五花石，房屋青砖灰瓦，木架结构，庭院鸟语花香。主街傍河，小巷临渠，门前即桥，有"家家流水，户户垂杨"的诗情画意，体现了天人合一的传统哲学思想和人们对大自然的向往，是我国传统民居的精粹。

这里的民族风情和文化绚丽多彩。在晚唐时期，纳西族就创造了神奇的东巴文化。广泛流传在纳西族民间的纳西古乐具有典雅、清纯、空灵的特点，被称为中国古典音乐的"活化石"。

丽江古城的存在为人类城市建设史的研究、人类民族发展的研究提供了宝贵的资料，是极其珍贵的世界文化遗产。

2. 流动的住宅——草原上的蒙古包

辽阔的草原是蒙古族自由放牧的大舞台，而蒙古包则是当地人特有的一种居住空间，并伴随着他们走过了漫长的年代。

蒙古包，又称毡包、毡帐，是蒙古族牧民的传统住宅。蒙古包为轻骨架装配式，便于搭拆，易于运输；其外观呈圆形，受风雪袭击的阻力最小、不易积雪，而且冬季可以避寒，夏季可以遮阳；顶端设有圆形天窗，用来排烟、通风和采光；其构造设计比较适合牧民逐水草而居、四季迁徙的游牧生活。

蒙古包外的"苏勒德"是蒙古军队的战旗和古代蒙古族的标志。作为能够带来幸福与吉祥的民族保护神，蒙古包流动到哪里，保护神就矗立在哪里。

3. 危险的居住地——邦贾加拉悬崖

马里的邦贾加拉悬崖是多贡文明的中心地区之一，其所传承这一文明的文化包括古代习俗、庆典、艺术及民间传说等，最具特色的要数其居住形态。

多贡族人的村庄坐落在邦贾加拉悬崖沿线，尼日尔河从其旁流过。多贡族人最初之所以选择在这个地方生活，先是为避免被抓为奴，后来则是为了抵抗外敌入侵等。这些悬崖像是一些大型建筑（如房屋、粮仓、圣坛、神殿和集会厅）的保护伞，这些大型建筑正是几个世纪以来传统多贡文化的灵魂写照。

4. 传说中的石头城——坦桑尼亚的桑给巴尔

桑给巴尔石头城是东非斯瓦希里人建造的诸多海滨商业城市中的一个范例。"桑给巴尔"的阿拉伯语意是"黑人海岸"，位于桑给巴尔岛西岸中部的香加尼半岛上，曾经是桑给巴尔帝国的经济与贸易中心。我国宋代典籍中称桑给巴尔为"层拔国",如今在桑给巴尔博物馆中还陈列有我国古代的瓷器。

桑给巴尔城中有无数条狭窄的街道和小巷、喧闹的集市、清真寺,以及许多装饰富丽的阿拉伯式房屋。市区西部临海一带为古石城区,当年桑给巴尔帝国的石造城墙、塔形堡垒和原苏丹王宫——珍奇宫至今犹存。石头城内保留完好的古代建筑物及其优美风光,反映出其持续发展长达千年,融汇了阿拉伯地区、非洲和欧洲等地区的多种文化特质。

5. 风情万种的威尼斯

素有"水城"之称的威尼斯,位于亚得里亚海深入内陆的一个潟湖之中。威尼斯城始建于5世纪,并于10世纪成为当时最主要的航运枢纽。威尼斯四周都被海洋环绕,只有西北角有一条人工长堤与陆地相连。可以说,威尼斯就是大自然与人类共同创造的一座建筑杰作。

类似的例子还有许多,总的来看,山边、水畔、木屋、石房,亲近大自然,同时又能在大自然的围护和屏蔽中发现自我,似乎成了人类无不在追求的理想居所。

五、寻回公众的空间

人类从原始的群居生活中发展起来,在社会的发展进程中开辟了私人天地,又在纷繁的外界寻找公众的归属,就这样循环往复地生存在"集体—个人—集体"的环境下。于是,广场也就自然而然地充当了集体聚会场所的角色。虽然从本质上来说,广场是个体参与公共活动并展示角色的场所,但是同时,历史上著名的广场都在尽可能地去追求一种艺术美,如比利时的布鲁塞尔大广场、意大利的比萨大教堂广场及法国的巴黎协和广场。

1. 比利时的布鲁塞尔大广场

建于17世纪晚期的布鲁塞尔大广场(见图2-9),是一个独特的公共和私人建筑混合的共同体,其建筑风格生动地反映了布鲁塞尔这个重要的政治和商业中心当时的社会和文化水平。

布鲁塞尔大广场位于布鲁塞尔市中心,呈长方形,长110米,宽68米,地面用小方石块铺成。在广场四周众多的建筑物中,最令人瞩目的是建于15世纪的市政厅,它是精美的哥特式尖顶建筑,也是周边环绕着饰以精细华美浮雕的古代建筑。雨果曾赞誉这里是"世界上最美丽的广场"。除了市政厅,布鲁塞尔大广场四周还有王宫、历史博物馆、雨果的寓所、天鹅咖啡馆等。矗立在广场南面一条小巷路口的小于连撒尿的铜像,高约半米,堪称布鲁塞尔的标志。之所以雕塑这尊铜像,据说是因为在13世纪的一场战争中,敌军企图

图2-9　布鲁塞尔大广场（比利时）

炸毁市政厅，派人埋下炸弹，当导火索被点燃后，恰好被小于连看见，他急中生智，撒尿浇灭了引火线，挽救了布鲁塞尔和百姓的生命。

2. 意大利的比萨大教堂广场

位于意大利西北部的比萨城，是一座古老而美丽的城市。比萨最著名的大教堂广场（见图2-10）坐落在一片宽阔的草坪上，广场上矗立着一组闻名于世的建筑群——比萨斜塔、大教堂、洗礼堂和公墓。此建筑群被视为中世纪的建筑奇迹，因此大教堂广场又被称为奇迹广场。建于1173年的比萨斜塔，原为比萨大教堂的钟楼，这座看似违背引力定律的建筑，因为伽利略在这里所做的物理实验而久负盛名。

3. 法国的巴黎协和广场

巴黎协和广场（见图2-11）位于巴黎市中心、塞纳河北岸，是法国最著名的广场和世界上最美丽的广场之一。该广场始建于1757年，是根据著名建筑师卡布里埃尔的设计而建造的。广场中央矗立着一尊23米高、有着3400多年历史的埃及方尖碑。广场四周摆放了8座雕像，分别象征着8个在法国历史上起过重要作用的城市：里昂、马赛、波尔多、南特、鲁昂、布勒斯特、里尔和斯特拉斯堡。

无论是布鲁塞尔大广场、比萨大教堂广场，还是协和广场，它们都有一个共同的特征，即不仅建筑宏伟壮丽，而且给人们提供了人性化和可参与的场地，让人们可以深切地感受到：庄严的圣地一样可以显得可爱和亲切。

图2-10 比萨大教堂广场（意大利）

图2-11 巴黎协和广场（法国）

六、无价的另类宫殿

如果说皇家殿堂是顶级豪华的地方，那么世界上还存在另一类空间建筑可以与之相抗衡，那就是无价的另类宫殿——皇家陵寝。皇家陵寝不仅具有哲学、历史学、建筑学等方面的价值，还存在无数的未解之谜，吸引着后人争相观览。但是要解读陵寝建筑的含义,打开笼罩在陵墓之上的谜团,就离不开对陵寝建筑的历史背景的探究,以及对古代相关文化的了解。

在亚洲,被列入《世界遗产名录》的皇家陵寝有明清皇家陵寝、秦始皇陵(中国),高昌、华森和江华史前墓遗址(韩国),高句丽墓葬群(朝鲜),泰姬陵、胡马雍陵(印度),考迦·阿赫迈德·雅萨维陵墓(哈萨克斯坦);在非洲,有卡苏比的乌干达王陵(乌干达),阿斯基亚陵(马里),喀尔库阿内的迦太基城及其墓地(突尼斯),孟菲斯及其墓地——吉萨至达舒尔金字塔、底比斯古城及其墓地(埃及);在欧洲,有斯科斯累格加登公墓(瑞典),塞尔维托里和塔尔奎尼亚的伊特鲁立亚人公墓、锡拉库色和潘塔立卡石墓群(意大利),佩奇的早期基督教墓地(匈牙利),卡赞利克的色雷斯人古墓、斯韦什塔里的色雷斯人墓(保加利亚),哈尔·萨夫列尼地下宫殿(马耳他)等。这些王陵与墓地往往已经超出其纯粹的墓葬功能。这里我们重点介绍中国的明清皇家陵寝、秦始皇陵,印度的泰姬陵,以及埃及的孟菲斯及其墓地——吉萨至达舒尔金字塔。

1. 中国的明清皇家陵寝

2000年,我国的明清皇家陵寝被列入《世界遗产名录》,2003年和2004年其范围两次被扩展,包括了明显陵(见图2-12)、明孝陵、明十三陵、清东陵、清西陵、清永陵、清昭陵和清福陵。明清皇家陵寝依照风水理论精心选址,将数量众多的建筑物巧妙地安置于地下。它是人类改变自然的产物,体现了传统的建筑和装饰思想。

明清时期是我国陵寝建设史上的一个辉煌时期。明朝开国皇帝朱元璋对陵寝制度作了重大改革,他将地上的封土堆由以前的覆斗式方形改为圆形或长圆形,又取消寝宫,并扩大了祭祀建筑。清代沿袭明代制度,更加注重陵园与周围山川形态的结合,注重

图2-12 明显陵(中国)

按所葬人辈分高低来排列顺序，还形成了帝后妃陵寝的配套序列，对祭祀制度的安排也更加完善合理。

2. 中国的秦始皇陵

秦始皇陵是我国历史上第一个皇帝嬴政的陵寝，位于陕西省西安市临潼区骊山脚下，南枕骊山，北邻渭水，面积达50多平方千米，规模庞大、结构奇特、内涵丰富。秦始皇即位后便开始修建自己的陵墓。陵墓的兵马俑陪葬坑（见图2-13）被誉为"世界第八大奇迹"。这些陶俑是仿秦宿卫军制作的，与真人一样的大小，形态各异，另有陶制战马、战车和武器，兵马俑陪葬坑为现代人们研究秦代的军队编制、作战方式、军事装备等提供了丰富而形象的实物资料。秦始皇陵兵马俑是可以和埃及金字塔、古希腊雕塑相媲美的世界人类文化的宝贵财富。它的发现是20世纪我国最重大的考古成就，它充分体现了2000多年前我国人们巧夺天工的艺术才能。

图2-13　兵马俑陪葬坑（中国）

3. 印度的泰姬陵

泰姬陵（见图2-14）位于印度北方邦的阿格拉，背依亚穆纳河，是莫卧儿皇帝沙·贾汗为纪念他心爱的妻子而建的，表达了一个国王对他的妻子深深的怀念。

泰姬陵宏伟壮观、精美绝伦，其墙体、地板、棺椁、围栏及外部的台基无一例外都用洁白的大理石铺就而成，世界上绝无仅有，同时其建筑艺术也达到登峰造极的地步。门窗

图2-14　泰姬陵（印度）

围栏上的花纹精雕细琢,墙体地板拼接得严丝合缝。彩色的宝石镶嵌在白色的大理石中,形成繁花、绿树、芳草等图案,洁白却不失生机,安静却别有内涵。墙体上有用黑色大理石镶成的《古兰经》,经文字体由上而下逐渐缩小,以便人们观看。

泰姬陵在一天里不同的时间和不同的自然光线中,往往会呈现出不同的特色,让人百看不厌。虽然它是一座陵墓,可它却没有通常陵墓的冷寂,相反会让人感到它似乎浮动在天地之间。泰姬陵和谐对称,花园和水中倒影交织在一起,是让无数参观者为之惊叹不已的奇迹。毫无疑问,泰姬陵是世界上建筑艺术的典范。

4. 孟菲斯及其墓地——吉萨至达舒尔金字塔

孟菲斯位于埃及尼罗河西岸,大约建于公元前3000年。这座世界上最早的帝国都城,现在除去几尊雕像、石柱和神庙的残垣断壁外已所剩无几,如图2-15所示为孟菲斯遗址。

图2-15 孟菲斯遗址(埃及)

金字塔墓葬群遗址坐落在孟菲斯的周围,主要在吉萨高原上。绝大多数金字塔建在尼罗河西岸,因为在古埃及人的生命理念里,人走完生命旅程后要安睡在太阳落下去的方向。

有资料表明,埃及大大小小的金字塔有90多座,最著名的要数吉萨金字塔群。其中规模最大的一座是法老胡夫的陵墓,又名大金字塔,塔高约146.6米,底部每边长230米,由230万块基石筑成,每块石头平均重达2.5吨。其次是哈夫拉金字塔,塔高143.6米,门考拉金字塔最小,塔高66米。在哈夫拉金字塔附近,还有一座非常有名的狮身人面像。

人类的栖居环境表达了特定地域人类的生命和生活的理念,古人类遗址、考古遗址、皇宫、民居、广场及墓葬之间的差别只是栖居地的不同表现形式,当然,对于悠久的人类文明发展史来说,这仅是表现形式的一小部分,却是文明的物证,是构成现代人文景观最弥足珍贵的精华。

第二节 美 景

在人类发展的进程中,文明的含义非常广泛。除了久远的历史遗存和记录衍变的栖居地以外,还有无数自然与人融为一体的美景。在这些地方,人和环境相依而存、相互塑造。例如,新西兰诠释土著毛利人价值观与生活细节的汤加里罗国家公园、德国的莱茵河河谷、以色列的香路……在这些地方,既没有历史厚重的压力感,也没有文化消失的失落感,过去、现在和未来相互叠印,使人能够静静地享受纯粹的感官乐趣。这样的景观往往也最能吸引旅游者。这里我们重点介绍以下几处美景。

1. 汤加里罗国家公园

汤加里罗国家公园于1990年被世界遗产委员会列入《世界遗产名录》,成为世界上第一个文化景观遗产。它位于新西兰北岛中央地带,是新西兰的国家公园。该公园是一个独具特色的火山公园,公园里有多座近代活动过或正在活动的火山,呈一字排开,其中包括著名的汤加里罗火山、瑙鲁霍伊火山和鲁阿佩胡火山。地处公园中心的群山对当地部落的毛利人具有文化和宗教意义,公园内设有空中滑车,可接近山顶。登顶远眺,壮观的活火山、叠现的群山、茂密的原始森林和碧波荡漾的湖泊一览无余。

栖息在这里的鸟类多达几十种,包括新西兰特有的国鸟——几维鸟。汤加里罗国家公园地热资源丰富,沸泉、间歇泉、沸泥塘、喷气孔数不胜数,可以说,它是集观光、登山、滑雪和温泉等旅游资源于一体的世界旅游胜地。

2. 乌卢鲁-卡塔曲塔国家公园

这处坐落在以红色沙土地为优势的澳大利亚中部的国家公园,以其壮观的地质构造而闻名于世。它是澳大利亚最本真和确切的象征,也是当地土著人的精神家园。乌卢鲁是一块独一无二的巨大的圆形柱石,而卡塔曲塔则是岩石圆屋顶。岩石组合、邻近的动植物组合与周围绵延的沙漠形成了强烈的视觉反差,它们是那样的庄严和美丽,保留了世界上最古老的人类社会的传统信仰体系。生活在这一区域的阿南古土著人,是作为乌卢鲁-卡塔曲塔传统的拥有者而存在的。该公园的重要文化价值、当地土著人和自然环境生死相连的共生关系,是来到这里的人们关注的焦点。

3. 辛特拉文化景观

辛特拉是19世纪第一块云集欧洲浪漫主义建筑的土地。辛特拉山位于葡萄牙的埃什特雷马杜拉省,辛特拉城就在辛特拉山北侧,这里空气清新、风景秀丽、气候宜人,历史上是寺院和皇家休夏的胜地。

约在1840年，费迪南德二世在这里建造了佩拉宫。这一建筑集中了哥特式、埃及式、摩尔式和文艺复兴时期的建筑特点；在建造公园的过程中，还引进了许多国外树种，并与本地树木混合栽种。在这里，建筑物的景观与公园的景观既交相辉映，又和谐统一。这是一种新颖、浪漫的风景设计手法，它是外来文化占领特定地区的独特范例。在这一范例中，多元文化兼收并蓄的思想一直影响着欧洲景观建筑的发展。

4. 法国和西班牙的比利牛斯-佩尔杜山

比利牛斯山脉是欧洲西南部最大的山脉。作为阿尔卑斯山脉向西南延伸的产物，它东起地中海海岸，西至大西洋比斯开湾。比利牛斯山脉横跨法国和西班牙两国国界，以海拔3352米的佩尔杜山顶峰为中心，方圆306.39平方千米。在西班牙境内有两条分别为欧洲最大、最深的峡谷，法国境内有三座陡峭的大冰斗墙，湖泊、瀑布、冰川、大峡谷和裸露的岩层随处可见，堪称地质地形的典型活画卷。山脉北坡的气候类型属于温带海洋性气候，植被有山毛榉和针叶林；南坡属于地中海型气候，植被类型为地中海型硬叶常绿林和灌木林。优越的自然条件为生物提供了良好的生存环境，这一地区有大量的野生动物。

早在旧石器时代，人类的足迹就已踏上这片土地。比利牛斯山脉好似一座桥梁，连起法国和西班牙，使得两国在长期交往中，在文化方面表现出极大的相似性，并且共同拥有这处美丽的文化和自然双重遗产。

5. 意大利的韦内雷港、五村镇及沿海群岛

韦内雷港、五村镇及沿海群岛位于意大利中部的利古里亚区，濒临利古里亚海。这里不仅风光秀美、景色宜人，还有着浓厚的文化气息，具有较高的文化研究价值。这里将布局合理的城镇和周围秀丽的风景自然地融合在一起，不仅体现了对陡峭地势的巧妙利用，还生动地展现了过去1000年来人类在此长期定居的历史。

6. 中上游莱茵河河谷

中上游莱茵河河谷位于德国的美因茨与科布伦茨之间，是莱茵河风景最美的一段。为了保护原始自然风景，莱茵河河谷段没有架设桥梁，往来两岸都靠轮渡。河道蜿蜒曲折，河水清可见底。碧绿的葡萄园层次有序地排列在两岸，一座座以桁架建筑而引人注目的小城和无数罗马时代的古堡点缀在青山绿水之间。一段段古老的传说不时把人们的思绪带向遥远的过去，无数的诗人、画家和音乐家的作品使人深深地陶醉在这充满浪漫气息的莱茵河美景之中。另外，莱茵河河谷的葡萄园及葡萄酒文化，以美丽的景色和丰富的内涵，成为德国"葡萄酒之路"的亮点，每年都会吸引大量游客到此游览、休假和疗养。

7. 占巴塞文化风景区

位于湄公河上游两岸的占巴塞文化风景区，展现了5—15世纪著名的高棉帝国的历史文化古迹。以山顶至河岸为轴心，在方圆10千米的地方，占巴塞文化风景区整齐而有规划地排列着一系列庙宇、神殿和水利设施，完美地表达了古代印度文明中对天人关系的文化理念。

坐落在普高山山腰的瓦普庙，是老挝著名的佛教古刹。虽然现今的神庙几乎仅剩下一些断墙残壁，但从这些遗址当中仍能看出当年非凡的气势。用于建筑的石块上全都雕刻着各种图案，表现了传统的宗教皈依和献身主题。

除了见证东南亚多种文化的瓦普庙，这里吸引游客的还有传统节日期间举行的宗教仪式和许多类似赛象、赛马、斗牛、斗鸡这样的民间娱乐活动。

8. 马蓬古布韦

马蓬古布韦坐落于南非的北部边境，连接着津巴布韦和博茨瓦纳，地处印度洋和大西洋之间的航运要冲，地理位置十分重要。其西南端的好望角航线历来是世界上最繁忙的海上通道之一，被称为"西方海上生命线"。

多年的考古研究已经证明，马蓬古布韦曾是通过东非港口到印度、中国以及南非地区贸易往来最大的国际贸易区，象牙和黄金贸易给其带来巨大的财富。马蓬古布韦兴起于约公元9世纪，大约12世纪左右达至鼎盛，但是，马蓬古布韦繁荣的时间很短，从13世纪开始衰落，大约1250年左右就被人遗弃。可以说，现在幸存的宫殿遗址和依此而建的居留地，向世人展示了几百年前那里的社会与政治发展画卷，是马蓬古布韦王国从逐渐发展强大到最后走向衰落的完整的历史见证。

马蓬古布韦遗迹生动地展现了气候和自然环境的变化对该地区的影响，为后人探索马蓬古布韦被遗弃的原因提供了一个重要的思路。此外，当时黄金产地的转移，也是促使北部的大津巴布韦王国逐渐崛起，而其自身则走向衰落的一个重要原因。

由于马蓬古布韦王国没有留下文字，后人也就无法准确地解释其兴亡之谜，只能通过考古学家发掘出来的遗迹进行推测。所以，要想了解和感受这段由于不可逆转因素导致的马蓬古布韦衰落的文化发展史，就得亲自走进马蓬古布韦。

9. 维加群岛文化景观

维加群岛文化景观位于挪威诺德兰郡，北极圈南缘，面积1072.94平方千米，其中陆地面积68.81平方千米。维加群岛上最早的人类活动始于石器时代。9世纪，该岛成为重要的鸭绒毛供给中心。岛上保留的渔村、码头、仓库、鸭房、农庄和灯塔，充分说明了当地居民一直依靠捕鱼和加工鸭绒为生。这种1500年来始终如一的古朴的生活方式，和作为岛上居民主要收入来源的传统民族工艺，是吸引游客的两个重要原因。

10. 古帕玛库景观

古帕玛库位于多哥东北部，新增区域位于邻国贝宁。这里的泥制塔屋最有特色，是多哥著名的象征之一。塔屋多为两层且都带有谷仓。圆柱形的谷仓上面盖有环状顶。从这个神秘的建筑景观里，可以感受到当地部落的建筑风格与自然环境的协调统一，并能充分说明自然和宗教仪式以及社会信仰是如何紧密地联系在一起的。

11. 费尔特湖-新锡德尔湖文化景观（奥地利与匈牙利共有）

费尔特湖-新锡德尔湖是多瑙河中游平原西部的一个湖泊，位于奥地利东部与匈牙利交界的地方，是欧洲内陆最大的平原湖。丰富的水域和优越的自然条件使这里成为动植物的天堂，有上百种鸟类在此繁衍生息，而植物种类不仅有源自阿尔卑斯山、地中海、北欧地区，甚至还有源自亚洲的。另外，长达八千年的发展历史，多种文化的交汇，多种自然景观的聚集，让这里既有历史内涵又生机盎然，不失为一处休闲度假的乐园。

原汁原味的自然风光与悠久的历史文化的融合，可谓是最美的审美对象，无论它们分布在哪个角落，都阻挡不了有心的旅游者追寻的脚步。正是因为如此，美景才被活化，文化才得以发扬，审美价值也才能顺利地实现。

第三节 符 号

符号可以帮助我们认识过去，因为它记载着历史，传达着精神和文化，寄托着理想和期望。人类文化的符号多种多样，既可以是一个点，也可以是几条线，还可以是一个面。这些符号能让人联想起什么？怎样通过符号去区分事实与信仰？旅游者就是抱着冲破笼罩在符号上的历史迷雾一窥其真面目的目的，不断地奔赴那些有名的人类文化符号景点的。

一、史前艺术的记录

提到史前时代的造型艺术，首先应该谈到的就是散布在世界各地的岩画。岩画产生于文字之前，有三四万年的历史。岩画犹如文字记载，是关于人类早期历史的非常重要的资料。

在世界文化遗产里，岩画的地域特色及其所反映的内容都很鲜明。在非洲，有阿杰尔的塔西利岩画（阿尔及利亚）、孔多阿岩画遗址（坦桑尼亚）、琼戈尼岩石艺术区（马拉维）、塔德尔拉特·阿卡库斯岩画遗址（利比亚）、措迪罗岩画（博茨瓦纳）；在美洲，有平图拉斯河手洞（阿根廷）、圣弗兰西斯科山岩画（墨西哥）、纳斯卡和帕尔帕的线条和地画（秘鲁）；在欧洲，有塔努姆岩画（瑞典）、阿尔塔米拉洞窟（西班牙）、科阿峡谷和席尔加·维德史前岩画遗址（葡萄牙）、阿尔塔岩画（挪威）、瓦尔卡莫尼卡岩画（意大利）；在亚洲，有敦煌莫高窟（中国）、阿旃陀石窟（印度）、泰姆格里考古景观岩刻（哈萨克斯坦）、戈雷梅国家公园和卡帕多西亚石窟遗址（土耳其）。这里我们重点介绍以下几处岩画。

1. 阿杰尔高原的塔西利岩画

阿杰尔的塔西利，意思为"有水的高地"，位于阿尔及利亚东南部，是撒哈拉沙漠的一部分，地处阿尔及利亚与利比亚、尼日尔三国的交界处。这里保存的15000多幅岩画横跨六七千年的人类文化发展历史，向后人揭示了撒哈拉沙漠气候的演变、动物的迁徙和人类生活的发展变化，最早的岩画可追溯到8000年前。

2. 平图拉斯河手洞

平图拉斯河手洞是位于阿根廷巴塔哥尼亚地区的平图拉斯河附近的一个山洞，得名于洞窟中谜一般的手印和其他图画。这里汇集了史前岩画的一些艺术杰作，见证了南美洲早期的人类社会文化。其卓越的洞窟艺术可追溯到9500年到13000年以前。岩画中还有许多描绘动物和狩猎的场景。在19世纪欧洲殖民者来此定居之前，一直是居住在该地区的泰韦尔切猎人群体在保护着这些画。尽管现在泰韦尔切猎人已经消失，他们的精神却将永留于此。

3. 圣弗兰西斯科山岩画

圣弗兰西斯科山位于墨西哥下加利福尼亚半岛的中部。这里常年干燥高温、沙尘漫天，几乎与世隔绝，而也正是因为这一点，一批数量众多、规模巨大的古老岩画才得以完整地保存下来。这些岩画创作手法巧妙，艺术造诣相当高，具有极高的史学价值。更令人叹为观止的是，这些岩画都被绘制在地势非常险峻的大山洞窟的岩壁或洞顶上。岩画中的人物大都持有武器，反映了当时的战斗或狩猎场景。尽管现在这里极其荒凉，但从岩画中记录的繁多的动物种类（有驼鹿、大角羊、叉角羚、美洲狮和野兔等，鸟类，海洋动物如鱼、海龟和黄貂鱼等）来看，在很久以前这里很可能是一个水草丰茂的地区。

这里的岩画运用了非常复杂的颜色和技术，主要有红、黑、白、黄（极少）等色彩。从岩画背景的涂底、轮廓线和添加阴影的非凡效果上可以看出创作者有着惊人的艺术技艺。

4. 阿旃陀石窟

阿旃陀石窟位于印度马哈拉施特拉邦北部的文达雅山麓悬崖峭壁中，是印度著名的佛教石窟。它始建于公元前2世纪，当时佛教被定为国教，后来随着佛教在印度的衰落，这里也逐渐荒废。石窟内有大量宣扬佛教的雕刻与壁画，描绘释迦牟尼的诞生、出家、修行、成道、降魔、说法和涅槃的壁画细腻优美，刻画古印度人民生活及帝王宫廷生活的壁画栩栩如生，有关人物、花卉、宫廷、田舍、飞禽、走兽等的雕刻笔调活泼，令人赞叹。阿旃陀石窟是佛教艺术的经典之作，其艺术影响力远达印度尼西亚的爪哇地区。

5. 敦煌莫高窟

敦煌莫高窟又称"千佛洞",位于我国甘肃省敦煌市东南25千米处的鸣沙山东麓断崖上。它是我国著名的四大石窟之一,也是世界上现存规模最宏大、保存最完好的佛教艺术宝库。

莫高窟最早建于前秦建元二年(366),一位叫乐僔的僧人行至此处,见鸣沙山金光万道,状有千佛,于是萌发开凿之心,募钱凿窟;后来东游至此的法良禅师又在旁边开凿了新的洞窟。此后,北魏、西魏、北周、隋、唐、五代、宋、西夏、元等时期也都在这里开窟造像,莫高窟逐渐成为佛门圣地。这里现有壁画石窟492个,壁画总面积约4.5万平方米,从数十米到不足0.1米的大小不一的彩塑多达2400余尊,它们有的雄伟浑厚,有的小巧玲珑,雕画造诣之精深,构图想象之丰富,让人震撼。

莫高窟的精华是彩塑和壁画。壁画主要表现的内容是佛教尊像画、佛传故事画、佛教因缘故事画、供养人物画等,还有部分我国神话故事画,反映了我国古代社会生活中的政治、经济、军事、文化、艺术、宗教、民俗等各方面内容,是一部记录我国古代社会的历史全书。彩绘部分则描述了佛、菩萨、天王、力士、商贾等,以及耕田、旅行、宴会、乐舞、出巡等,直接反映出当时社会生活的场景。作为古代东西方艺术融合的一个代表,莫高窟当之无愧地成为中华文化艺术瑰宝。

6. 纳斯卡和帕尔帕的线条和地画

纳斯卡和朱马纳大草原是秘鲁海岸的干旱草原,位于利马以南约400千米。出现在这里的巨型的线条图约有450平方千米。这些线条图形成于公元前500年到公元500年之间,就其数量、自然状态、大小以及连续性来说,它们是考古学中难解的谜团之一。那些刻在地表的线条图,有许多只能从高处才可以分辨出来,像50米的大蜘蛛、翼展120米的巨大秃鹰、180米长的蜥蜴,不管是专业人士还是普通游客,都对这些神奇的线条图有着浓厚的兴趣。

二、防御的艺术

人类的发展产生了差异,差异勾起了竞争,竞争引发了冲突,于是也就出现了防御。防御的目的是保卫神圣的疆土和家园。无论结果如何,留下的防御工事都是一门耐人寻味的建筑艺术。比如,世界遗产中就包括了长城(中国),圭内斯郡爱德华国王城堡和城墙(英国),罗马帝国边界(英国与德国共有),贝林佐纳集镇的三个城堡、防御城墙和防御工事(瑞士),巴拿马加勒比海岸的防御工事——波尔多贝罗-圣洛伦佐(巴拿马),阿姆斯特丹防线(荷兰),卢森堡市——旧城区和防御工事(卢森堡),卡尔卡松历史防御城市(法国),哈勒尔——防御性历史城镇(埃塞俄比亚),哈瓦那旧城及其防御工事(古巴),卢戈的罗马城墙(西班牙)。

1. 长城

长城（见图2-16）是我国古代的伟大建筑，是中华民族的象征。长城始建于2000多年前的春秋战国时期，在我国历史的各个时期，统治者都不同程度地对长城进行了修建或改造，长城全长两万多千米。因此，长城是"上下两千年，纵横十万里"的一项伟大工程奇迹。

现存留的长城主要建于明代，东起鸭绿江，西至嘉峪关，主要分布在河北、天津、北京、内蒙古、山西、陕西、宁夏、甘肃等八省（自治区、直辖市）。作为一道防御工程，长城所经地形极为复杂，古代的工匠巧妙地利用地形设计了独特的结构，展示了祖先的聪明才智，在世界古代工程史上留下了光辉的篇章。长城在重要道口、山口、山海交接处设立关城，既便于交通，又利于防守。长城沿线还建有独立的烽燧、

图2-16　长城（中国）

烽火台，用于在敌人入侵时举火燃烟迅速传递信息。城墙沿着山坡起伏延伸，宛似一条巨龙，穿越北方。

自修建以来，长城就在我国历史上扮演着举足轻重的角色。长城的守失牵连到许多朝代的更替，关系着中华民族的兴衰。伴随着长城内外著名战役的发生，英雄人物辈出，大大丰富了这座防御性建筑的文化内涵。

2. 异曲同工的屏障——罗马帝国边界（英国与德国共有）

罗马帝国边界是英国和德国共同申请的世界文化遗产，是罗马帝国扩张的历史见证，包括英国的哈德良长城、安东尼长城和德国的上日耳曼–雷蒂安界墙。

罗马帝国边界代表了公元2世纪罗马帝国疆域的边界线。它延伸超过5000千米，从英国北部的大西洋海岸，穿过欧洲到黑海，再到红海，再穿过北非到达大西洋沿岸。如今，这一边界的遗迹包括城墙、壕沟、堡垒、要塞、瞭望塔和平民定居点的遗迹。这条边界的某些部分已经被挖掘出来，一些被重建，还有一些被损毁。

英国的哈德良长城长118千米，是公元122年由哈德良皇帝下令在罗马帝国不列颠省最北端修建的。苏格兰的安东尼长城是一个长达60千米的防御工事，由皇帝安东尼乌斯·皮乌斯于公元142年下令修建，用以防御不列颠北部的"野蛮人"，这是罗马帝国边境西北部最远的界墙。德国的两段界墙从该国西北部到东南部的多瑙河，全长550千米。

罗马帝国就领土范围而言，是历史上最伟大的帝国之一。罗马帝国边界可能是人工或自然形成的屏障，构成了连贯一致的防御建筑体系。罗马帝国通过修建罗马军事建筑，将建筑和管理的技术延伸到帝国的边缘，在巅峰时期展示了人类的文化价值观与自然的重要交流。

1987年，哈德良长城作为文化遗产被世界遗产委员会列入《世界遗产名录》，2005年世界遗产委员会扩展了德国的上日耳曼—雷蒂安界墙，2008年世界遗产委员会又扩展了英国的安东尼长城。

三、流动的文化线

若是没有水，人类的一切活动都将会停止，是水孕育了生命，造就了文明。流动的水体，使得产生的文化在时间和空间上得到交流，形成纵横交错的文化线。如果线条缺失，人工水道的修建便刻不容缓；如果线条阻隔了空间，桥梁就会沟而通之。可以说，河流这一文化线在文明传承的过程中不断创造着奇迹。

1. 南方运河

南方运河建于1667—1694年，横贯法国的加农省、奥德省和埃罗省。这一蜿蜒流淌360千米的水路运河网穿越328座大小不等的建筑物（船闸、沟渠、桥梁、隧道等）与地中海、大西洋相连，这条为工业革命修筑的水路工程非常浩大，是现代史上最辉煌的土木工程奇迹之一。其中，圣费雷奥尔大坝是该运河上最雄伟的工程。运河设计师比埃尔·德里凯创造性的构思，将技术成果转变为艺术作品，使运河与周边环境和谐地融为一体。

2. 都江堰

都江堰（见图2-17）是我国古代一项著名的水利工程，位于四川省岷江。在都江堰建成以前，岷江江水常泛滥成灾。公元前256年，秦国蜀郡太守李冰和他的儿子，吸取前人的治水经验，率领当地人们兴建水利工程。都江堰水利工程包括鱼嘴、宝瓶口和飞沙堰三个主要组成部分。鱼嘴是在岷江江心修筑的分水堤，形似大鱼卧伏江中，把岷江分为用于灌溉的内江和用于排洪的外江。宝瓶口是内江的进水口，因形似瓶颈而得名，除了引水，它还有控制进水流量的作用。飞沙堰是在分水

图2-17　都江堰（中国）

堤中段修建的泄洪道，洪水期不仅可以排泄洪水，还可利用水漫过飞沙堰流入外江水流的漩涡作用，有效地减少泥沙在宝瓶口前后的淤积。

都江堰水利工程创造了与自然和谐共存的水利形式，孕育了蜀文化繁荣发展的沃土。它是世界上唯一具有两千多年历史的水利工程，至今仍在发挥重要作用。

3. 加尔桥

加尔桥位于法国南部，公元前1世纪为使长约50千米的尼姆水渠横跨加尔河而建。该桥桥身高约50米，分上中下三层。下层有6个拱门，为行人通道；中层有11个拱门，起支撑作用；上层有35个支撑水渠的小拱，是最长的一层，为275米。该桥的设计极为科学，造型极其优美，是现存最早和最长的高架水槽，创造了一个技术上同时也是艺术上的杰作，是人类建筑史上一颗璀璨的明珠。

4. 西班牙的维兹卡亚桥

西班牙毕尔巴鄂的维兹卡亚桥于1893年完工，该桥高45米，跨度160米。该桥的独特之处在于它没有桥面，桥身高出河面很多，下面悬挂着一个吊篮。中间的部分可以停放车辆，两侧有用来运送乘客的座舱。它是世界上第一座也是目前唯一一座仍在使用的供行人和车辆通过的高空拉索桥。将功能性和建筑美学完美结合在一起的维兹卡亚桥，被誉为工业革命时代杰出的钢铁建筑之一。

四、农业景观

人类的生存与农业发展息息相关。代代相传的农业知识、神圣的种植传统观念、有趣的灌溉系统和微妙的社会平衡，使人类与环境之间形成了不少和谐而美丽的景观。

1. 稻米梯田

说到稻米梯田，这应该是我们比较熟悉的一道景观，因为它在我国南方的乡间极为常见。但是，完全依靠人工力量在崎岖的山脊上开垦、创造出来的稻米梯田，却为菲律宾所独有。菲律宾著名的科迪勒拉山稻米梯田位于伊富高省境内，当地土著部落人们为了谋生，在裸露的山地上开垦出土地进行耕作。几个世纪以来，伊富高部落人们一直保持着这种耕作方式。为了防止土壤流失，他们不辞辛劳地用一块块岩石垒成一道道堤坝，直至成为现在被誉为"通往天堂的天梯"的稻米梯田。

对世世代代生活在这里的当地人来说，稻米梯田不仅是其生活的重要依靠，而且是他们自己创造的一处优美景观。如今这里早已成为著名的旅游胜地，其田园风光和艺术魅力让游客如痴如醉。

2. 南厄兰岛上的农业景观

瑞典的厄兰岛位于波罗的海，其南部由一片巨大的石灰石高地构成。当地居民已经在这里生活了约五千年，他们也已逐渐适应了岛上的自然环境。南厄兰岛具有独特的文化传统,它体现在土地的使用方式、土地的分割、生物多样性等方面。风车是该岛最重要的标志,这里曾经有2000多架风车,现存400多架。这里是人类在不同地区、不同地理环境下选择最适宜自己的生活方式的一个突出例证。

3. 庄园文化

英国人有乡村庄园,俄国人有贵族庄园,法国人有飘满酒香的葡萄酒庄园。庄园文化就蕴含在人与人及人与地所交织的时间和空间中。

匈牙利的托考伊葡萄园所生产的"托考伊奥苏"甜白葡萄酒闻名于世。它不仅代表了这里一千多年葡萄栽培的传统历史,还充分展示了原汁原味的葡萄酒酿造及生产全过程。托考伊葡萄园既展现了欧洲葡萄庄园美丽的自然景色,也生动地展现了当地特殊的土地使用传统。这里每年都会举办葡萄节、品酒会等民间活动,每年都会吸引众多的国内外游客,这些活动将这片醉人的土地上的葡萄酒文化远播异国他乡。

古巴东南部最早的咖啡种植园遗址,位于马埃斯特腊山山脚下。咖啡最早被引入古巴是在18世纪。这里的咖啡种植园由大批法国种植园主建起,咖啡种植园一度也曾发展到鼎盛时期,但是后来由于受到巴西咖啡市场的冲击以及战乱影响,种植业逐渐衰落。遗留下来的建筑和设备,为人们进一步了解加勒比海和拉丁美洲地区的经济、社会和科技历史提供了重要线索。

4. 阿曼的阿夫拉季灌溉体系

阿曼的阿夫拉季灌溉体系包括5个灌溉系统,至今仍被阿曼人们所使用。这种灌溉系统起源于公元500年,但据考古发现,由于这一地区极其干旱,早在公元前2500年就已经开始使用灌溉系统。该系统利用重力将水从地下或山泉疏导出来,一般能灌溉方圆几千米的土地,并向人们提供家庭用水。这一地区地下水水位很低,所以阿夫拉季灌溉体系是土地资源得到合理使用和充分保护的典范。

5. 荷兰金德代克·埃尔斯豪特的风车

荷兰的风车举世闻名。在世界范围内,没有什么比风车更能指代荷兰,也没有哪一个地方比荷兰的金德代克·埃尔斯豪特的风车还要多。18世纪金德代克·埃尔斯豪特地区就开始修建坚固的风车,这些风车至今依然完好无缺。

风车系统是人工制作的突出景观,它展示了人类的独创性和坚韧性。当地人们依靠发展水利技术和应用水利技术建设了这个风车排水系统,成功地保护了这片土地,为水处理技术的发展做出了突出贡献。

粮食是人类生存最基本的一个物质条件,农业通过把土地、水、植物与人紧密地联系在一起,在社会发展中发挥着重大作用。所以,世界遗产中的著名农业景观成为游人向往的圣地。

五、工业景观

如果说农业是生存的基础，那么工业则带来了人类社会的巨变。在工业革命时期声名显赫的各类工厂等，如今已经成为历史发展的见证，其中大多数有力的证据都来自掀起工业革命浪潮的欧洲城市。著名的工业景观有布莱纳文工业景观、康沃尔和西德文矿区景观、乔治铁桥区（英国），埃森煤矿同盟工业区、弗尔克林根炼铁厂（德国），阿尔克-塞南皇家盐场（法国），恩格尔斯堡炼铁厂、法伦的大铜山矿区（瑞典），维利奇卡盐矿、巴普莱尔皇家盐矿（波兰），迪·弗·沃达蒸汽泵站（荷兰），韦尔拉木材加工厂（芬兰），路维勒和鲁尔克斯主运河上的四座水闸及其环境、斯皮耶纳（蒙斯）的新石器时代的燧石矿（比利时），塞默灵铁路（奥地利），亨伯斯通和圣劳拉硝石采石场、苏埃尔铜矿城（智利），瓜纳尤阿托历史城及其周围矿区（墨西哥），印度山区铁路（印度）和我国的青藏铁路等。

1. 德国的埃森煤矿同盟工业区

埃森煤矿同盟工业区位于德国西部的鲁尔区，是一处稀有的工业建筑群遗址，也是"现代运动"的建筑理念运用于纯工业化环境的杰出典范。

19世纪初煤铁工业的建立，使这个小城发展成为欧洲最大的采矿城市。近两个世纪以来，来自地下的"黑色黄金"促生了德国的经济奇迹，但是也带来了严重的文化认同危机和土地及河流污染，使这里成为欧洲大陆最脏的地区之一。1986年，这里的最后一家矿厂关闭，此后，为了解决这样一个从经济、产业跨越到社会的严峻课题，当地政府开始对该地区进行大力整顿，将整个传统工业区改建成为剧场、餐厅、运动场、游乐场、公园，以及风格独特的工业化历史博物馆，以工业遗产带动旅游经济发展。这一至今仍保留完好的工矿区已经变成了一个具有重要意义的工业遗址历史中心。在这个"鲁尔区最具吸引力的煤矿"，旅游者既可以追寻欧洲传统的重工业痕迹，又能体会现代艺术发展的脚步。

2. 英国的布莱纳文工业景观

布莱纳文工业景观位于英国南威尔士的布莱纳文郡，是19世纪一个典型的英国工业区，也是南威尔士显赫一时的证据。这里拥有矿场、采石场、原始的铁路运输系统、熔炉、工人生活区和其他社会基础设施等工业区必备因素。这个曾为世界钢铁和煤矿工业的发展做出过巨大贡献的工业遗址，是研究英国工业革命时期社会和经济结构的典型范例。

3. 奥地利的塞默灵铁路

奥地利的塞默灵铁路是铁路建筑史上的一个壮举。它建于1848—1854年，全长4100米，是世界上第一条山间铁路。坚固的隧道、稳固的高架桥和高质量的工程，使它至今仍作为主要干线正常运行，成为铁路建筑史上的一座里程碑，也是第一条被列入《世界遗产

名录》的铁路。在这条铁路线上行驶，不会感到旅途的乏味，因为透过车窗就可以欣赏到高山地区最壮美的景色。这条铁路的开通促使沿线地区发展成为著名的文化景区。

  4. 波兰的维利奇卡盐矿

  维利奇卡盐矿位于波兰南部以盛产盐而著称的克拉科夫州，13世纪末，维利奇卡盐矿正式开采，一直到20世纪晚期，这里的挖掘工作仍在进行。在漫长的岁月中，矿工们把岩盐原料雕刻成各种物品，像地下教堂、圣坛、浮雕以及数以百计的真人大小的雕像等；最让人叹为观止的是圣金加教堂和盐矿历史博物馆，它们堪称欧洲中世纪劳动艺术的结晶。

  5. 与世界巅峰约会的中国青藏铁路

  自1825年铁路问世以来，在其二百年左右的历史中，世界上没有哪个国家铁路的竣工能像青藏铁路那样在世界上引起如此强烈的反响。2006年7月1日，青藏铁路全线通车运营。这条世界上海拔最高、线路最长的高原铁路的建设者们，攻克了"高寒缺氧、多年冻土、生态脆弱"三大世界性难题，谱写了人类铁路建设史上的光辉篇章。它是当代中国的历史性创造，是中华民族的光荣和骄傲。

  钢铁巨龙穿越莽莽雪域高原，一路上，旅客们尽情地享受着世界屋脊的"巅峰之旅"，欣赏着广袤无边的苍茫大地、银光闪闪的雪山群峰，陶醉于云低草绿的可可西里自然保护区，惊喜于窗外突然闪现的藏野驴、藏羚羊等高原珍稀野生动物……青藏铁路是一道展示、保护和传承藏文化的文化风景线，是一条带动青藏地区走向富裕的经济线，也是让世人拥抱世界巅峰的黄金旅游线。

  工业带来了社会的巨变，树立了不少改变人类文明的里程碑。多种形态、不同地域的工业文明景观，共同见证了社会的前进速度。工业的发展需要科技来注入新鲜血液，而知识是科技的灵魂，人们只有学习知识才能谋求更大的发展。

六、智慧的殿堂

  大学的出现是人类社会进步的表现，它能开启智慧、升华灵魂，是人们生存发展的精神源泉。走进大学的殿堂几乎是每个年轻人的愿望，而当殿堂送走一批批杰出青年后，殿堂便愈发绽放光芒。

  1. 加拉加斯大学城

  委内瑞拉的加拉加斯大学城由建筑师卡罗斯·罗·维拉诺瓦于1940—1960年设计，是体现现代城市规划、建筑和艺术的杰作。大学城把众多建筑物及其功能和视觉艺术成功地融合成一个整体，如亚历山大·卡尔德的作品"云"的礼堂、奥林匹克体育场和穹顶广场。

2. 美国夏洛茨维尔的蒙蒂塞洛和弗吉尼亚大学

蒙蒂塞洛和弗吉尼亚大学位于美国弗吉尼亚州夏洛茨维尔市，由美国著名政治家、第三任总统托马斯·杰斐逊分别于1769—1809年及1817—1826年亲自设计并主持建造而成。

蒙蒂塞洛高高地矗立在弗吉尼亚山麓地带的一座小山顶上，是一座带有多立克柱支撑的门廊、白色圆顶以及低矮红砖的建筑。它曾是杰斐逊的私邸，也代表了杰斐逊的建筑理念，现已成为杰斐逊纪念馆。

弗吉尼亚大学校园由中央的圆顶建筑——图书馆、草坪两侧的两排学生宿舍和大帐篷式的教师公寓以及大面积的花园组成，弗吉尼亚大学成为融实用主义、象征主义与自然环境为一体的新古典主义建筑形式的极好例证。

3. 西班牙的埃纳雷斯堡

埃纳雷斯堡是世界上第一座被规划成为大学城的城市，也是近代欧洲最重要的文化学术中心之一。大学的历史可追溯到1293年。"上帝之城"的理想化概念首次在这里得到了体现，后来被西班牙传教士传到美洲，成为世界大学城的原始模式。古老的埃纳雷斯堡大学在16世纪时达到鼎盛，与萨拉曼卡和巴亚多利大学并称西班牙最著名的三所大学。17世纪时，大学陷入危机，1836年，大学迁至马德里。

4. 英国剑桥大学

剑桥大学成立于1209年，已有近百位诺贝尔奖获得者出自这里。剑桥大学位于风景秀丽的剑桥市，著名的剑河横贯其间。这所举世闻名的大学没有围墙，也没有校牌，整个校园郁郁葱葱，气韵自华。难怪徐志摩吟出了"在康河的柔波里，我甘心做一条水草"这样的诗句。

剑桥大学有31个学院，各学院历史背景不同，实行独特的学院制。剑桥大学的许多地方都保留着中世纪以来的风貌，到处可见几百年来不断按原样精心维修的古城建筑，许多校舍的门廊、墙壁上仍然装饰着古朴庄严的塑像和印章，高大的染色玻璃窗像一幅幅瑰丽的图画。八百多年的人文积淀和学术气氛，潜移默化地影响着剑桥学子，也吸引着全世界人们的目光。

七、现代主题公园

位于洛杉矶西北角的环球影城好莱坞（见图2-18）是美国电影的诞生地，也是当今世界上最大的电影工业中心，是享誉世界的影都。早在19世纪80年代，这里还是一个小村庄，一个富豪在此修建别墅，并将此地命名为"好莱坞"，意为常青的橡树林。后来，一些电影制片人纷纷来此设厂，拍摄电影。到了20世纪三四十年代，好莱坞逐渐闻名于世。现在，这里的环球影城不仅有制片厂，还有近200个以世界各地名胜为背景、布局精巧的摄影棚。

图2-18 环球影城好莱坞（美国）

好莱坞不仅是电影人梦寐以求的天堂，还是美国文化扩张的一个重要组成部分。高度发达的电影工业，形成了好莱坞独特的繁荣景象和文化气息，吸引了全世界旅游者的目光。

八、战争、和平与自由

虽说一部没有战争史的人类史是不完整的，但追求和平与自由却是贯穿人类史的主旋律。因此，在文明发展的过程中也就少不了代表战争、和平与自由的符号。

1. 奥斯威辛集中营

奥斯威辛是波兰南部的一个小镇。在第二次世界大战中，德国法西斯在这里设立了最大的集中营，上百万平民百姓葬身于此，这里淌满了苦难人民的血和泪。自德国侵略者建起这座集中营之日起，"奥斯威辛"一词就成了恐怖、种族灭绝和大屠杀的一个代名词。这里壁垒森严，四周电网密布，内设哨所看台、绞刑架、毒气杀人浴室和焚尸炉。集中营关押了犹太人、波兰人、吉卜赛人、苏联战俘和其他一些国家的囚犯。在奥斯威辛集中营，有150万人被屠杀，其中大部分人死于比克瑙毒气室。1945年1月，苏联红军解放了集中营。1946年，为了让后人永远铭记这段历史，这里建起了奥斯威辛殉难者博物馆，向世人昭示纳粹的滔天罪行。一个独特的纪念碑耸立在博物馆内。陈列在馆内的物品，无一不让人触目惊心。

2. 海地的国家历史公园

海地国家历史公园里的遗迹记录了19世纪初海地宣布独立的岁月。逍遥宫、建筑群遗迹，特别是古城堡，都标志着解放和自由。这些建筑是奴隶赢得自由后亲手建造的最早的建筑遗迹。

海地是美洲第一个独立的黑奴国家，海地人民在推翻法国殖民统治后，于1804年1月1日建立了海地共和国。为了庆祝解放，追求和平，海地人民花费了15年时间建造了城堡要

塞。在海地赢得独立后,其他的美洲殖民地国家也纷纷独立。这些遗迹的历史价值就在于它们是追求自由的结果,是和平开始的标志。

3. 广岛和平纪念公园

日本广岛和平纪念公园最具有代表性的"原爆遗址"展示了战争的残酷。它坚实的外衣被原子弹的烈焰烧得像一个被剥光了所有衣裳的乞丐,神色凄惨地立在元安桥头,昼夜不停地唱着忧郁的哀歌。

随着人类所创造的毁灭性力量的释放,广岛和平纪念公园成为人类半个多世纪以来为争取世界和平所取得成就的力量象征。对广岛而言,和平是它的希冀。祝愿世界终能驱走战争,迎来和平。

思考与练习

1. 简述人文景观的基本概念和主要特征。
2. 举例说明古人类遗址在旅游文化中的意义。
3. 举例说明世界著名考古遗址的主要特征以及其在旅游文化中的意义。
4. 简述宫殿景观与旅游文化的关系。
5. 简述世界著名的工业景观与旅游文化的相互关系。
6. 举例说明人文景观文化在旅游业中的重要意义。

第三章 自然景观文化

自然景观文化，即通常所说的山水文化，就是山山水水中所蕴含及引发的文化现象，也即绚丽的山水和辉煌文化的结晶。这里的山水不是指具体的山水，而是指以具体山水为主的自然环境、自然景观。世界上有众多的名山胜水，它们不仅雄奇秀丽，而且蕴藏着丰厚的文化底蕴，闪耀着奇异的光彩。这是大自然对我们的馈赠，需要我们好好珍惜，更需要我们进行系统的开拓和深入的研究，使之更好地为社会服务。

第一节 自然景观文化概述

一、自然景观与文化

人类是自然界的一部分，是在自然环境中孕育出来的，自然环境为人类提供了丰富的生活资源，同时它又是人类实践的主要对象。人们在不断地改造和利用自然，与自然界产生各种各样的联系，这就必然会使自身的需求、智慧、能力凝聚于自然环境之中，从而在悠久的历史长河中积累起丰富的自然景观文化。不过，自然景观本身并不是自然景观文化，而是自然景观文化赖以存在和传承的载体。自然景观文化的形成是一个长期的不断创造的过程，随着时代和社会的发展，人类不断创造出新的文化，并将它融入今天的自然景观之中，使自然景观的文化内涵不断得到丰富和发展。

自然景观文化包含两部分内容：一是自然景观的客观文化，即自然景观本身客观存在的文化价值，这主要是指自然景观的美学价值；二是自然景观的主观文化，即人类附加在自然景观上的文化，这主要是指人类在历史发展过程中，在利用自然和改造自然的过程中，逐渐形成的对自然界的认识，以及关于人与自然的各种思想的总和——这主要包括自然景观的历史价值和科学价值。另外，由于自然景观文化是以自然景观为载体的一种文化形态，因此我们又可以根据自然景观的不同，将自然景观文化分为地质与地貌景观文化、水体景观文化、生物景观文化、气象与气候景观文化四种类型。

二、自然景观文化发展史

一般来说,自然景观具有相对稳定性,在漫长的历史中不会发生明显的变化,但是依附于自然景观的文化是随着历史的发展而不断变化的。在人类发展历史中,生产力发展水平不同,人类认识自然、改造自然的能力不同,对自然景观的认识也就不同。因此,不同的历史时期,也就有不同的自然景观文化。

1. 农业社会阶段

农业社会阶段包括原始社会、奴隶社会和封建社会三个阶段,是一个漫长的发展时期。这一时期由于生产力水平比较低下,人们对自然界的一些现象难以做出合理的解释,所以对自然界既敬又怕,并在这种敬畏心理的驱使下对自然产生了虔诚的膜拜,并逐渐发展成为原始宗教,如我国早期出现的对图腾的崇拜、对山川的祭祀以及对昆仑、蓬莱神仙的信仰,都是在这一时期出现的。

随着历史的发展、生产力的提高,人们对自然界的畏惧逐渐减弱,开始亲近自然,并把对自然的崇拜升华为一种审美境界。孔子提出了"知者乐水,仁者乐山"*的审美理念,把自然山水的美比喻为智者和仁者的智慧和品德,认为水象征人的智慧,山象征人的品德,并认为对山水的游览可以使人从中获得感悟和熏陶,这种审美观被后人称为"君子比德",对后世产生的影响颇为深远,也为我国自然景观的审美文化揭开了崭新的一页。

2. 工业社会阶段

随着生产力的发展和科学技术的进步,特别是工业革命以后,人类认识自然和改造自然的能力逐渐提高,对自然的利用和改造范围越来越广,程度也越来越深。这一时期的自然景观文化也因之而发生了相应的变化,过去蒙在自然景观上的神秘面纱被逐渐揭去,人类对自然和自然景观的认识越来越趋向科学化,对待自然景观的态度也发生了根本性的变化。

一方面,人类更加强调以人为本,大量开采资源以满足人类的需求,使人类的物质财富得到极大丰富,生活水平得到极大提高。另一方面,由于科学技术的进步,人类对自然景观的了解进一步深入;并且随着交通运输的发展,越来越多的人开始走出家门,去了解自然、探索自然和欣赏自然,使得自然景观文化中的科学价值进一步得到体现。

3. 后工业社会阶段

由于工业社会阶段盲目掠夺式的开发,导致工业社会阶段后期自然界生态恶化、环境污染严重,极大地影响了人类的生产和生活。因此,在后工业社会阶段,人类开始反思自己对待自然的行为和观念,并开始理性地回归自然、欣赏自然和亲近自然,强调人与自然

---

* 出自《论语·雍也》。

的和谐统一，以实现人类与自然的和谐发展。这一思想的确立使自然景观文化的内涵得到极大的扩展，尤其是第二次世界大战以后世界各国都开始大规模建立自然保护区，联合国也制定了《世界遗产名录》，以保护自然景观，使之免受人类破坏，体现出了崭新的人地关系思想。

三、自然景观的文化特征

1. 自然景观的审美文化特征

自然美和社会美、艺术美有所不同，其感性形式具有更为重要的意义。自然美主要美在它的千姿百态，其内容具有模糊性与不确定性。当我们观赏"山青、水秀、洞奇、石美"的桂林山水时，往往会情不自禁地寻求这些美的形态背后所隐藏着的内容。所以，自然美的最大特点就在于其无限多样的展现形态——主要包括形象美、色彩美、听觉美、内在美、动态美和静态美等。另外，不同的自然景观所展现出的形象美感也有所不同。因此，在我国传统的审美历史中，又将自然景观的形象美概括为：雄、秀、奇、险、幽、旷等。

2. 自然景观的历史文化特征

"江山也要伟人扶，神化丹青即画图"，自然景观的观赏价值往往和其历史文化特征有着密不可分的联系，一般而言，自然景观开发的历史越悠久，其历史文化价值就越大，观赏价值也就越高。我国人们历来崇尚山水名胜并精于建设，在自然风景区留下众多的文化性景观，如古建筑、摩崖石刻、书画题记、宗教文化，以及名人活动的遗迹和旧址等。因此，在我国，几乎每一个古老的风景名胜区都具有厚重的历史文化氛围。从自然景观文化的发展历史来看，自然景观的历史文化主要包括自然崇拜历史与祭祀历史、群众性宗教活动历史、文人墨客的游览观赏历史、历史事件和历史人物等内容。自然景观的历史文化具有较高的价值，它不仅能够陶冶人们的情操，净化人们的灵魂，增强人们的爱国思想，而且能够使人感受到历史的沧桑，增加历史知识，启迪智慧，增长见识。因此，我们可以说，几乎每一处风景名胜都是一部巨大的历史教科书。

3. 自然景观的科学文化特征

自然旅游资源分为地质与地貌景观、水体景观、生物景观、气象与气候景观。这些自然景观要素不但是旅游的主要对象，还是地理学、地质学、矿物学、水文学、生物学、生态学、气象学等学科研究的主要对象。因此，它们不仅具有较高的审美价值和历史文化价值，而且具有极为重要的科学研究价值。如自然旅游资源中的冷、热、干、湿、风、雨、云、雪、霜、雾、雷、电、霞等气象与气候景观是气象学和气候学的研究内容；自然旅游资源中的地质与地貌景观、水体景观、生物景观、气象与气候景观又都是地理学研究的主要内容，尤其是其中的水体景观，它以海洋、湖泊、河流、涌泉、瀑布、冰川等形式存在于大自然中，是大自然的雕刻师和美容师，充当着岩溶地貌、海岸地貌、冰川地貌等地貌形态的外营力，构成了地球的血脉，是地理学、地质学和水文学研究必不可少的对象。可以说，一切自然学科都或多或少地与自然旅游资源及自然景观存在联系。

第二节 地质与地貌景观文化

地球已经有约46亿年的历史，在这一漫长的历史演变过程中，由于地质营力的作用，使得地球的结构、构造、物质成分等都处于不断的变化当中，整个地球的表面也随之发生了沧海桑田的变化。地球表面千姿百态的地貌形态都是地质作用的直接结果，大陆的分离与聚合、海洋的诞生与消亡、盆地的沉降、岩浆的活动等现象均直接受控于地质作用。与此同时，一切地质与地貌景观也都能反映过去已经发生的或现在正在进行的地质作用，如三江并流与板块运动密切相关，夏威夷火山活动是地球内部活动的"晴雨表"，云南石林反映了构造运动与流水侵蚀的共同作用等。

在内力地质作用和外力地质作用的共同影响下，地球表面呈现出千姿百态的地貌形态。这些地貌形态直接作用于人类的生产和生活，并对人类的思想、性格和审美产生一定影响，最终形成了各种地质与地貌景观文化。

一、地质景观文化

地质因素是某一地域风景总体特征的"本底"，是自然景观基本的组成条件与构造基础。几十亿年来，地球演化的脚步从未停止，演化历程生生不息。各种地质体及地质体中的大量动植物化石，是地球演化历史中的宝贵片断，是我们进入地球科学殿堂的钥匙。按照不同的地质因素，我们可以把地质旅游景观分为典型的地质景观、古生物遗址景观、火山景观等类型。

（一）地质景观

构造运动是指由地球内力所引起的可以导致地壳岩石发生变形、变位的一种机械作用。自地球形成以来，地壳物质及地表形态就一直处于不断的运动变化之中。由于地质作用的存在，地表留下了大量典型的地质地貌景观，它们不仅具有审美价值，而且具有很高的科学价值。

著名的地质地貌景观有：云南三江并流保护区（中国）、大峡谷国家公园（美国）、黄石国家公园（美国）、麦夸里岛（澳大利亚）、格罗莫讷国家公园（加拿大）等。以下选择部分地质地貌景观作简要介绍。

1. 云南三江并流保护区

三江并流保护区位于我国云南省西北部，地处东亚、南亚和青藏高原三大地理区域的交汇处，其主要特色是金沙江、澜沧江和怒江这三条发源于青藏高原的大江自北向南并行奔流170多千米，形成了世界上罕见的"江水并流而不交汇"的奇特自然地理景观。这里不仅是世界上罕见的高山地貌及其演化的代表地区，也是世界上生物物种最丰富的地区之一，该地区还被誉为"世界生物基因库"。区域内云集了北半球南亚热带、中亚热带、北亚热带、暖温带、温带、寒温带和寒带等各种气候环境类型。该地区拥有多种生态系统，是欧亚大陆上生物生态环境的缩影，也是自新生代以来生物物种和生物群落分化最剧烈的地区。

云南三江并流保护区这一自然遗产突出的价值在于它展示了伴随印度洋板块与欧亚板块的碰撞、古特提斯海的闭合以及喜马拉雅山和青藏高原的隆起而来的近5000万年的地质历史。这些过去曾是亚洲地表演变的主要地质事件，并且如今仍处在不断的发展演变中，这一区域内存留的各种岩石类型记录了这一历史。此外，在这一高山带中还包括了世界上山脉中一些典型的喀斯特分布区、花岗岩和丹霞砂岩地貌。

2. 麦夸里岛

麦夸里岛位于塔斯马尼亚东南部约1500千米处，是一块长约34千米，宽5千米的海岛带。该岛的形成源于印度洋板块和太平洋板块的相互挤压，麦夸里海脊的最高部分露出海面。作为地球上唯一一处从地幔开始向上运动，直至升出海面的地区，麦夸里岛有着极为重要的地质学保护意义。

麦夸里岛以其优美的景色，丰富的海洋资源、陆地资源以及巨大的考古价值吸引了大量的游客。麦夸里岛植被丰富，有各类苔藓、多种花卉，以及各式各样的地衣、硅藻类植物等。这里没有高大灌木丛，草本植物便是岛上最高的植被。长毛海豹和本土的各种鲸鱼是麦夸里岛公园内的主要动物，海象、海狮等其他大型动物也时常在这里出现。另外，这里还有很多其他种类的哺乳动物和企鹅等鸟类。

麦夸里岛保留了许多经过雕琢的、有着重要艺术内涵的土著人窑洞、考古遗址、土著人文化以及上千处艺术古迹，展示了早期人类罕见的艺术成就。

3. 格罗莫讷国家公园

格罗莫讷国家公园位于纽芬兰岛，不仅拥有奇特而绚丽的自然风光，而且拥有许多特殊的地质现象。这些地质现象为大陆漂移学说和板块构造学说提供了宝贵的证据。

6亿年前欧洲大陆和北美大陆本是一体，后来逐渐开始分离，同时岩浆从地壳下喷涌而出，填满了两块大陆间的空隙。现在，在格罗莫讷地区西小溪湖的悬崖上仍可以看到已经凝固的岩浆。5.7亿年前到4.2亿年前，公园现在所处的位置是两块大陆之间被称为亚派图斯海的大洋。4.6亿年前，欧洲大陆与北美大陆被挤压到一起，阿巴拉契亚山脉升起，填满了亚派图斯海。一部分大洋地壳与地幔板块向东移动并升起成为陆地的表面。地表又经过多年冰川的地质作用，形成了各种各样壮观的地质景观。

格罗莫讷国家公园还拥有丰富的生物资源和独具特色的生态特征。这里多样的地形给陆地哺乳动物、鸟类、鱼类、植物等提供了栖息地。

（二）古生物遗址景观

古生物是指在地质历史时期中曾经生活在地球上的生物。化石是由于自然作用保存在地层中的地质历史时期的生物遗体遗物或活动遗迹。古生物化石反映了特定地质年代的动植物面貌，是动植物漫长进化过程的一个片断，是地质年代生物进化的缩影，对研究物种的起源及进化具有重要的价值。另外，古生物化石也是旅游资源的一个重要组成部分，具有很高的审美价值。在旅游过程中，游人不仅可以欣赏奇特的化石，也可以获得古生物学知识。

被列入世界遗产中的化石遗址有：澄江化石遗址（中国），澳大利亚哺乳动物化石遗址（澳大利亚），米瓜莎国家公园、艾伯塔省恐龙公园、加拿大落基山脉公园（加拿大），麦塞尔化石遗址（德国），伊沙瓜拉斯托－塔拉姆佩雅自然公园（阿根廷）等。此外，我国还有辽西化石群、四川自贡恐龙化石群等著名的化石遗址。以下选择部分古生物遗址景观作简要介绍。

1. 澄江化石遗址

澄江化石遗址（距今约5.3亿年）位于被誉为"世界古生物圣地"的云南省澄江县，与澳大利亚的埃迪卡拉动物化石群（距今约6亿年）、加拿大的伯吉斯页岩动物化石群（距今约5.15亿年）并列为"地球历史早期生物演化实例的三大奇迹"。这些动物化石群的发现掀开了"寒武纪生命大爆发"的神秘面纱，大大推进了世界古生物研究的进程，被国际古生物学界誉为"20世纪最惊人的科学发现""世界近代古生物研究史上所罕见"。

澄江化石遗址中的动物生活在寒武纪早期。化石的形成时间处于前寒武纪晚期的埃迪卡拉动物化石群和中寒武纪的伯吉斯页岩动物化石群形成时期之间，填补了早期生命演化的空白，是寒武纪早期生命大爆发的重要证据。这里发现了许多寒武纪早期动物化石门类，包括保存完好的软体生物化石群。这些化石如实地记录了当时海洋生命的壮丽景观。

2. 辽西化石群

20世纪90年代，世界各国的古生物学家和地质学家相继把目光定格在我国辽西——这块贫瘠却曝出惊人发现的土地上。我国辽西地区是世界著名的中生代热河生物群的主要产地。热河生物群所包含的生物组合十分丰富，囊括了中生代众多门类的陆相化石生物，包括鱼类、两栖类、爬行类、鸟类、哺乳类、古植物及其孢粉，以及无脊椎动物类群中的双壳类、腹足类等。其中，早期鸟类、带毛恐龙、原始哺乳动物和早期被子植物的发现，成为20世纪古生物学界重大发现的一部分，对它们的研究涉及现代生物界许多重要生物门类的起源和早期演化问题，为探讨地球陆相生态系统的演变过程和规律提供了难得的线索和例证。辽西的热河生物群种类之繁、数量之多、保存之精以及科研价值之高，堪称世界之最。近几十年来，中华神州鸟、圣贤孔子鸟、带皮肤的鹦鹉嘴龙等化石的发现，接连震惊世界，被学术界誉为20世纪最重要的发现之一。甚至有科学家预言，由于我国辽西中生代古生物化石群的重大发现，生物进化理论存在的一些难题有望在不久的将来得到破解。辽西古生物化石宝库中各种各样奇异的化石，构成了一个五彩缤纷的地史时期的生物世界，它不仅是中国的，也是世界的。

3. 四川自贡恐龙化石群

自贡大山铺恐龙化石群是1.6亿年前中侏罗世恐龙及其他脊椎动物化石的遗迹。在已发掘的恐龙化石中，既有长达20米的食植物性蜥脚龙类恐龙，也有凶猛的食肉类恐龙，还有仅1.4米长的鸟脚类恐龙。此外，这里还有目前世界上保存完整的原始剑龙及与之相伴的翼龙化石。由于这里的化石埋藏集中、数量多、门类全、保存好，且其产出时代为中侏罗世，填补了恐龙演化史上这一时期恐龙化石材料匮乏的空白，从而成为世界上重要的恐龙化石遗址之一，具有重大的科学价值。

4. 加拿大艾伯塔省恐龙公园

艾伯塔省恐龙公园位于加拿大艾伯塔省西南角红鹿河谷一带，以出产恐龙化石而著称于世。这些"爬行动物时代"的化石可以追溯到7500万年以前的白垩纪。这些中生代脊椎动物中的爬行类化石完整详尽地记录了地球生物的进化历史。

艾伯塔省恐龙公园至今仍然保持着远古时代的自然风貌，岩石台地、砂砾石柱、山峰河谷等一起构成了一幅幅荒凉奇异的景观。然而在约7500万年以前，现在的艾伯塔省东部地区却是大片浅海的低洼沿海平原，气候温暖湿润，生物种类繁多。该公园于19世纪80年代开始被挖掘，在红鹿河谷长约26千米的沿岸地区，至今已经发现了300多具保存完整的恐龙化石骨骼，分属35种不同类型。这些化石不仅埋藏集中，而且种类繁多、保存完好，为世界所罕见。这里除了繁衍数量、种类众多的恐龙化石外，还有鱼类、两栖类、爬行类、原始哺乳类、鸟类等动物化石。

艾伯塔省恐龙公园于1979年被世界遗产委员会作为自然遗产列入《世界遗产名录》。

5. 阿根廷伊沙瓜拉斯托-塔拉姆佩雅自然公园

伊沙瓜拉斯托-塔拉姆佩雅自然公园包括伊沙瓜拉斯托省公园和塔拉姆佩雅国家公园两部分，位于阿根廷中部彭巴山西部沙漠地区，含有三叠纪（2.45亿年前—2.08亿年前）

最完整的陆相化石记录。公园内的6个地质岩层中含有大量原始哺乳动物及植物化石，包括已知年代最早的恐龙化石，记录了恐龙从三叠纪早期到三叠纪后期的演变过程，揭示了三叠纪脊椎动物的演化和古代自然环境的特征，具有极高的科研价值。

（三）火山景观

火山是地壳内部喷出的高温物质堆积而成的高地，故在地理学上又被称为堆积山。典型的火山，在地貌上一般表现为顶部有凹形洼地的锥形孤立山峰，但因喷出物质的性质不同，可以有不同的形态。部分火山的火山口由于底部封闭，还会形成火山口湖，形成"高山出平湖"的独特景观。世界上的火山分布都有一定规律，基本上与地震分布带相一致。目前全世界已知的死火山约有2000座，活火山约有500座，主要分布在4个火山带上。

（1）环太平洋火山带：与环太平洋地震带基本一致，从南北美洲西海岸、阿拉斯加西岸，经阿留申群岛、堪察加半岛、日本群岛、菲律宾群岛至新西兰。

（2）阿尔卑斯-喜马拉雅火山带：从阿尔卑斯山经高加索山、喜马拉雅山至印度尼西亚与环太平洋火山带相连。

（3）大洋中脊火山带：主要分布于大西洋、太平洋及印度洋的洋脊部位，其中许多位于海面以下，冰岛有露出海面的活火山，是大洋中脊上的产物。

（4）东非裂谷火山带：沿东非大裂谷分布，它是陆地上的"洋中脊"所在处。

火山景观不但是科学研究的主要内容，还具有极高的审美价值。例如，在东非大裂谷两侧，耸立着一座座火山，至今仍有水汽喷出，温泉涌流；活火山更是热气腾腾，烟雾缭绕。世界闻名的恩戈罗火山口和尼拉贡戈火山的熔岩湖两大火山奇观都位于这里，而乞力马扎罗山（非洲第一高峰）和肯尼亚山（非洲第二高峰）则都是典型的死火山，山顶终年覆盖着白雪，十分美丽。

已被列入《世界遗产名录》的著名火山景观有：堪察加火山（俄罗斯）、伊索莱·约里（伊奥利亚群岛）（意大利）、夏威夷火山国家公园（美国）等。除了被列入《世界遗产名录》的著名火山景观外，其他一些火山景观也具有独特的魅力。下面我们主要介绍长白山、五大连池地质公园和夏威夷火山国家公园。

1. 长白山

长白山位于我国吉林省东南部与朝鲜接壤的边陲地带，绵延1000多千米，是我国与朝鲜的边界山，主峰白云峰海拔2691米，有"关东第一山"之称。

在长白山山顶，有一座因火山喷发而形成的火山口湖——长白山天池。天池湖域面积9.82平方千米，平均水深204米，最大水深373米，为我国最高最大的火山口湖。天池也叫"龙潭""海眼""温凉泊"，是火山赐予人类的一大胜景，它的一泓碧水宛若一颗璀璨的明珠镶嵌在16座山峰之中。天池四周气候多变，常有蒸汽弥漫，瞬时风雨雾霭，景色绝妙，宛若缥缈仙境。天池内壁为白色浮石与粗面岩组成的悬崖峭壁，犹如"玉碗"。天池北面有一缺口，池水由此溢出，在"高燕吻瀑"处飞流直下68米跌入深潭，形成著名的长白瀑布，瀑布如万匹野马从悬崖上猛冲下来，震天动地，在深潭处激起丈许水柱，卷起万朵浪花，令人叹为观止。

2. 五大连池地质公园

五大连池地质公园位于我国黑龙江省五大连池市内，面积790.11平方千米。区内规律地分布着14座火山，是我国保存最完整、最典型、年代最新的火山群，被称为"天然的火山博物馆""火山公园"。由于最新喷发（1719—1721）的火山熔岩堵塞了石龙江，形成了五个串珠状、溪水相连、倒映山色的火山堰塞湖泊，即头池、二池、三池、四池和五池，各湖有暗河相通，终年不枯，"五大连池"因此得名。

五大连池以"山秀、石怪、水幽、泉奇"而为人所知，14座锥体火山屹立在五池碧水周围，山环水抱，交相辉映。登山远眺，绵延64平方千米的黑色熔岩如巨龙匍匐前行，如瀚海波澜起伏，蔚为壮观。千姿百态的熔岩惟妙惟肖，有的如丘如岭，有的如禽如兽，令人目不暇接。向下俯瞰，池水清澈深邃，光洁如镜。此外，温泉也是园内一绝，仅保护区的药泉山下就有南泉、北泉、翻花泉等，这些温泉因含有多种微量元素，对皮肤病、风湿病有着特殊的治疗效果而深受游客欢迎。

3. 夏威夷火山国家公园

夏威夷岛是美国夏威夷火山国家公园所在地，岛上有世界上最为活跃的两座火山：冒纳罗亚火山和基拉韦厄火山。

夏威夷群岛海底周围的太平洋板块是一个海底火山活动区，从2000万年前起，一直有岩浆从海底涌出，随着岩浆的不断凝固，夏威夷群岛也就不断"生长"。长期以来，有关夏威夷群岛的成因及其独特的分布形式，一直没有科学合理的解释。20世纪70年代美国地球物理学家摩根提出的"热点"假说使得这一问题迎刃而解。他认为在地幔深处有位置固定的地幔物质上升流，炙热的上升物质冲破岩石圈的地方可视为"热点"，而夏威夷岛正处于这一"热点"之上，此外，太平洋板块以每年10厘米的速度向西北方向移动，因岩浆凝固而形成的火山也随板块一起移动，在"热点"处又会形成新的火山。经过几千万年的时间积累，就出现了呈西北—东南走向的"火山传送带"。

除了熔岩分布的地区外，夏威夷群岛上大多数地方雨林茂密，景色秀丽。火山喷发带来的肥沃土壤有利于各种植物生长。栖息在岛上的野生动物有当地特有的夏威夷鹅等。这些动植物与夏威夷独特的火山景观一起构成了一个奇异的、生机勃勃的世界。

二、地貌景观文化

地貌是地球内力和外力相互作用于地表物质的结果，是地球上各种地表形态的总称。作为自然地理的基本要素之一，地貌与自然界的其他要素密切联系、相互制约，共同构成了千姿百态的地貌景观。一般来说，地貌的起伏是构成天然景观形态的基本骨架，是风景区的背景和基盘，地球内外力的作用，形成了不同特色的地貌景观。这些地貌景观作用于长期生活在其中的人类，从而形成不同的地域文化。

地貌景观也是旅游资源的重要组成部分，它们千姿百态、形式多样，既有挺拔的高山、幽深的峡谷，也有荒凉的沙漠和空旷的草原；它们有的高大雄伟，有的旷广阔达，有的俊秀奇巧，有的静谧幽远，不一而足。复杂多变的自然环境又孕育了丰富多彩的人文景观，两者交相辉映，使地貌景观更具审美价值和历史价值。具体说来，根据地貌形态，地貌景观主要分为山岳景观、峡谷景观、喀斯特（岩溶）景观、冰川景观等类型。

（一）山岳景观

在地貌学上，对山岳的划分主要是根据高度，一般来说，绝对高度在500米以上的称为山或山岳。其中，旅游价值最高的山岳旅游资源应当是中低山。在我国，一般1000～3500米的为中山，500～1000米的为低山。中低山介于平原和高地之间，既便于人们看到大自然对地貌的作用，又经过了人类一定程度的开发，所以无论是在自然景观方面，还是在人文景观方面，都具有较高的观赏价值。通常来说，山岳景观和文化联系比较密切，我们把山岳景观所蕴含的文化内涵称为山岳文化。山岳文化包括物质文化（即山岳自身）和依附于山岳的精神文化。在山岳文化中，内容最多、形式最丰富的莫过于历代文人墨客颂咏河山的诗词歌赋。"会当凌绝顶，一览众山小"已成为描述泰山雄浑壮丽的千古绝唱，而"峨眉山月半轮秋，影入平羌江水流"更是将峨眉秀甲天下的绮丽景色刻画得淋漓尽致。

被列入《世界遗产名录》的著名山岳景观有：泰山、黄山、峨眉山和乐山大佛、武夷山、庐山国家公园、梵净山（中国），比利牛斯-佩尔杜山（法国和西班牙共有），阿索斯山（希腊）等。

1. 泰山

泰山称为东岳，古时称岱山、岱宗。泰山山势磅礴雄伟，峰峦突兀峻拔，景色壮丽，为五岳之首，有"天下第一山"之称。如图3-1所示为泰山一天门。

泰山是一座历史名山，大约七八千年前，我们的祖先就在此地繁衍生息，5000年前的大汶口文化和龙山文化则生动地展示了泰山古老的文化积淀。从秦汉至明清，历代文人留下了数以千计的关于泰山的诗词碑文，其中像孔子的《邱陵歌》、司马迁的《封禅书》、谢道韫的《泰山吟》、杜甫的《望岳》等诗文，更是成为传世名篇。天贶殿的宋

图3-1 泰山—天门（中国）

代壁画，以及各处的石刻、碑碣也都是稀世珍品。泰山脚下的岱庙则是历代帝王封禅祭祀的地方，也是泰山最大、最完整的古建筑群，它采用帝王宫城式建筑，在祠庙建筑中规格最高，是我国古代文明和信仰的象征。庙宇道观、碑刻诗文等历史古迹，生动地展示了泰山深厚的文化底蕴，并与雄壮的山峰完美地融合在一起，使泰山成为一座天然的历史博物馆。

泰山的自然景观以奇、险、秀、幽、雄、旷等特点而著称于世。泰山为断块山地，山体高大、气势雄伟，山岩景观令人叹为观止。如回马岭，山崖陡峭、盘道曲折，马不能回；云步桥，单桥凌驾深涧，浑然天成。登临岱顶又可观赏旭日东升、晚霞夕照、黄河金带、云海玉盘四大奇观。日观峰位于玉皇顶东南，古称介丘岩。在此观日，只见四周雾气弥漫，云层翻滚，犹如仙境。随着旭日东升，天空瞬间如染色海洋，绚烂多彩，继而彩霞变幻，金光万道，普照八方，具有极高的美学价值。

2. 黄山

黄山雄踞安徽省南部，古称黟山，是我国著名的山岳风景区之一。如图3-2所示为黄山迎客松。黄山的主体是花岗岩，形成于中生代白垩纪，距今约1.2亿年。呈现出奇峰嵯峨、怪石林立、崖壁陡峭、涧壑深邃的奇特峰林地貌，具有内涵丰富、雄浑柔媚、粗犷纤细、刚柔相济的特点。奇松、怪石、云海、温泉被称为黄山"四绝"，闻名遐迩。黄山奇松枝干遒劲，冠顶平整如削，极具矫健劲挺的阳刚之气。黄山怪石星罗棋布，或分散点缀，或集中陈列，遍及峰壑。黄山云海气势磅礴，时卷时舒，状如狂涛巨浪，瞬息多变，姿态万千。黄山温泉背倚紫云峰，下临桃花溪，四季泉涌，灵异奇妙，极宜入浴。

黄山不仅具有很高的美学价值，而且还有深厚的文化底蕴。自古就有轩辕黄帝在此炼丹、得道升天的传说，正因为此，唐天宝六年（747）此山被改名为黄山。李白写诗称赞曰："黄山四千仞，三十二莲峰。丹崖夹石柱，菡萏金芙蓉。伊昔升绝顶，下窥天目松。仙人炼玉处，羽化留馀踪……"（《送温处士归黄山白鹅峰旧居》）。自此，历代文人对黄山多有吟咏，留下许多璀璨的诗篇与游记，如贾岛的《纪汤泉》、杜荀鹤的《送僧赴黄山沐汤泉兼参禅宗长老》、范成大的《浮丘亭》、龚自珍的《黄山铭》、黄炎培的《莲花峰绝顶》……另外，历代遗留

图3-2　黄山迎客松（中国）

下来的寺庙、亭阁、盘道、古桥和摩崖石刻也多达200多处，散布于名峰秀水之中。这一切形成了丰厚的黄山文化底蕴，具有极大的历史文化价值。

3. 峨眉山

峨眉山（见图3-3）位于四川盆地西南部，以其雄奇秀丽的自然风光和深厚的佛教文化积淀闻名于世。境内群山绵延、异峰突兀、飞瀑流泉、景色清幽，有"峨眉天下秀"之称。峨眉山是我国四大佛教名山之一，山上寺庙将近30处，如报国寺、万年寺、仙峰寺等。

综观峨眉山全貌，自然景观集秀、雄、幽、奇、险于一身。这里青峰耸立，或连绵舒缓，或挺拔入云；层峦叠嶂，或茂密葱茏，或幽远清雅。主要的景观有"金顶四大奇观"（云海、日出、佛光、佛灯）和传统"峨眉十景"（萝峰晴云、双桥清音、白水秋风、大坪霁雪、洪椿晓雨、九老仙府、象池月夜、金顶祥光、圣积晚钟、灵岩叠翠）等。其中，洗象池的

图3-3　峨眉山（中国）

"象池月夜"尤其著名，每当皓月当空之时，四周清幽静谧，水天一色，景色尤其优美。清音阁之"双桥清音"，飞花玉碎，涛声琴韵，犹如仙境。

4. 武夷山

武夷山（见图3-4）位于福建省武夷市内，处在武夷山脉北段的东南麓。山脉绵延曲折、森林繁盛茂密、九曲溪水逶迤流长，"三三秀水清如玉，六六奇峰翠插天"，有"奇秀甲东南"之称。据《武夷山志》记载，商朝末年，我国古代传说中的长寿人物彭祖曾来到武夷山，并隐居于幔亭峰下，这也为武夷山平添了几分神秘色彩。

武夷山景区分为九曲溪、武夷宫、溪南、云窝-天游-桃源洞、山北五个景区，景色绮丽优美，集雄浑、隽秀于一体，与其他名山相比，武夷山的动人之处还在于山水的和谐统一。区内座座赤峰挺拔隽秀，条条碧溪曲折妩媚。九曲溪及沿岸景观是武夷山景区的精华所在，九曲溪源于三保山，两岸峰峦巍巍，林木葱茏，猿啼鸟鸣，溪水清澈见底，蜿蜒逶迤，贯穿于群山众峰之间，形成"曲曲山回转，峰峰水抱流"的山水相依的自然美景。

曾几何时，武夷山一度成为"东南理窟"，并对东亚地区的文化产生深远的影响。而今这一切已经随着时间的流逝烟消云散，但从遗留的道观寺庙中，我们仍能依稀寻觅到当年理学家们"继志传道"的痕迹。

图3-4　武夷山（中国）

5. 庐山

庐山地处江西省九江市郊，紧邻鄱阳湖和长江，有南障山、天子都、天子障等古称。庐山一名出自《史记》，它虽然不在五岳之列，却有"庐岳"之称。庐山以雄、奇、险、秀闻名，大江、大河、大湖、大山浑然一体，雄奇险秀，刚柔相济，并兼文化名山、宗教名山、政治名山于一体，具有极高的历史、文化、科学和美学价值。

庐山自古代起命名的山峰共有171座，形态各异，正所谓"横看成岭侧成峰，远近高低各不同"。登峰远眺，纵目千里，湖光山色尽收眼底。另外，庐山飞瀑也是一绝，素有"匡庐瀑布誉满天下"之说，并与泰山青松、华山摩岭、黄山云海、峨眉古寺并称为山川绝胜。"飞流直下三千尺，疑是银河落九天"更是将庐山飞瀑之美形容至极致。

（二）峡谷景观

峡谷景观有高山峡谷景观和幽谷溪涧景观之分，但不管哪种峡谷，都常常和其他旅游资源（尤其是水景和生物景观）共同构成绚丽的自然景色。高山峡谷景观通常因雄壮而闻名，它的观赏价值常常取决于高差和水量，高差越大，水量越大，峭壁越陡，景色也就越奇险，气势也就越宏大，也就更能显示峡谷的雄伟美。幽谷溪涧景观则以清幽秀丽而著称，回环往复的山间小路、弯弯曲曲的溪泉流水都是幽谷溪涧景观的显著特点；这样的景观使人能拥有一种恬静、泰然的心境，使人品之有味、余韵无穷。另外，同山岳一样，地球上大大小小的峡谷也是地质史书的重要部分；正因为有了这些自然历史印迹，我们才能够推知过去，遥想未来，所以它们也都具有很高的科研价值。

世界上著名的大峡谷有：长江三峡、雅鲁藏布大峡谷、东非大裂谷和被列入《世界遗产名录》的科罗拉多大峡谷（大峡谷国家公园）等。另外，黄石国家公园、武陵源风景名胜区等世界遗产中也都有峡谷分布。以下选择部分峡谷景观作简要介绍。

1. 雅鲁藏布大峡谷

在号称"世界屋脊"的青藏高原上，有两个世界之最：一个是世界最高峰——珠穆朗玛峰，一个是世界最深的大峡谷——雅鲁藏布大峡谷。高峰与深谷咫尺为邻，达万米的强烈地形反差，构成了世界上最为震撼人心的壮丽景观。这里高山巍峨，峡谷幽深，雪山冰川晶莹剔透，原始林海郁郁葱葱，滔滔江水奔腾咆哮，这一切无一不在展示着大峡谷的神奇与美丽。

雅鲁藏布大峡谷最深处达到6009米，连续的"V"字形峡谷长达504.6千米，成为名副其实的世界第一峡谷。这里还是我国生物多样性最为丰富的地区之一，茂密的原始森林中，从森林上限的冷杉林，到谷底的半常绿季风雨林，雅鲁藏布大峡谷拥有世界上最齐全的垂直自然带。不同的垂直自然带以各具特点的景观浓缩在山坡谷地上，犹如一幅凌空抖落的山水画卷，蔚为壮观。

2. 东非大裂谷

东非大裂谷是世界陆地上最长的裂谷带，南起赞比西河河口一带，向北延伸到马拉维湖北部，总长6400千米，是地球表面上最大的一块"伤疤"。从空中俯瞰，裂谷气势极其宏伟。

有许多人在见到东非大裂谷之前，凭想象认为，那里一定是一条狭长、黑暗、阴森、恐怖的断涧，荒草漫漫，怪石嶙峋，渺无人烟。其实，大裂谷之内完全是另外一番景象：远处，茂密的原始森林覆盖着连绵的群峰，山坡上长满仙人球；近处，草原广袤，翠绿的灌木丛散落其间，野草青青，花香阵阵，草原深处的几处湖水波光粼粼，山水之间，白云飘荡；裂谷底部，平平整整，坦坦荡荡，牧草丰美，林木葱茏，生机盎然。

东非大裂谷还是人类文明发祥地之一，20世纪中期在这里相继发现的"东非人"头骨化石和"能人"遗骨，充分证明了这里是人类文明的摇篮之一。

3. 科罗拉多大峡谷

科罗拉多大峡谷位于美国亚利桑那州西北部的科罗拉多河中游、科罗拉多高原的西南部，是地球上最伟大的地理奇迹之一。大峡谷全长446千米，宽500米到30千米，最大深度约1829米，呈"V"字形，大体呈东西走向，东起科罗拉多河汇入处，西到内华达州界的格兰德瓦什崖附近。

此大峡谷是在几十亿年的漫长岁月中由地质作用形成的，是伟大的科罗拉多河的杰作。"科罗拉多"在西班牙语中意为"红褐色"，这是由于河水中夹带大量泥沙，河水常显红色而得名。千百年来，科罗拉多河像一条巨蟒奔腾咆哮，不断地切割着大峡谷，使得两侧谷壁高低错落。由于地层结构不同，疏密不一，河水的横冲直撞有时造成大片坍塌，使峡谷景观百态纷呈，有的相互堆积，有的茕茕孑立，伴随着天气变化，水色山光相互交织，变化多端，天然奇景蔚为壮观。

（三）喀斯特（岩溶）景观

"喀斯特"本是欧洲斯洛文尼亚和意大利交界处的一个石灰岩高原的名称，由于这里的石灰岩地貌在全球最具典型性，因而地球上所有的石灰岩地貌便都被称为喀斯特地貌。喀斯特地貌在地表和地下发育大量的石芽、峰丛、峰林、落水洞、溶洞、地下河等景观，它们是以大片的石灰岩为基座，经过千万年的流水溶蚀而成。对研究地下水的形成、发展和变化以及局部地壳的变动具有很高的科学价值。

除此之外，由于造型奇特，喀斯特地貌也具有极高的审美价值，它们有的似人、似物、似禽、似兽，有的如笔、如笋、如林，让人心醉。这些奇特的景观还常常伴有一些美丽的传说，如我国云南石林就孕育了阿诗玛的故事，使得这一景观更加能够打动人心。

被列为世界遗产的含有喀斯特（岩溶）景观的著名风景区有：中国南方喀斯特、武陵源风景名胜区（中国），丰芽–格邦国家公园（越南），阿格泰列克喀斯特和斯洛伐克喀斯特溶洞（斯洛伐克和匈牙利），猛犸洞穴国家公园、卡尔斯巴德洞穴国家公园（美国）等。以下选择部分喀斯特（岩溶）景观作简要介绍。

1. 云南石林世界地质公园

云南石林世界地质公园（见图3-5）是中国南方喀斯特的组成部分，位于云南省石林彝族自治县内，拥有典型的喀斯特地貌，遍布着上百个森林般的巨石群，有的独立成景，有的纵横交错，参差峥嵘，千姿百态。这里处处可见奇石拔地而起，有的巍然耸立，有的危若欲坠，有的饱满丰润，有的瘦骨嶙峋，姿态万千，让人不禁赞叹大自然的鬼斧神工。小石林景区的

图3-5　云南石林世界地质公园（中国）

"阿诗玛"矗立于金鱼池畔，仿佛阿诗玛身背竹篓极目远眺，惟妙惟肖。

此外，园区内彝族风情浓厚，环境宜人，与石林地貌一起形成了天人合一的和谐美景。

2. 武陵源风景名胜区

武陵源风景名胜区（见图3-6）位于湖南省西北部武陵源山脉中段，由张家界国家森林公园、索溪峪自然保护区和天子山自然保护区组成。武陵源风景名胜区以其"奇峰、幽谷、秀水、深林、溶洞"享誉海内外。

武陵源风景名胜区主要的景观是石英砂岩峰林。整个景区共有3100多座奇峰，峰林景观错落有致，各具特色，有"神堂湾""西海长卷""天女献花""屈子行吟""罗汉峰"等，似人似物，如笋如柱。武陵源的水景类型丰富，溪、泉、瀑、潭、湖等一应俱全，有"秀水八百"之称。它们或碧水绕峰，或喷涌飞泻，或跌宕激浪；既徐缓妩媚，又抑扬顿挫，恰如一部节奏多变、韵律生动的乐章。这里气候湿润，适合岩溶地貌发育，是"湘西型"岩溶景观的典型代表。主要岩溶景观有石芽、石林、溶沟、落水洞、地下河等。其中，最为著名的景观是索溪峪的"黄龙洞"，洞内石笋、石柱、石幔等造型奇特，色彩瑰丽。溶洞分为四层，被称为"洞穴学研究的宝库"。

3. 丰芽–格邦国家公园

丰芽–格邦国家公园位于越南与老挝交界处，公园中的喀斯特地貌大约形成于4亿年前的古生代，是亚洲最为古老的喀斯特地貌区。在漫长的地质历史时期，由于经历了巨大的

图3-6 武陵源风景名胜区（中国）

构造变化，这个地区的喀斯特景观异常复杂，具有许多典型的喀斯特地貌特征，为进一步研究这一地区的地球演变历史提供了大量的证据。

丰芽–格邦国家公园中最为独特的景观要数数目众多的地下溶洞和地下河。处于地下的溶洞不仅险奇幽深，而且内部空间宽广旷阔。洞中大量的钟乳石、石笋、石柱等景观外形奇异、玲珑剔透、光怪陆离，石幔、石瀑布等在多角度光线的照射下，呈现出不同的颜色和形态，显得变化多端、瑰丽多姿，将整个洞穴装扮得犹如"神仙洞府"一般。地下河曲折通幽，水质清澈。不同地质历史时期河水切割的岩层清晰可见，很好地反映了不同时期地下水位的升落。这些独特的"天书"对于研究同时期大陆的抬升与降落有着极其重要的意义。

丰芽–格邦国家公园作为自然遗产，于2003年被联合国教科文组织世界遗产委员会列入《世界遗产名录》。

4. 卡尔斯巴德洞穴国家公园

卡尔斯巴德洞穴国家公园位于美国新墨西哥州东南部森林内部，是由80多个洞穴组成的喀斯特地形网。它不仅体积庞大、形态各异，还包含了许多精美的矿物，构成了一个地下实验室，为地质学家研究地质构造提供了完整的信息。

卡尔斯巴德洞穴内部包含大量的矿物形成的石笋、钟乳石及其他滴水岩造型，具有极高的审美价值；尤其是绿湖厅（最深的一个洞穴），洞穴内瀑布、钟乳石、石幕、石笋、石柱相互交织，构成一道道绚丽的景观。黄昏时候，卡尔斯巴德的洞口还会出现另一种奇妙景观：数百万只捕食飞虫的蝙蝠从阴冷黑暗的洞穴中振翼飞出，挡住了整个卡尔斯巴德洞口，不过尽管其数量众多，但绝不会发生碰撞。

（四）冰川景观

在高山和两极地区，气候寒冷，终年积雪不化，发育着缓慢流动的冰体，称为冰川。现今世界上冰川覆盖面积大约1600万平方千米，占陆地面积的11%。冰川是一个巨大的固体水库，储存有大量的淡水资源。冰川也具有极高的审美价值和文化价值。如在我国西部的雪域高原上分布着大量的原始冰川，这些处于众山之巅的白色精灵与湛蓝纯净的天空一起，构成了一幅明朗的高原画卷。对于当地人来说，这些冰川与雪山不仅具有神圣的象征意义，还具有很大的实用价值。

被列入《世界遗产名录》的著名的冰川景观有：罗斯冰川国家公园（阿根廷）、伊路利萨特冰湾（丹麦）、瓦特尔顿冰川国际和平公园（美国和加拿大共有）、约塞米蒂国家公园（美国）等。此外，世界著名的冰川景观还有四川海螺沟国家地质公园，布尔津喀纳斯湖国家地质公园。以下选择部分冰川景观作简要介绍。

1. 四川海螺沟国家地质公园

四川海螺沟国家地质公园位于青藏高原东南缘，是一个以现代冰川、温泉及高山峡谷为主要特色的地质公园。公园内雪峰林立，它们或巍峨雄壮，或危岩嶙峋，具有极高的美学价值。此外，这里还有亚洲东部地区海拔最低的冰川，其长长的冰舌一直延伸到海拔3000米左右的森林中，形成了世界上罕见的冰川与森林共存的奇特景观。

2. 布尔津喀纳斯湖国家地质公园

喀纳斯湖位于我国新疆维吾尔自治区布尔津县北部，距县城150千米。布尔津喀纳斯湖国家地质公园是一个以第四纪冰川遗迹、地质构造遗迹、流水地貌和其他地质景观为主的国家地质公园。园内高山绵延不绝，峰林姿态万千，分布有大量的冰蚀和冰碛地貌，如冰碛湖、"U"形谷、石河、刻痕、刃脊、角峰等。独具特色的图瓦文化、数目众多的岩画与石人，更给喀纳斯国家地质公园增添了不少神秘的色彩。

喀纳斯湖是一个坐落在阿尔泰深山密林中的高山湖泊。喀纳斯湖周边的居民主要是蒙古族，"喀纳斯"是蒙古语，意为"美丽富饶、神秘莫测"，湖面碧波万顷，群峰倒映。另外，该湖的湖面还会随着季节和天气的变化而时时变换颜色，是有名的"变色湖"，每至秋季层林尽染，更是景色如画。

3. 罗斯冰川国家公园

阿根廷罗斯冰川国家公园是一个奇特而美丽的自然风景区。这里峰峦叠嶂，冰川湖泊星罗棋布。园内的莫雷诺冰川长约35千米，其冰舌宽约4000米，高60米，呈现出时进时退的奇特景观。莫雷诺冰川每隔三四年就发生一次大的冰崩，冰崩时伴随着巨大的轰鸣声，无数大大小小的冰块从冰体上剥落下来，跌入湖中，激起朵朵浪花，扬起弥漫白雾，场面异常美丽。

第三节　水体景观文化

水体景观文化就是蕴含在水体景观中的文化现象。水是自然界分布最广、最活跃的物质之一，它以海洋、江河、湖泊、瀑布、涌泉、冰川、冰雪、云雾等形式存在于大自然中，是大自然的雕刻师和美容师，是岩溶地貌、海岸地貌、冰川地貌等地貌形成的外营力，构成了地球的血脉，因而它也就成为水文学、海洋学和地学的重要研究内容，具有很高的科研价值。

水体景观也具有极高的审美价值。海洋辽远开阔而又变化无穷，富有壮阔之美，引无数人向往。涌泉的生生不息、经久不衰、朝气蓬勃的生命力使无数人为之动容。还有那清澈透明的泉水发出的时高时低、时缓时急的声音，有时犹如琵琶玉箫，其声悠扬；有时犹如细雨潇潇，其声悲凉。"泉声咽危石，日色冷青松""坐听清泉泻，何须丝竹音"，多少文人雅士都将泉声比作乐声，借以抒发感情。另外，江河、湖泊、瀑布、冰川、雪山也都有各自独特的审美价值。

水还是与人类联系最为密切的物质之一，人类古代就有"择水而居"的传统，而且不同的水文条件所形成的文化也往往不同。根据不同的水体呈现形式，水体景观主要分为河流景观、湖泊景观、海洋景观、瀑布景观、泉与泉华景观等。

一、河流景观

人类文明的产生和发展离不开河流，从空间上看，河流是一条文化联系之线，它将不同的地域文化串联起来，使之成为一个有机整体；从时间上看，河流是一条历史传承之线，它承载着整个民族的文明。纵观世界各地，任何一种文明无一不具有河流背景。如黄河是中华民族的母亲河，尼罗河孕育了古埃及文明，幼发拉底河与底格里斯河是两河流域文明的象征，恒河则哺育了印度文明等。

世界上著名的河流除了黄河、尼罗河、幼发拉底河、底格里斯河和恒河外，还包括亚马孙河、长江、刚果河、湄公河、勒拿河、密西西比河、莱茵河和多瑙河等河流。它们与人类文明的发展都有着密切联系。下面我们主要介绍一下黄河、长江、尼罗河、恒河、幼发拉底河与底格里斯河。

1. 黄河

黄河发源于青海巴颜喀拉山北麓，全长5464千米，是中国的第二长河。黄河被誉为中华民族的摇篮、中华文明的发祥地。历史上曾长期是我国政治、经济、文化中心的黄河流域，保留了大量的古代历史遗存，如古人类遗址、古都城遗址、帝王陵墓以及宗教胜迹等，具有厚重的历史文化气息。

2. 长江

长江是我国最长也是最大的河流，发源于青藏高原的唐古拉山，全长约6300千米，流域面积达180多万平方千米，气势浩荡，规模宏大，令人叹为观止。这里气候温和，土壤肥沃，历来就是我国的鱼米之乡。优越的生存条件，使得这里成为中华民族及其文化和文明的摇篮之一。

3. 尼罗河

尼罗河（见图3-7）纵贯非洲大陆东部7个国家，全长6671千米，为世界上最长的河流。尼罗河是古埃及文明的源头，尼罗河给埃及带来了充沛的水源和肥沃的土壤，也带来了高度发达的古埃及文化。每年7～9月是尼罗河的洪水期。

图3-7　尼罗河（埃及）

4. 恒河

恒河（见图3-8）为印度第一大河，发源于喜马拉雅山脉，全长2580千米。恒河是印度文明的摇篮，被印度人民尊称为"圣河"和"信仰之河"。从长度来看，恒河算不上世界名河，但是她却用丰沛的河水滋润着两岸的土地，勤劳的恒河流域人民世世代代在这里生息劳作，创造了世界古代史上灿烂辉煌的古印度文明。

图3-8 恒河（印度）

5. 幼发拉底河与底格里斯河

幼发拉底河长约2750千米，底格里斯河长约1950千米，其中幼发拉底河是西亚地区最大、最长的河流。古希腊人把两河流域叫作"美索不达米亚"，意思是"两河之间的地方"。早在4000年前，两河流域就出现了灌溉农业，产生了文字，这里是世界古文明的发祥地之一。

二、湖泊景观

湖泊是陆地上的洼地积水形成的水体，也是水体景观中最能体现相对静态的形、影、光、色等审美特征的水体。湖泊地理位置与环境的差异使得依附于湖泊的地域文化各具特色、丰富多彩。如果说河流是一条文化之线的话，那么散落各地的湖泊就是一个个文化据点，它们默默传承并展示着地域文化的独特魅力。世界上很多湖泊都具有很高的审美价值和历史文化价值，如我国黑龙江的镜泊湖和五大连池、江苏的太湖、杭州的西湖、天山天池、云南滇池和洱海、湖南的洞庭湖和江西的鄱阳湖等都是著名的旅游胜地。

世界上著名的湖泊有：里海（俄罗斯、哈萨克斯坦、土库曼斯坦、伊朗和阿塞拜疆等国共有）、贝加尔湖（俄罗斯）、苏必利尔湖（美国和加拿大共有）、维多利亚湖（乌干达、肯尼亚和坦桑尼亚共有）、咸海（哈萨克斯坦和乌兹别克斯坦共有）、大熊湖（加拿大）、休伦湖（美国和加拿大共有）等。除此之外，还有一些著名的湖泊群，如北美五大湖等。下面我们主要介绍一下西湖、贝加尔湖和北美五大湖。

1. 西湖

西湖（见图3-9）位于浙江省杭州城西，湖域面积约6平方千米，是1.2万年前形成的一个潟湖。古时称为武林水、龙川、钱塘湖等，后因苏东坡曾赞美西湖曰："欲把西湖比西子，淡妆浓抹总相宜。"于是西湖又被称为"西子湖"。

西湖之美，在湖亦在山，山湖相依，交相辉映。西湖三面环山，素有"三面云山一面城"之说。西湖众景之中，以"西湖十景"为最，即苏堤春晓、平湖秋月、断桥残雪、曲院风荷、雷峰夕照、南屏晚钟、花港观鱼、柳浪闻莺、双峰插云、三潭印月。

图3-9　西湖（中国）

2. 贝加尔湖

贝加尔湖（见图3-10）位于俄罗斯东西伯利亚高原的南部，是欧亚大陆的第一淡水湖，也是世界上最深（1700米）和最古老（2500万年）的湖泊。我国古代称之为"北海"，曾经是我国古代北方民族的主要活动地区。"贝加尔"一词源于布里亚特语，意为"天然之海"。

贝加尔湖的湖水极其清澈，透明度达40.5米，享有"西伯利亚明眸"的美誉。湖畔群山环抱，溪涧错落，林木葱茏，群山中有多种动物，如松鼠、熊、黑貂、麋鹿等。此外，贝加尔湖还是世界上拥有淡

图3-10　贝加尔湖（俄罗斯）

水动物群最多和最独特的地区之一，因此它又被誉为"俄罗斯的加拉帕戈斯"。

3. 北美五大湖

北美五大湖位于美国和加拿大的交界处，湖面总面积为24.42万平方千米，是世界上最大的淡水湖泊群，有"北美大陆地中海"和"淡水海"之称。从西往东，依次为苏必利尔湖、密歇根湖、休伦湖、伊利湖和安大略湖。湖区自然风光秀丽多姿，尤其是在夏秋两季，湖岸红色的枫叶与湛蓝色的湖水相互辉映，形成了一幅宁静而祥和的画卷。

三、海洋景观

地球上海洋的总面积约3.6亿平方千米，占地表总面积的71%。海洋与陆地相互作用，共同形成了各种各样的海岸地貌。海岸地貌具有较高的科研价值。同时，海洋又是自然美的典型，它博大浩瀚，构景层次多种多样；或水天一色、烟波浩渺，或怒涛翻滚、横冲直撞，把自然界的动态美和静态美巧妙地融为一体；此外，明媚的阳光、轻柔的海风、翱翔的海鸥、变幻的朝辉晚霞，更为海洋之美锦上添花。

海洋不仅是地球气候的最大调节者，还为人类提供了丰富的食物和便利的交通，与人类的生存与发展密切相关。与此相对应的是，人类在认识和利用海洋的过程中也创造了丰富的海洋文化——这既包括海洋的物质本身，如大洋、海岛等，也包括人类的精神认识，如海洋科学、航海、海洋探险等。

被列入《世界遗产名录》的著名海洋景观有：大堡礁（澳大利亚）、加拉帕戈斯群岛（厄瓜多尔）、科科岛国家公园（哥斯达黎加）、伯利兹堡礁保护区（伯利兹）等。下面我们主要介绍一下大堡礁、加拉帕戈斯群岛和科科岛国家公园。

1. 大堡礁

大堡礁位于澳大利亚东北海岸，是地球上最大的珊瑚礁群，由3000多个形成于不同阶段的珊瑚礁、珊瑚岛、沙洲和潟湖组成，这些礁岛如同一粒粒璀璨的明珠散落在碧波万顷的大洋上。

大堡礁是澳大利亚人最为自豪的自然景观，然而这些令人惊艳的景观的建造者却是一群不起眼的珊瑚虫。这里的珊瑚虫分为软珊瑚和硬珊瑚（能够建造珊瑚礁）两大类，它们形态各异，有鹿角形、长鞭形、荷叶形、海草形等；有的很结实，能禁得住惊涛骇浪；有的则很柔弱，只喜欢生长在平静的水域。在大堡礁礁群中，珊瑚礁绚丽多彩，有红色、粉色、绿色、紫色、黄色等。从空中俯瞰，珊瑚岛姿态万千，色彩斑斓，熠熠生辉，静静地绽放在靛蓝色的南太平洋上。

2. 加拉帕戈斯群岛

加拉帕戈斯群岛位于厄瓜多尔西部的加拉帕斯省，以其生物种类的多样性和生态系统的完整性而被誉为"活的生物进化博物馆和陈列柜"。

1535年3月10日，西班牙殖民者偶然发现了这些荒无人烟的岛屿，由于这里巨龟众多，遂称之为加拉帕戈斯群岛，"加拉帕戈斯"在西班牙语中意为"巨龟"。群岛的位置极为特殊，处于寒暖洋流交汇处，因此这里生态环境复杂多变，生物种类异常丰富。喜寒、喜暖的动物一应俱全，出现了企鹅、珊瑚鱼遨游同一水域的奇异景观。由于该群岛所处地理位置特殊，生态环境封闭独立，因此这里的动植物发展演化十分特别，造就了岛上独特而完整的生态系统。1835年英国生物学家达尔文考察加拉帕戈斯群岛，在这里他不仅发现了大量其他地方罕见的珍奇生物，而且发现了许多物种变异的事实。岛上生物的多样性和独特性为达尔文提出自然选择的论点和撰写《物种起源》这一旷世巨著奠定了基础。

3. 科科岛国家公园

科科岛国家公园距哥斯达黎加太平洋海岸532千米，是热带东太平洋上唯一拥有热带雨林的岛屿。它既是连接近北赤道逆流的第一点，又是该岛和周围海洋的生态系统相互作用的交叉点，因此这里是一个理想的研究生物进程的场所。科科岛国家公园的水下世界非常著名，鲨鱼、鳐鱼、金枪鱼以及海豚等随处可见，被认为是世界上观看远洋生物最好的地方之一。

四、瀑布景观

瀑布是流水从悬崖或者陡坡上倾泻下来形成的一种水体景观，是水体景观中的一个重要组成部分。它将山与水完美地结合在一起，形、声、色等俱佳，具有独特的美学价值。因为流量大小、流速的缓急及落差高低的不同，瀑布一般具有雄、奇、幽、秀等特点。正是这些特点，使瀑布深受历代文人墨客的青睐，让他们留下了许多脍炙人口的优美诗篇，并形成了风格独特的瀑布文化，如李白的"飞流直下三千尺，疑是银河落九天"等。我国地势复杂，河川众多，为瀑布的发育创造了非常有利的条件。在我国，比较有名的瀑布多达上百，如黄河壶口瀑布、黄果树瀑布、云南大叠水瀑布、黑龙江吊水楼瀑布等。

世界上著名的大瀑布有：安赫尔大瀑布（委内瑞拉）、莫西奥图尼亚瀑布（赞比亚和津巴布韦共有）、克里姆勒大瀑布（奥地利）、伊瓜苏大瀑布（阿根廷和巴西共有）、尼亚加拉大瀑布（美国和加拿大共有）等。下面我们主要介绍一下黄果树瀑布、莫西奥图尼亚瀑布、伊瓜苏大瀑布和尼亚加拉大瀑布。

1. 黄果树瀑布

黄果树瀑布（见图3-11）落差达66米，宽80米，是我国最大的瀑布。湍急的水流从悬崖上陡然跌落，似雷霆万钧，如白练悬空，气势磅礴，极为壮观。瀑水跌入深潭，激起丈许水柱，卷起万朵浪花。远远望去，确是"一溪悬捣，万练飞空"。

图3-11　黄果树瀑布（中国）

2. 莫西奥图尼亚瀑布

莫西奥图尼亚瀑布原名维多利亚瀑布，位于赞比西河中游，为赞比亚和津巴布韦共有。该瀑布以当时英国女王的名字命名，称为"维多利亚瀑布"，现改名为"莫西奥图尼亚瀑布"，即"雷鸣之烟"之意。

莫西奥图尼亚瀑布是世界上最大的瀑布之一，是由五个瀑布组成的瀑布群，最大落差108米。瀑布气势磅礴，平均流量1400立方米每秒，雨季流量可达5000立方米每秒。水流的轰鸣声及高达300多米的水雾在10千米内就可闻可见。站在对面崖顶，可以一览大瀑布的雄姿：急速奔流的河水扑面而来，越过岩石，发出巨大声响，从悬崖上直跌入峡谷。从远处望去，瀑布像一条白色巨龙，翻滚着落向无底的深渊。

3. 伊瓜苏大瀑布

被誉为"南美第一奇观"的伊瓜苏大瀑布是南美洲最大的瀑布，也是世界五大名瀑之一。"伊瓜苏"在当地印第安人的瓜拉尼语中意为"大水"。伊瓜苏大瀑布位于阿根廷北部和巴西交界处、伊瓜苏河下游，距伊瓜苏河与巴拉那河汇流点约23千米。这是一个马蹄形瀑布，宽4000米。悬崖边缘有许多树木丛生的岩石岛屿，使伊瓜苏河由此跌落时分作约275股急流或泻瀑，高度在60～82米之间。这一道人间奇景，在25千米外人们就能听到它的飞瀑声。

瀑布壮丽的景观使这里成为一个旅游胜地，吸引着世界各地众多的游客。阿根廷和巴西在瀑布的南、北两侧分别建有国家公园。阿根廷所建的公园称伊瓜苏国家公园，面积达555平方千米，公园里森林、沼泽广布，野猪、山猫、猿猴等动物出没其间。

4. 尼亚加拉大瀑布

尼亚加拉大瀑布位于通往安大略湖的尼亚加拉河上。河流上游水流平缓，至中游，尼亚加拉陡崖横贯而出，形成99米的落差，河水直泻而下，形成气势磅礴、震撼人心的大瀑布，奔泻的河水、飞溅的浪花、弥漫的水雾，在阳光的照耀下，如万卷珠帘垂挂，有时有美丽的彩虹穿插其间，更是锦上添花，无比壮美。

五、泉与泉华景观

泉是地下水的天然排泄露头。不断喷涌的泉水给周边环境带来了无穷的生机与活力。有的泉水因含有多种对人体有益的微量元素而具有保健功能，像北京的小汤山温泉，辽宁的汤岗子温泉等。此外，泉水还与"茶文化"和"酒文化"密切相连，杭州的"龙井茶叶、虎跑水"被称为"西湖双绝"，茅台、五粮液等著名白酒皆为泉水酿造，正所谓"地有名泉，必有佳酿"。泉华是指泉水溢出口及其附近的疏松多孔堆积物，可分为钙华、硅华等。

世界上被列为世界遗产的含有泉或泉华的著名风景区有：黄龙风景名胜区、九寨沟风景名胜区（中国），黄石国家公园（美国）等。

1. 黄龙风景名胜区

黄龙风景名胜区（见图3-12）位于四川省西北部的阿坝藏族羌族自治州潘县内。景区内群峰屹立、沟谷纵横、森林密布、溪水蜿蜒，集奇、绝、秀、幽于一身，自然景观静谧优美。其中尤以规模大、类型全、结构巧、色彩艳的地表钙华景观而闻名于世，素有"世界奇观""人间瑶池"之称。

图3-12 黄龙风景名胜区（中国）

黄龙风景名胜区的钙华景观主要集中于黄龙沟内。沟内钙华沉积类型多样，呈金黄色，于沟中层层叠嶂，仿佛是一条蜿蜒于崇山峻岭中的金色巨龙，黄龙沟由此得名。沟中流水受钙华影响，形成无数彩池，彩池规模形状不一，大者数亩，小者如桌，似蹄似莲，姿态各异。随着光线照射角度的变化，池水色彩斑斓，瑰丽神奇。在阳光的直射下，整个沟谷金光闪闪，蔚为壮观。

2. 九寨沟风景名胜区

九寨沟风景名胜区（见图3-13）位于岷江上游、四川省阿坝藏族羌族自治州九寨沟县内，与黄龙风景名胜区并称为川北双璧。景区以五绝——雪峰、彩林、翠海、叠瀑和藏族

图3-13 九寨沟风景名胜区（中国）

风情而闻名，有"人间仙境"和"童话世界"之称。

九寨沟风景名胜区内层峦叠嶂、山清水秀、云淡天高，明朗而纯净。尤其在秋季的时候，沟内层林尽染，片片翠绿、金黄、火红的树叶与白色雪峰交相辉映，相得益彰。沟中高原钙华湖泊星罗棋布，有上百个彩色的"翠海"（当地人习惯称湖泊为海）。由于湖中生长有水绵、轮藻等水生生物，从空中俯瞰，"翠海"水色有的蔚蓝，有的浅黄，有的墨绿，有的灰黑，满湖斑斓，绚烂多姿，因此九寨沟有"九寨归来不看水"之美誉。

3. 黄石国家公园

黄石国家公园（见图3-14）是世界上第一个国家公园。黄石国家公园中有美国最大的高山湖——黄石湖。湖两岸峭壁对峙，其中有一段叫黄石峡谷，两侧裸露出的岩层，橙黄中混杂着红、绿、紫、白多种颜色，绚丽多姿。

黄石国家公园以保存完好的原始自然风光著称于世，其最为独特的风貌要数被称为世界奇观的间歇喷泉（见图3-15）。园内有一万多处地热地貌，间歇喷泉300多处，其中最为著名的是"老忠实"喷泉。间歇喷泉在严寒的天气中喷发时，当热水遇到冷空气便凝结成白色的云柱，宛若巨簇银花，悬挂空中，蔚为壮观。

图3-14 黄石国家公园（美国）

图3-15　黄石国家公园城堡间歇喷泉（美国）

第四节　生物景观文化

生物景观文化即蕴含在生物景观中的文化现象。生物景观包括各种鸟兽虫鱼、花草树木等动植物景观，是自然界中最富生机和活力的景观类型。生物景观具有生命力，这种生命力以其自身的生命节律周期表现出来，其变幻多姿的形态为人类呈现了大自然的色彩美、声音美、形象美和内在美，使单调的山水有了灵性、有了生命、有了品格，也使自然景观的美更加富有文化内涵。

生物的分布受气候的影响较大，不同的气候条件下存在着不同的生物景观。由于气候要素具有纬度地带性、干湿度地带性和垂直地带性的分布规律，世界各地的生物景观的分布也都呈现出明显的地域性。在我国，生物景观的东西差异表现得最为明显，由于气候的影响，由东向西依次分布有森林、森林草原、典型草原、草原荒漠和荒漠等生物景观。这些不同的景观影响了人们的生活方式和人们对自然的认识，形成了不同的生物景观文化。下面我们主要介绍森林景观、草原景观和生物保护区。

一、森林景观

森林景观是生物景观的重要组成部分，也是重要的旅游资源。它通常以葱郁苍翠、幽深神秘为特色，如青城山山林之美的最大特点就体现在一个"幽"字上，山间小路两侧苍松翠竹，碧绿成荫，溪泉清澈见底，潺潺入耳，还不时传来鸟鸣声，"山光悦鸟性，潭影空人心"，体现的正是这种深幽的境界。森林景观具有很高的美学价值，同时也是连接人与自然，使人亲近自然、了解自然的良好场所。

森林还是地球上重要的生态组成部分。它不仅能为人类提供食物、药品和木材等物质产品，还能涵养水源，调节气候，减少水土流失，净化空气，为人类和其他生物提供良好的生存环境，具有较高的生态价值。

被列入《世界遗产名录》的著名森林景观有：辛哈拉加森林保护区（斯里兰卡），马德拉岛的阔叶常绿乔木群落（葡萄牙），科米原始森林（俄罗斯），肯尼亚山国家公园/自然森林（肯尼亚），开普植物群保护区（南非），大西洋沿岸的森林保护区（巴西），红木国家及州立公园（美国），昆士兰湿热带、澳大利亚冈瓦纳雨林（澳大利亚）等。

此外，世界著名的森林景观还有西双版纳原始森林、苏门答腊热带雨林。以下选择部分森林景观作简要介绍。

1. 西双版纳原始森林

西双版纳处于热带北部的季风气候区域，主要受来自印度洋的热带季风影响，气候高温多雨，有干季和雨季之分。与地球上同纬度其他地方相比，西双版纳原始森林发育了丰富的动植物种类，被誉为"植物王国"和"动物王国"。仅从植被来说，西双版纳原始森林目前保存着我国面积最大和最具特征的热带雨林，这里的群落树种最高可达70米，树干数人才能合抱，独木成林，许多藤本植物分布于林木之间，附生、茎花现象令人叹为观止。

2. 昆士兰湿热带

昆士兰湿热带位于澳大利亚东北海岸，是澳大利亚最大的雨林，其中一些树种是世界上最古老的树种。崎岖的山路、浓密的热带雨林、湍急的河流、深邃的峡谷、白色的沙滩、绚丽的珊瑚礁、活火山和火山湖，构成了昆士兰湿热带奇特的美景。

昆士兰湿热带地区几乎保存着世界上最完整的地球植物进化纪录。这些雨林有着丰富的层次和不同的植物种类，是澳大利亚最广阔的湿热带雨林保护区。其他生物如两栖类动物、脊椎动物、爬行动物、昆虫、鸟类、鱼类等，也都以这里作为栖息地，使得该地区具有极大的科学研究价值。

昆士兰湿热带是少有的几个能同时满足四条遴选标准的世界自然遗产之一，它展现了地球上生物进化历史过程的主要阶段，是一个突出表现正在进行的生态与生物进程的实例，是最重要的具有自然生物多样性的生物栖息地。

3. 苏门答腊热带雨林

印度尼西亚的苏门答腊热带雨林占地25000平方千米，由三个国家公园组成：古农列尤择国家公园、克尼西士巴拉国家公园和武吉巴里杉西拉坦国家公园，是世界上最大的花——大王花的原产地。苏门答腊热带雨林提供了该岛的生物地理进化的证据，这里约有

植物10000种,包括17个地方属,哺乳动物200多种,鸟类大约580种,其中465种是留鸟,21种是地方种。在哺乳动物中,这个群岛有22种是亚洲特有的,15种是印度尼西亚地区特有,包括地方性的苏门答腊猩猩。

4. 红木国家及州立公园

红木国家及州立公园位于美国加利福尼亚州北部海岸,占地1630平方千米,园内充满了壮观的红杉树森林,拥有世界最高的树种。

公园中名叫"谢尔曼将军树"的巨杉,高达84米,基部直径为11米,已活了约3500年;另有一棵红杉树高达112米,是目前世界上已知的最高的树木。

二、草原景观

"天苍苍,野茫茫,风吹草低见牛羊。"一望无际,广袤无垠的草原,总是给人辽阔高远、苍凉悲壮的美感,蓝天白云、牛羊成群、牧笛阵阵,人与自然有机地融为一体,游人往往陶醉于此,流连忘返。尤其在春夏之际,红花盛开,绿草茸茸,蓝天、白云、绿草、红花、河流,再加上独特的草原民居,共同形成了草原独特的韵味。

独特的草原景观也孕育出了豪放壮美、雄浑飘逸、丰富多彩的草原文化。这些文化以不同的载体展示着草原的历史风貌,如我国北方的岩画,展示了草原民族的游牧、狩猎文化,而以蒙古族《江格尔》为代表的众多英雄史诗则进一步丰富了草原文化的内涵。

世界上著名的草原景观有:内蒙古大草原(中国)、潘帕斯大草原(阿根廷)、澳大利亚大草原等,另外世界自然遗产中的塞伦盖蒂国家公园(坦桑尼亚)与大圣卢西亚湿地公园(南非)中也含有草原景观。下面我们主要介绍一下内蒙古大草原和潘帕斯大草原。

1. 内蒙古大草原

内蒙古大草原(见图3-16)位于我国第二大高原——内蒙古高原上,由呼伦贝尔草原、科尔沁草原、锡林郭勒草原、乌兰察布草原、鄂尔多斯草原和乌拉特草原6个草原组成。

图3-16 内蒙古大草原(中国)

内蒙古自治区山脉蜿蜒数千里，河流湖泊星罗棋布，内蒙古大草原更是世界闻名。古代民歌《敕勒歌》——"敕勒川，阴山下。天似穹庐，笼盖四野。天苍苍，野茫茫，风吹草低见牛羊"就是对这里草原风光的生动描述。

每逢仲夏之际，眼前是一望无垠的绿野：地是绿的，溪是绿的，线条柔美的小丘也是绿的。在那苍翠欲滴的绿野上，间或点缀着一些野花，姹紫嫣红，把千里草原打扮得更加迷人。傍晚，那缕缕炊烟、流动的马群、悠扬的歌声，又给这幅美丽的草原画面增添了无限的生机。站在草原之上，放眼远眺，天空蔚蓝、高远，大地碧绿、壮阔，还有那雄伟的大青山、巍巍贺兰山、滔滔黄河水、苍苍茫茫的兴安岭林海、烟波浩渺的湖泊、浩瀚无垠的沙漠奇观等，足以让人感叹不已，流连忘返！

2. 潘帕斯大草原

潘帕斯大草原位于阿根廷的中东部，是阿根廷的经济心脏地区，这里集中了全国2/3的人口、4/5的工业和2/3以上的农业。"潘帕斯"在印第安语中是"平坦地面""没有树木的大草原"的意思。阿根廷人常说：即使从大西洋沿岸一犁头耕到安第斯山下，你也碰不到一块石头。虽然这未免有些夸张，但这也说明这片幅员辽阔、地势低平的沃野上有充足的耕地面积。这里气候温暖，东部降水充足且季节分配均匀，西部降雨虽少，但有丰富的地下水。潘帕斯这一得天独厚的自然条件，非常适合温带作物和牧草的生长。阿根廷人民充分利用了这一有利条件，使潘帕斯成为阿根廷最大的小麦、玉米、大豆、油料作物和牛肉产区。

潘帕斯地区畜牧业非常发达，其中以养牛业发展最快，产品闻名世界。阿根廷每年宰牛约1000万头，牛肉出口量常居世界前两位，烤全牲是这里的传统食品。著名的"英国烤牛肉"的牛肉主要来源地就是潘帕斯。

三、生物保护区

生物保护区是为了保护各种重要的具有代表性的天然生态系统及环境，保护濒危的野生动植物及其栖息地，保护自然历史遗迹等而划定的专门用于保护和管理的特殊地域的总称。在人类干预自然的能力越来越大的今天，如何保护好宝贵的动植物资源已经成为一个重大课题，建立生物保护区不失为一条有效途径。由于生物保护区都具有一定的典型性，因此，它们在科研和美学价值上都具有极高的地位。

世界上被列入《世界遗产名录》的著名生物保护区有：四川大熊猫栖息地——卧龙山、四姑娘山和夹金山脉（中国），马纳斯野生生物保护区（印度），童艾-会卡肯野生生物保护区（泰国），弗兰格尔岛自然保护区（俄罗斯），朱吉国家鸟类保护区（塞内加尔），德贾动物保护区（喀麦隆），恩戈罗恩戈罗自然保护区（坦桑尼亚），塞伦盖蒂国家公园（坦桑尼亚），瓜纳卡斯特自然保护区（哥斯达黎加），埃尔维采诺鲸鱼禁捕区（墨西哥），新西兰次南极区群岛（新西兰）等。以下选择部分生物保护区作简要介绍。

1. 四川大熊猫栖息地

2006年7月，在立陶宛首都维尔纽斯举行的联合国教科文组织第30届世界遗产大会上，世界遗产委员会决定将我国四川大熊猫栖息地作为世界自然遗产列入《世界遗产名录》。

四川大熊猫栖息地包括卧龙山、四姑娘山、夹金山脉，面积9245平方千米，涵盖成都、阿坝、雅安、甘孜4个市州12个县。这里生活着全世界30%以上的野生大熊猫，是全球最大最完整的大熊猫栖息地，也是世界上植物种类极为丰富的区域之一。这里以"熊猫之乡""宝贵的生物基因库""天然动植物园"等美誉闻名中外。

大熊猫的渊源可以追溯至1869年。当年，法国博物学家阿尔芒·戴维在雅安宝兴县邓池沟首次发现了大熊猫，并制成世界第一具大熊猫标本，运到巴黎展出，引起国际生物学界的轰动。从那时起，世界各国人民无不对憨态可掬的大熊猫满怀喜爱之情。

2. 弗兰格尔岛自然保护区

弗兰格尔岛自然保护区位于俄罗斯东北端的北极圈内，是一个经历了长期演化过程的岛屿生态系统。在这个小小的地理空间范围内，植物物种的数量和类型、植物群落的多样性、冻原类型的快速演替和镶嵌性、猛犸象牙齿和头骨的存在、地质岩层的地域范围，都是这个岛屿丰富的自然历史及其独特演化特征的见证。

该保护区包括巨大的弗兰格尔岛（7608平方千米）、赫洛德岛（11平方千米）及其周围水域。弗兰格尔岛在第四纪冰期并没有被冻结，因此这一地区出现了生物多样性的异常高水平状态。这个岛以其拥有世界最大的太平洋海象种群和最高密度的北极熊祖先巢穴而著称。这里也是从墨西哥迁徙来的灰鲸的主要觅食之处，是100种候鸟（其中许多是濒危品种）最北端的筑巢地。目前，在这个岛上已有417种和亚种维管植物被鉴定，数量是其他类似大小的北极冻原地区的两倍，多于北极其他任何岛。其中一些是广泛分布的大陆类型的衍生种，其他种是新近杂交的结果，23种是地方性的。

3. 德贾动物保护区

德贾动物保护区位于喀麦隆南部高原的中心地区，面积为5260平方千米，是非洲最大的保护区之一。保护区内热带森林浓密苍郁，野生动物数量和种类众多，德贾河在这里蜿蜒流淌，形成一道天然保护疆界。这里人烟稀少，生态环境保护完好，是一处珍贵的自然遗产。德贾动物保护区拥有丘陵、平原、河间地等多样化的地形，位于赤道气候区域内。德贾河及其支流纵横交错，水源异常充足，为野生动物提供了天然的栖息地。保护区内的野生动物种类繁多，有大象、野牛、大猩猩、黑猩猩、长尾猴，还有两栖类动物、鸟类等。

第五节　气象与气候景观文化

气象与气候景观文化是指气象与气候等自然景观所蕴含的文化现象。气象是地球外围大气层中经常出现的大气物理现象和物理过程的总称,包括:冷、热、干、湿、风、雨、云、雪、霜、雾、雷、电、霞等现象。气候则是指某一地区多年的天气状况的综合,不仅包括该地区相继稳定发生的天气状况,也包括偶尔出现的极端的天气状况。气象和气候旅游资源包括:日出、晚霞、佛光、海市蜃楼、雾凇、雨凇、雪凇和云、雾、雨所构成的气象奇观。气象与气候类自然资源本身就具有较高的科学价值,如对一地区冷、热、干、湿、风、雨、云、雪、霜期等指标长期的、连续的统计是生态学和农业科学研究的重要内容,也是气象学预测天气变化的主要根据。

各种气候与气象景观要素往往相互交织、千变万化,这些千变万化的气候气象要素与地球其他旅游景观相互结合,构成一幅幅美妙的画卷,再经过千百年来文人雅士的吟咏描绘,不但审美价值大增,而且更加具有历史文化价值。总的来说,气象与气候类旅游资源通常可分为两类:一是水的相态变化,如云、雾、雨、雾凇、雨凇、雪景等;二是自然界中的光学景观,如日出、日落、晚霞、佛光、极光和海市蜃楼等。

一、云、雾、雨、雪、冰景观

薄云、淡雾、细雨好似奇妙的轻纱,赋予大自然一种朦胧之美。透过云、雾、细雨欣赏风景时,景物若隐若现,朦朦胧胧,虚虚实实,捉摸不定,让人产生置身仙境般的虚幻、玄妙的美感。"山无云则不秀,无雾则不媚",充分说明了云雾在成景中的点睛作用。因此,"巴山夜雨""狮洞烟云""鹊华烟雨""崇泉晓雾"都成为著名的旅游景观。冰、雪、雾凇也具有极大的审美价值,它们或晶莹剔透,或婀娜多姿,或栩栩如生,或千奇百怪,能让人感受到妩媚而又壮观的美感,如毛泽东《沁园春·雪》中所描述的"千里冰封,万里雪飘",其壮观之美给人以极大震撼。

这类景观比较著名的有:我国黄山、泰山、峨眉山、齐云山、阿里山的云海,庐山的云瀑,吉林的雾凇,黄山的雪景等。另外,欧洲阿尔卑斯山的冰雪公园、南极大陆的冰原、我国东北的林海雪原等也都属于这类景观。下面我们介绍一下黄山云海、庐山云瀑和吉林雾凇。

1. 黄山云海

"自古黄山云成海。"黄山云海,瑰丽奇幻,变化万千,有"黄海"之称。气流在山峦间穿梭流动,漫天云雾随之飘忽,时而上升,时而跌落,时而翻滚,时而舒缓,构成了一幅蔚为壮观的云海图。清代诗人吴应莲在《黄山云海歌》中写道:"望中汹涌如惊涛,

天风震撼大海潮。有峰高出惊涛上,宛然舟楫随波漾""风渐起兮波渐涌,一望无涯心震恐。山尖小露如垒石,高处如何同泽国。"五百里山云交辉,尽在诗中。

2. 庐山云瀑

云瀑是庐山特有的气象奇观。春夏时节,雨后庐山清新俊秀,向阳山坡水汽大量蒸发,白色云雾依山而上,翻过山顶又随坡而下,较流水瀑布更为多姿。它轻盈飘逸,如熠熠银河坠地,一泻千里;又似万匹白驹奔腾,声势浩大,宏伟壮观。

3. 吉林雾凇

北方的雾凇之中,以吉林为最。吉林雾凇与桂林山水、云南石林、长江三峡一起被誉为我国四大自然奇观。沿着松花江堤远远望去,只见松柳凝霜挂雪,玉枝垂挂,如朵朵白云,排排雪浪,在微风轻吹下,银片飞舞,犹如仙女散花。

二、光学景观

光学景观主要包括日出、日落、晚霞、佛光、极光、蜃景和月色,是极为诱人的一种景观。日出日落之时,那硕大、椭圆的太阳光盘跃然而出、静然而落的动态美以及衬托太阳的彩云霞光,常常让人眼花缭乱、目不暇接;月明星稀之夜,皎洁的月光、寂静的夜色,让人思绪万千;奇妙的蜃景、佛光以及绚丽的极光变化多端,离奇怪异,让人怦然心动。这些景观都具有很高的美学价值,千百年来为文人雅士所吟咏,"夕阳无限好,只是近黄昏"(李商隐《登乐游原》)、"浮云游子意,落日故人情"(李白《送友人》)、"星垂平野阔,月涌大江流"(杜甫《旅夜书怀》)都是对光学景观的描述。另外,光学景观也是众多旅游景点中不可或缺的组成部分,如杭州西湖的"雷峰夕照"、济南的"汇波晚照"等。光学景观之美,在于丹霞萦绕、浮云飘悠,在于亦真亦幻、扑朔迷离。

著名的光学景观有:泰山日出、华山日落、峨眉宝光、蓬莱蜃景以及南北极的极光、北京卢沟桥的卢沟晓月、杭州西湖的平湖秋月、泰山的晚霞夕照、天子山的霞日等。下面我们主要介绍泰山日出、峨眉宝光和蓬莱蜃景。

1. 泰山日出

"旭日东升"为泰山四大奇观之一,也是泰山的重要标志,历来为游人所向往。随着旭日发出的第一缕曙光冲破黎明前的黑暗,东方天幕逐渐由漆黑转为鱼肚白、红色,直至耀眼的金黄,最后喷出万道霞光,一轮火球跃出水面,腾空而起,在瞬间变幻出的多姿多彩的画面,使群峰尽染、大地复苏,令人叹为观止。

2. 峨眉宝光

峨眉宝光又称佛光或"金顶祥光",为峨眉山十大胜景之首。每当雨雪初歇,午后晴明之时,斜阳西照云海,游人立于睹光台上,远远望去,只见云端出现形态各异的七彩光环，游人身影立于光环之中，影随身动，交映成趣，变幻之奇，出人意料，十分奇妙。佛光是一种非常特殊的自然物理现象，其本质是太阳自观赏者的身后，将人影投射到观赏者面前的云彩之上，云彩中的细小冰晶与水滴形成独特的圆圈形彩虹，人影正在其中。峨眉山舍身岩就是一个得天独厚的观赏场所。早在19世纪初，科学界便把这种难得的自然现象命名为"峨眉宝光"。在峨眉山金顶的舍身岩前，这种自然现象并不十分难得，据统计，平均每五天左右就有可能出现一次利于观赏佛光的天气条件，其时间一般在午后三点到四点之间。

峨眉宝光自公元63年被发现以来，已有1900多年的悠久历史，并以世界奇观闻名中外。我国历代文人学者凡过此地多有吟咏，使其历史文化价值大增。

3. 蓬莱蜃景

山东蓬莱是我国乃至世界上出现海市景观最为频繁的地区。有关蓬莱海市蜃楼的最早记载见于我国北宋科学家沈括的《梦溪笔谈》。每到夏日，平静无风的海面会突然耸立高大山岳、楼台、庙宇、集市等，个个栩栩如生、形象逼真，令人叹绝；而苏东坡更是"以不见为恨"，留下了"东方云海空复空，群仙出没空明中"的千古绝唱。

海市蜃楼是近地面层气温变化大，空气密度随高度强烈变化，光线在垂直方向密度不同的气层中，经过折射进入观测者眼帘造成的结果。海市蜃楼常分为上现、下现和侧现海市蜃楼。古人不明白这种景象的成因，便认为是海中蛟龙（即蜃）吐气而成，故名"海市蜃楼"。山东省蓬莱市特殊的地理位置和气候条件，使得夏季的蓬莱成为"海市蜃楼"现象的高发区。

思考与练习

1. 简述自然景观的基本概念和主要特征。
2. 试论自然景观与文化景观的关系。
3. 简述自然景观的文化特征。
4. 举例说明世界著名的地质景观以及在旅游业中的意义。
5. 简述《世界遗产名录》中的山岳景观。
6. 试论水体景观中的文化现象。

第四章 聚落文化

聚落泛指人群聚居的地方，包括乡村、城镇和城市。它是在一定地域内发生的社会活动和社会关系，是由共同聚居地的人群所组成的相对独立的地域社会。聚落是一种空间系统，是复杂的经济、文化现象和发展过程，是在特定的地理环境和社会经济背景中人类活动与自然相互作用的综合结果。

随着人类文明的逐渐演化，人类社会由旧石器时代过渡到新石器时代，生产工具有了改进，促进了生产力的发展，原始农业、畜牧业开始形成和发展，农业与畜牧业逐渐分离，完成了人类历史上第一次社会大分工，出现了从事农耕业生产的人类的固定聚落形式——乡村。乡村聚落是聚落的主要形式。村落文化产生于人类由游牧、狩猎向农业生活转变的过程中。新石器时代晚期，随着生产力的进一步发展，人类生产在满足自身需求的同时，有了劳动剩余物，部分人从土地中解脱出来，成为专门的手工业者，完成了人类历史上第二次社会大分工，即手工业与农业、畜牧业的分离。由此，聚落发生了根本性的变化，出现了专门从事商业、手工业的城镇。社会分工的深化推动了生产力的进步，也促进了生产技术和劳动生产率的提高。人类进入奴隶社会，出现了专门从事商品交换的商人，商业从农业、畜牧业、手工业中分离出来，完成了人类历史上第三次社会大分工。乡村聚落的产生也为城市的出现奠定了基础。基于军事、政治、宗教等目的，人类开始在聚集区周围修筑城墙，这些地方逐渐演变为城市，从而也就出现了居民不直接依靠农业营生的城市型聚落。

聚落不仅是房屋的集合体，还包括与居住地直接相关的其他生活设施和生产设施。聚落由各种建筑物、道路、绿地、水源地等物质要素组成，聚落的规模越大，其物质要素构成越复杂。聚落的建筑外貌因居住方式不同而相异，如我国北京的四合院、山西的大院、福建的土楼、广东开平的碉楼、湘西的吊脚楼、西北黄土高原的窑洞、游牧地区的帐篷等，都是比较特殊的聚落建筑外貌。建筑是凝固的音乐，是文明的结晶，是历史、文化和艺术的综合体。建筑折射出一个民族的生活习俗、文化传统、艺术观念和美学意识。聚落具有不同的平面形态，受到经济、社会、历史、地理等诸多因素的制约，其主要经济活动方向决定着其性质。乡村聚落经济活动的基本内容是农业，习惯上称为乡村。在历史上，村落先于城市形成，城市的形成和发展又促进了乡村的发展。但乡村也是社会生产力发展到一定阶段的产物。城市聚落经济活动内容繁多，各种经济活动变量间的关系反映出城市的功能特征和性质。如丽江古城把经济和战略重地与崎岖的地势巧妙地融合在一起，真实、完美地保存和再现了古朴的风貌。古城的建筑历经无数朝代的洗礼，饱经沧桑，因融汇了各个民族的文化特色而声名远扬。丽江还拥有古老的供水系统，这一系统纵横交错、精巧独特，至今仍在发挥着作用。丽江古城集中体现了地域文化和民族风情，是具有重要意义的少数民族聚居地，并且现在仍保持着原有的风貌和特色。丽江古城作为文化遗产于2000年被列入《世界遗产名录》。在世界范围内，还有许多不同的聚落形式被列入《世界遗产名录》。

第一节 乡 村

乡村是从事农业生产的人们生活居住的场所和进行各种生产活动、社会活动的基地。乡村聚落按经济活动形式可分为农业聚落、林业聚落、牧村、渔村等。我国乡村聚落中的古村落，作为一种传统的人居空间，具有悠久的历史和独特的人居文化思想，承载着丰富的地域文化。古村落不仅以其独特的建筑风格、天然的生态环境和本色的民俗风情吸引着现代社会的人们，更以其"天、地、人、和"的完美统一，以及人与自然、人与人、人的物质生活与精神生活的高度和谐，令世人心驰神往。

乡村旅游发源于19世纪中叶的欧洲，最早起源于法国。乡村旅游往往利用乡村风貌、民俗风情、乡土文化、气候、自然景观等资源开发旅游项目，主要吸引城市居民观光、体验、休闲、度假等。

一、古村落的文化内涵

村落文化以农耕经济为基础，农耕经济出现于人类社会由旧石器时代向新石器时代过渡之后。为与农耕经济形式相适应，人类聚居采用了村落形式。村落文化就是人类由游牧、采集、狩猎生活走向定居生活所产生的一种文化形态，它更能体现人类的初始特征，更接近人类文化的本源。古代社会是一个典型的以血缘关系为纽带的宗族社会，人与人之间的一切关系都以血缘为基础。因此，人类居住的村落也就成为一个以血缘为基础聚族而居的空间组织。

古村落保留的价值不仅仅是古老建筑本身，更重要的是赋存于其中的文化内涵。古村落的旅游价值主要体现在其历史文化内涵上。古民居建筑的技术观赏性和艺术观赏性都是一种外在形式，最终都要归结到人们对古村落历史文化内涵的理解上来。开发特色古村落旅游，不仅可以使旅游者深刻理解农耕文化的特定内涵，还可以使旅游者深刻理解不同区域古村落的地理、民俗、文化和历史风貌。

二、我国古村落的地域分布

我国的古村落从选址到布局都强调与自然山水融为一体，表现出明显的山水风光特色；我国古村落崇尚自然、追求和谐与稳定的聚居空间，表现出一种典型的东方式的人居思想与人居文化，这对今天的人居环境建设具有重要的启发作用。

我国的古村落往往都有着深厚的历史文化，在选址与布局上，这些古村落都具有强烈的宗族文化色彩和耕读文化色彩，浓缩了我国本土文化色彩的经典遗存。作为一种传统的人居空间，我国的古村落有其独特的人居文化思想：一是贴近自然、融于山水；二是受"世外桃源"居住模式的影响，恬淡、抒情风格的村居生活逐渐成为人们的向往；三是注重血缘，聚族而居，礼制秩序和睦族之风表现明显。

安徽省是我国古村落最为集中的省份之一，这里的古村落主要分布在南部山区，称为皖南古村落。皖南古村落堪称我国聚落文化的杰出范例，它多是明清时期的遗存，是地域文化——徽文化的载体，反映了徽商鼎盛时期的社会文化。徽州古村落是中华民族聚落文化的典型代表，其保存数量之多、形态之完整、环境之优美、建筑之恢宏、装饰之精美，令人叹为观止。古村落中多建有书院、书屋、家塾等文化教育设施。安徽省主要的古村落有西递村、宏村、南屏村、关麓村、屏山村、卢村、塔川村、唐模村、呈坎村、渔梁村、棠樾村、坑口村、陈村、查济村等。

江西省的古村落以婺源周边最具特色。婺源地处偏远山区，鳞次栉比的古民居，粉墙黛瓦，飞檐翘角，掩映在青山绿水之中，有世外桃源般的意境，被誉为"中国最美丽的乡村"。江西省的古村落主要有理坑村、李坑村、晓起村、汪口村、思溪村、流坑村、渼陂村、安义村、白鹭村等。

浙江省的古村落大多依山傍水，古民居装饰古朴典雅，布局清新多变，构筑精巧别致，大都建有寨门、书院、牌坊、宗祠等，融自然风光和人文景观于一体。浙江省主要的古村落有郭洞村、俞源村、诸葛村、新叶村、岩头村、芙蓉村、苍坡村、蓬溪村、大济村等。

湖南省的古村落主要集中在湘西和湘南的一些偏远山区和民族地区，以张谷英村为代表。2003年张谷英村被评为首批中国历史文化名村，2012年张谷英村被评为首批中国传统村落。

湖北省的古村落多以土家民居为特色，以鱼木寨村为代表，位于群山中的一处悬崖顶部，始建于明朝，后来成为历代土司盘踞和少数民族起义军征战的据点，是国内保存最完好的土家古堡之一。2005年大余湾村被评为中国历史文化名村。

福建省的古村落多分布在闽南地区，奇特而神秘的土楼独具特色，是客家文化的生动烙印。这里主要的古村落有高北村、田螺坑村、洪坑村、培田村、芷溪村、下梅村、漳里村、城村、浦源村、金坑村、杨源村等。

广西壮族自治区是我国少数民族人口最多的地区之一，这里文化资源丰富，民族风情浓郁，古村落的建筑多为明清时期所建，建造精良、错落有致、古香古色、风格各异，非常具有少数民族特色。这里主要的古村落有江头村、迪塘村、水源头村等。

广东省的古村落具有独特的地方特色，建筑蕴藏着深厚的文化内涵，具有浓郁的岭南文化气息。开平碉楼融中西方建筑风格为一体，形式多样，独具一格。这里主要的古村落有南社村、鹏城村、自力村、马降龙村、碧江村、桥溪村、大旗头古村、逢简村、侨乡村、石头村、樟林村、苏家围村等。

云南省地处我国的西南边陲，是少数民族聚集的省份。这里的古村落民居具有浓郁的地域文化和民族风情特色。这里主要的古村落有白雾村、坝美村、诺邓村等。

贵州省是一个多民族省份，其古村落具有浓郁的地域文化：苗家村寨、侗族鼓楼、土家族的吊脚楼、布依族的山寨等都颇具特色，这些古村落多以当地特有的民族文化为基础，建筑风格多变，给人以赏心悦目之感。这里主要的古村落有镇山村（见图4-1）、芭蕉寨、马头寨、云山屯村、石头寨、隆里村、肇兴侗寨、岜沙苗寨、加去村等。

四川省的古村落主要集中在四川省的东部和南部，代表性古村落有莫洛村、迤沙拉村、云顶寨、桃坪羌寨等。

山西省是我国北方古村落分布最为集中的省份之一，其古村落主要集中在沁河、汾河和黄河流域，其中一些比较典型的古村落有西湾村、李家山村、张壁村、车辋村、北洸

图4-1　贵州省镇山村（中国）

村、乔家堡村、师家沟村、丁村、西文兴村、窦庄村、湘峪村、尉迟村、皇城村、郭峪村、后沟村、娘子关村等。

北京的古村落主要分布在京西门头沟山区，这里的古村落民居大多依山而建，以山地四合院为主，青砖灰瓦、错落有致、布局合理、装饰华美，门楼、影壁、石阶一应俱全。这里的古村落把传统庭院与崎岖的山脉巧妙地融合在一起，集原始的民居风貌、古朴的山地四合院、丰富的历史遗存、美丽的自然和人文景观为一体，堪称我国明清山村建筑史和乡村社会文化的典范。这里典型的古村落有爨底下村、灵水村、桑峪村、杨家峪村、马栏村、东胡林村、西胡林村、沿河城村、灵岳寺村、燕家台村、杜家庄村、齐家庄村、张家庄村、碣石村等。

河北省的古村落以鸡鸣驿村和于家村为代表。鸡鸣驿始建于明代，是迄今为止国内最大、功能最齐全、保存最完好的一座古代驿站。2005年，鸡鸣驿村被评为第二批中国历史文化名村。于家村位于河北省石家庄市井陉县的中西部，距井陉县城15千米，是现今保存完好的一座明清古村落。整个村里石街、石巷、石房、石院、石楼、石阁、石桌、石凳、石碾、石磨，处处是石，家家有石，人人用石，到处一片石头天地，堪称"石头之村"。

陕西省的古村落以韩城市西庄镇党家村和米脂县杨家沟镇杨家沟村为代表，这两座古村落均为中国历史文化名村。

另外，山东省章丘市官庄乡朱家峪村、河南省平顶山市郏县堂街镇临沣寨（村）、内蒙古自治区土默特右旗美岱召镇美岱召村、新疆维吾尔自治区鄯善县吐峪沟乡麻扎村均是我国历史文化名村。

三、我国有名的古村落

（一）安徽省的古村落

皖南古村落有着丰富的文化内涵，最大的特色就是村落选址布局以风水理论为依据，与自然环境融为一体，强调天人合一，大多依山临水，既考虑生产、生活上的便利，又突出精神上的需求。街巷幽深宁静、丰富多变，形成了徽州古村落别具一格的空间特色。这里的村落建筑群体多由曲折幽深的巷道分割或连通，整体显得宁静、安详，生活气息浓厚。

"五岳归来不看山，黄山归来不看岳。"大自然的鬼斧神工造就了黄山的奇秀美景，而黄山的佳山丽水，又孕育出徽州灿烂夺目的徽派文化。地处黄山西南麓的黟县是徽商和徽文化的发祥地之一，因群山阻隔，历代免遭战乱，明清时期徽商建造的大量古民居、祠堂、牌坊、庙宇、园林、桥梁、亭台楼阁等古建筑奇迹般地被保存下来。这些徽州古民居建筑就是徽派古文化百花园中最艳丽的一朵。皖南黟县的古村落堪称我国古村落的典范，这里有被称为中国明清民居博物馆的西递村，它是一个以血缘关系为纽带，以商业力量支撑起来的聚族而居的村落。这里有设计奇特的"牛"形古村落——宏村，既以古民居著称于世，又以人工水系蜚声中外。另外，这里还分布有南屏村、关麓村、屏山村、卢村、塔川村等闻名遐迩的古村落。唐代大诗人李白曾写下"黟县小桃源，烟霞百里间，地多灵草木，人尚古衣冠"这样脍炙人口的诗句。黟县美丽的自然环境、独特的风貌和别致的民居，以及歙县、绩溪、泾县等地分布的一些有特色的古村落，使皖南地区成为拍摄电视剧和电影的基地，《菊豆》《卧虎藏龙》《走出蓝水河》《历史的天空》《徽州女人》等多部影视剧都曾把这里作为拍摄的外景地。

皖南古村落有着深厚的地域文化背景，它们以徽商资本为经济基础，以宗族观念为社会基础，在徽文化的影响下，形成了自己独特的建筑风格、建筑格局和建筑艺术，因而有着巨大的认识价值、历史价值、艺术价值、实用价值和审美价值。建筑，是一个历史时期社会文明的象征，是当时一段社会生活的缩影。徽州人用自己的聪明才智创造了徽派古民居文化，这不但丰富了徽派文化，也极大地丰富了中华民族的文化宝库，同时也给世界艺术宝库增添了灿烂的一页。

图4-2　西递村（中国）

1. 西递村

黟县位于安徽省南部，始建于公元前221年。西递村（见图4-2）位于黟县东南部，距黟县县城8千米。西递村是一处胡姓聚居的古村落，始建于北宋，距今已有900多年的历史。该村东西长700米，南北宽300米，四面环山，多条溪流流经此村，素有"桃花源里人家"之称。村中街巷沿溪而设，均用青石铺就。街巷两旁的古建筑淡雅朴素，巷道、溪流、建筑布局相宜。西递村现存明、清古民居120多幢，祠堂3幢，包括瑞玉庭、西园、东园、桃李园、大夫第、敬爱堂、履福堂、青云轩等，建筑错落有致，石雕、砖雕、木雕点缀其间，堪称徽派古民居建筑艺术之典范。村落空间变化韵味有致，建筑色调朴素淡雅，体现了当地人在人居环境营造方面的杰出才能和成就，具有很高的历史价值、文化价值、艺术价值和科学价值。

2. 宏村

宏村（见图4-3）始建于南宋绍兴年间，距今已有800多年的历史。宏村位于黟县县城东北11千米处，原为汪姓聚居之地。整个村子呈"牛"形结构布局。村中各户皆有水道相连，汩汩清泉从各户潺潺流过，层楼叠院与湖光山色交相辉映，处处是景，步步入画。全村现保存完好的明清古民居有140余幢，包括承志堂、敬修堂、东贤堂、三立堂、叙仁堂

第四章◎聚落文化

图4-3 宏村（中国）

等，这些建筑古朴典雅、意趣横生，将传统徽派建筑风格表现得极致。村中数百幢古民居鳞次栉比，其间的"承志堂"是黟县保护得最完整的古民居，其正厅横梁、斗拱、花门、窗棂上的木刻，工艺精湛、层次繁复、人物众多，堪称徽派"三雕"艺术中的木雕精品。南湖书院的亭台楼阁与湖光山色交相辉映，深具传统徽派建筑风格。宏村有"中国画里的乡村"之美誉，体现了悠久历史所留下的广博而深邃的文化底蕴。

3. 南屏村

南屏村（见图4-4）是一座具有千年历史的古村落，该村在黟县县城西南约5千米处。南屏村至今仍完整保存着近300幢明清古民居，村中有8座祠堂，36眼井，72条高墙深巷。南屏村还是《菊豆》《卧虎藏龙》等多部影视片的拍摄地，被称为"中国影视村"。

图4-4 南屏村（中国）

4. 关麓村

关麓村（见图4-5）位于黟县西南，距县城约9千米，是黟县古时汪姓聚居的又一大村落。清朝中叶，关麓汪氏家族在沿江一带经商发财，回乡大兴土木，建造民居、祠堂和书屋，其中，尤以"八大家"古宅最为奢华。"八大家"系汪氏兄弟八人所建的8座豪宅，以清代著名书画家汪曙故居"武亭山房"为首。表面上看，这8座宅院自成单元，而实际上楼与楼之间相互连通，如同连体，为宗族观念和势力的生动写照。

87

图4-5 关麓村（中国）

5. 屏山村

屏山村位于黟县东北，距黟县县城约4千米，因村北之山状如屏风，得名屏山村，又因古时建制曾属黟县九都，故又名九都舒村。屏山村是舒姓聚居的古村落，至今已有1100多年的历史。村中有保存完好的明清古民居200余幢、祠堂7座；此外，村中还有红庙、舒绣文故居（见图4-6）、长宁湖等名胜古迹。

屏山村整个村落按中国古代风水理论建造而成，村中清澈的河水穿村而过，8座古桥连接着一幢幢古民居，构成了一幅绝妙的"小桥、流水、人家"的图画。

6. 卢村

卢村位于黟县县城东北12千米处，距宏村仅1千米。卢村古民居群为清道光年间

图4-6 屏山村舒绣文故居（中国）

四品朝议大夫卢帮燮所建，至今仍有保存完好的志城堂、思奇堂、思成堂等宅院。其中，最为典型的当数志城堂的木雕装饰，志城堂的木雕采用混雕、线雕、剔雕、透雕等工艺雕刻而成，雕刻的人物和动物构图巧妙，雕刻精细，栩栩如生。著名的木雕楼（见图4-7）为徽派木雕艺术的极品，被誉为"徽州木雕第一楼"。

7. 渔梁村

渔梁村位于歙县，在唐代即已具雏形，渔梁的名称因渔梁坝而来。渔梁村整体格局保存完整，渔梁坝和水运码头是最具特色的要素。古村落内现存传统古建筑430处，占古村落建筑总数的65%，其中保存较为完好的有320处。渔梁是徽州商业的发源地，它作为一座徽商古埠，一个昌盛数百年的徽州水陆码头和交通要津，至今仍保留着古代街衢、水埠和码头的风

图4-7　卢村木雕楼（中国）

貌。这里的明代水利工程渔梁坝是全国重点文物保护单位，这里一条青石板铺就的狭长主街蜿蜒东西，穿村而过，街两侧布满了历经沧桑的古民居。在这里，游人还可以看到新安古道、李白问津处（见图4-8）、巴慰祖故居博物馆、渔梁坝博物馆等名胜。

渔梁村反映了依托江河而发展的商业性聚落的历史风貌痕迹，村落特色主要体现在自然环境景观、村落形态空间格局、多种类型的历史建筑及其鲜明的人文特色上。

图4-8　渔梁村李白问津处（中国）

（二）江西省的古村落

婺源是江西省的一个历史悠久的古县，历史上曾属安徽管辖，是古徽州一府六县之一。婺源是南宋著名理学家朱熹的故里和中国铁路之父詹天佑的家乡。有着深厚文化底蕴的婺源，自古以来就被誉为"江南曲阜"和"书乡"。婺源被称为"中国最美丽的乡村"，以山、水、竹、石、树、桥、亭、涧、滩、岩洞、飞瀑、舟渡、古民居为组合的人文与自然景观，有着世外桃源般的意境，粉墙黛瓦的村落被青山和绿水环绕，加上缥缈朦胧的薄雾、古意盎然的石径和廊桥，全然是水墨丹青的韵味。

1. 理坑村

位于婺源县沱川乡的理坑村（见图4-9）是理学之源，进士之乡，有着全县最典型的明清官邸群。

理坑原名理源，建于南宋初年，镶嵌于锦峰秀岭之中，苍松翠竹与黛瓦粉墙互衬倩影，古道石梁和潺潺流水相映生辉。村人好读成风，崇尚"读朱子之节，服朱子之教，秉朱子之礼"，因此理坑村被文人学者赞为"理学渊源"。理坑村历史上先后中进士十余人，出了尚书余懋学、余懋衡，大理寺卿余启元，司马余维枢，知府余自怡等七品以上官宦。还有一些学子取仕不成外出经商，也多成巨贾富豪。

村落至今仍保存完好的古建筑有明代崇祯年间知府余自怡的"官厅"、明代天启年间吏部尚书余懋衡的"天官上卿"、明代万历年间户部右侍郎和工部尚书余懋学的"尚书第"、清代顺治年间司马余维枢的"司马第"、清代道光年间茶商余显辉的"诒

图4-9 理坑村（中国）

裕堂",还有花园式的"云溪别墅"、园林式建筑"花厅"、颇具传奇色彩的"金家井"。这些古建筑建造精良、风格各异、飞檐戗角,被誉为"中华民居之瑰宝"。村中饮马池、小姐楼、九世同居楼等也堪称胜迹。

2. 李坑村

李坑村(见图4-10)建于北宋大中祥符年间,至今已有一千多年的历史。李坑村自古文风鼎盛、人才辈出。自宋至清,仕官富贾达百人,村里的文人留下传世著作达29部,南宋年间出了一位武状元。到清代晚期,与徽州山区的很多村落一样,村中有大量人口出外经商,以茶商居多。他们积攒了钱财回故里,除了建造住宅外,也修宗祠、桥、路、亭、寺院等。李坑村群山环抱,山清水秀,风光旖旎。村中明清古建筑遍布、民居宅院沿溪而建、依山而立,粉墙黛瓦、参差错落。村内街巷溪水贯通、九曲十弯,小桥、流水、人家在这里体现得淋漓尽致。

图4-10 李坑村(中国)

3. 汪口村

汪口村位于江西省婺源县江湾镇,古称永川,北宋大观年间建村,是一个以俞姓为主聚族而居的徽州古村落。汪口村山环水绕,风景秀丽,得山水之灵气,地灵人杰,是古徽州一方"徽秀钟灵"之地,有诗云:"鸟语鸡鸣传境外,水光山色入阁中。"历史上这里文风鼎盛,人文蔚起,经科举中进士者数人,出任七品以上官员数十人;著书立说,以文采斐然名于世者数人,还有一大批徽商富贾和工篆刻、善书画的贤达名士,故有"书乡"

之称。村中历史遗迹众多，官路正街、俞氏宗祠（见图4-11）、一经堂、生训堂、守训堂、大夫第、养源书屋等，均特色鲜明，具有重要价值。

4. 流坑村

流坑村位于江西省抚州市乐安县牛田镇东南部的乌江之畔，距乐安县县城38千米。五代时期建村，距今已有1000多年历史，是一个董氏单姓聚族而居的血缘村落。流坑村以规模宏大的传统建筑、风格

图4-11 汪口村俞氏宗祠（中国）

独特的村落布局而闻名遐迩，全村现有古代建筑上百座。村内亭台楼阁、龙檐书柱、门楼牌坊星罗棋布，状元楼、三官殿、武当阁、观音堂等古建筑让人目不暇接。流坑村是名胜荟萃的地方，历史悠久，有着灿烂的文化。由于其深厚的历史文化底蕴，该村被专家誉为中国古代文明的缩影，并有"千古第一村"的美誉。

（三）福建省的古村落

福建省的古村落多分布在闽南地区，奇特而神秘的土楼独具特色，是客家文化的生动烙印。福建土楼是东方文明的一颗明珠，它以历史悠久、种类繁多、规模宏大、结构奇巧、功能齐全、内涵丰富著称，具有极高的历史、艺术和科学价值，被誉为"东方古城堡"。

成为世界文化遗产的46座福建土楼由6个土楼群和4座土楼组成，包括今龙岩市永定区的初溪土楼群（10座）、洪坑土楼群（7座）、高北土楼群（4座）和衍香楼、振福楼，今漳州市南靖县的田螺坑土楼群（5座）、河坑土楼群（13座）和怀远楼、和贵楼，今漳州市华安县的大地土楼群（3座）。土楼主要分布在福建西部和南部的崇山峻岭中，以其独特的建筑风格和悠久的历史文化著称于世。土楼依形状分，可分为圆楼、方楼和五凤楼，另外还有变形的凹字形楼、半圆形楼和八卦形楼，其中，以圆楼与方楼最为常见，也常常两种形状并存。

福建土楼是世界上独一无二的山区大型夯土民居建筑，堪称"天、地、人"三方结合的缩影和建筑艺术杰作。数十户、几百人同住一楼，反映了客家人聚族而居、和睦相处的家族传统。因此，一部土楼史，便是一部乡村家族史。

1. 高北村

福建省龙岩市永定区高头乡高北村依山傍水，面前是一片开阔的田野。这里有承启楼（见图4-12）、五云楼、世泽楼、侨福楼等数十座大大小小或圆或方的土楼，错落有致、

第四章 ◎ 聚落文化

图4-12　承启楼

高低起伏，形成了一幅色彩斑斓的土楼画卷。2008年，高北土楼群作为"福建土楼"的一个组成部分被世界遗产委员会列入《世界遗产名录》。

承启楼：承启楼从明崇祯年间破土奠基，至清康熙四十八年（1709）竣工。承启楼坐北朝南，全楼为三圈一中心，由4个同心圆环形建筑组成，外环四层，每层72间；二环两层，每层40个房间；三环单层，32个房间；中心为祠堂。承启楼外墙为夯土墙，底厚1.5米，顶厚1米，屋檐伸出近4米。全楼共有400个房间，整个建筑占地面积5376.17平方米。承启楼是圈数最多的圆楼，四环楼屋外高内低，环环相套。大门与厅、厅与左右侧门有通道，圈与圈之间有巷道，楼中廊道回转，重门掩映，进入楼内，就如进入一个迷宫。承启楼是一座东方城堡，是一座家族之城，规模巨大，造型奇特，古色古香，充满浓郁的乡土气息，被称为"土楼之王"。

五云楼：五云楼始建于明永乐年间，是高北土楼群中最为古老的土楼。五云楼俗称"不倒楼"，特点是没有石砌墙基。五云楼是一座长方形土楼，坐北朝南，占地约3600平方米，高4层，每层40开间。

世泽楼：世泽楼为长方形土楼，高4层，每层38开间。后厅为祖堂，上方悬挂匾额"邦家之光"。全楼设4道楼梯、1座大门，内院两边各有1口水井。世泽楼紧邻承启楼，两楼相距不过十多米，楼顶屋檐方圆结合，形成一线天式的景观，极具观赏性。

侨福楼：侨福楼建于1962年，是一座圆形土楼，坐北朝南，直径45米，高3层，中为天井，底楼正对着大门中间有一个厅堂。全楼有30间（厅），设1个大门。这座楼因出了多个博士而闻名于世，又被称为"博士楼"。

2. 洪坑村

在洪坑村中，不同时代、形态各异、规模不一的客家土楼以及宗祠、寺庙、学堂等沿溪而建，错落有致，布局合理，与青山、绿水、村道、小桥、田园完美结合、融为一体。洪坑村土楼是林姓聚居的民居，现有建于公元16世纪中叶至现代的圆形土楼、方形土楼、宫殿式土楼、五凤式土楼、府第式土楼等各种类型的土楼数十座。洪坑村四面群山环抱，洪川溪清澈、活泼、小巧，蜿蜒着穿村而过；站在溪桥上，看青山如黛，连绵起伏；看两岸土楼雄伟古朴。这个平常的自然村落，因至今犹存数十座大小不一、方圆各异的客家土楼而扬名天下。

洪坑土楼群重要的土楼包括有"土楼王子"之誉的振成楼（见图4-13）、奎聚楼、福裕楼、如升楼等，是福建土楼世界遗产项目的重要组成部分。

图4-13 振成楼

（四）广东省的古村落

广东省的古村落具有独特的地方特色，以开平碉楼为代表，建筑蕴藏着深厚的文化内涵，具有浓郁的岭南文化气息。开平碉楼融中西方建筑风格为一体，形式多样、千姿百态、独具一格。

开平碉楼主要分布在广东省开平市的周边村落,是中国乡土建筑的一个特殊类型,是一种集防卫、居住和中西建筑艺术于一体的多层塔楼式建筑。开平碉楼最迟在明代后期已经产生,到19世纪末20世纪初发展成为表现中国华侨历史、社会形态与文化传统的一种独具特色的群体建筑形式。这一类建筑群规模宏大、品类繁多、造型别致,是中西合璧的民居,有些建筑还有古希腊、古罗马、伊斯兰等风格。

1. 自力村

自力村(见图4-14)位于开平市塘口镇,由安和里(俗称犁头咀)、合安里(俗称新村)和永安里(俗称黄泥岭)三个方姓自然村组成。

自力村碉楼群是开平碉楼世界遗产项目之一。该村民居格局与周围自然环境协调一致,村落布局为零星状。自力村碉楼群将中国传统乡村建筑文化与西方建筑文化巧妙地融合在一起,代表了中西方建筑风格的完美结合。自力村自然环境优美,水塘、荷塘、稻田、草地散落其间,与众多的碉楼、居庐相映成趣,美不胜收。

自力村的碉楼多建于20世纪二三十年代,是当地侨胞为保护家乡亲人的生命财产安全而兴建的。建筑风格方面,有柱廊式、平台式、城堡式和混合式。该村现存15座碉楼和庐(西式别墅),建筑年代从1917年到1948年依次为:龙胜楼(1917年)、养闲别墅(1919年)、球安居庐(1920年)、云幻楼(1921年)、居安楼(1922年)、耀光别墅(1923年)、竹林楼(1924年)、振安楼(1924年)、铭石楼(1925年)(见图4-15)、安庐(1926年)、逸农楼(1929年)、叶生居庐(1930年)、官生居庐(1934年)、澜生居庐(1935年)、湛庐(1948年)。

自力村碉楼群是开平碉楼兴盛时期的杰出代表,体现了近代中西文化在中国乡村的广泛交流,成为中国华侨文化的纪念丰碑和独特的世界建筑艺术景观。自力村碉楼内保

图4-14 自力村

图4-15 铭石楼

存着完整的家具、生活设施、生产用具和日常生活用品，丰富而有趣，是当时华侨文化与生活的见证。

2007年，自力村作为开平碉楼和村落的一个组成部分被世界遗产委员会列入《世界遗产名录》。

2. 马降龙村

马降龙村（见图4-16）位于开平市百合镇，是由永安、南安、河东、庆临和龙江5个自然村组成，为黄、关两姓家族于清朝末年和20世纪初兴建。该村有13座造型别致、保存完好的碉楼和庐，这些建筑掩映在茂密的翠竹林中，与周围民居、自然环境融为一体，犹如"世外桃源"。马降龙碉楼群多为2～7层建筑物，本土传统的人居环境融合了西方先进的建筑工艺和文化内涵，有中国硬山顶式、英国和德国古堡式以及欧美别墅式等样式；墙体结构有泥木结构、砖木结构、混凝土钢筋结构；门窗钢板厚实，十分坚固。

马降龙村背靠气势磅礴的百足山，面临清澈如镜的潭江水，5个自然村错落有致地分布在青山绿水之间，这里秀丽、清幽、静谧、典雅的自然环境，与中西合璧

图4-16 马降龙村

的建筑群交相辉映，是人与自然共同的杰作。2007年，马降龙村作为开平碉楼和村落的一个组成部分被世界遗产委员会列入《世界遗产名录》。

（五）山西省的古村落

山西省历史悠久，是中华民族文明的发祥地之一。山西不仅拥有众多的名胜古迹，而且还遗存着大量的古村落。山西的古村落主要分布于沁河流域的阳城县、沁水县、泽州县等地，汾河流域的太谷县、平遥县、祁县、介休市、灵石县等地，以及黄河岸边的临县碛口镇附近。一些典型的古村落有阳城县北留镇皇城村、郭峪村，沁水县西文兴村、窦庄村、湘峪村、尉迟村，介休市张壁村，临县碛口镇西湾村、李家山村，等等。这些散落的村庄里遗留着明清以来的神采风韵，有深厚的文化底蕴。这些村庄组成了一条古文化长廊，逐渐成为人们旅游的胜地。

明清时期的晋商创建了旷世商业版图和金融奇迹，其巨大的影响力覆盖中国，远及欧亚大陆。如今，晋商大院已成为一种文化的象征。

1. 皇城村

阳城县北留镇的皇城村枕山临水,依山而筑,城墙雄伟,雉堞林立,官宅民居,鳞次栉比,是一组别具特色的古代建筑群。

皇城村的皇城相府是清朝康熙皇帝的老师、《康熙字典》的总修官、文渊阁大学士、光禄大夫陈廷敬的故居。皇城相府建筑群分内城、外城两个部分,有大型院落16座,房屋640间,总面积近4万平方米。内城始建于明崇祯五年(1632),设有5门,为明代建筑风格。外城建于康熙四十二年(1703),建有前堂后寝、左右内府、书院、花园、闺楼、管家院、望河亭等,布局讲究、雕刻精美,城门正中石匾刻"中道庄"三字。皇城村中,康熙御赐的"午亭山村"匾额及对联"春归乔木浓荫茂,秋到黄花晚节香"至今保存完好。

2. 西文兴村

西文兴村位于山西省沁水县土沃乡内,该村村民多为柳姓,是唐代大文学家柳宗元后代自河东徙居而来的一个血缘村落。西文兴村以"柳氏民居"闻名,柳宗元的后人曾在"柳氏民居"聚居数百年。民居现仍存有"河东世泽"及"司马第"两块门匾,道出了西文兴村与柳宗元的渊源。"柳氏民居"始建于明永乐年间,依山而建,整个建筑大体分为外府区、中部、内府区三个部分。内府区为全封闭建筑,进入内府区只有两门可通,其四角有小戏台、观河亭、府门楼等。"柳氏民居"的建筑是家族兴衰的见证,显示着其几百年来的发展历程,向人们展示着独特的文化价值和艺术价值。

3. 张壁村

张壁村(见图4-17)是山西省介休市龙凤镇的一个行政村,又称张壁古堡,位于介休盆地东南三面沟壑、一面平川的险峻地段的黄土丘陵上,海拔1040米。张壁村是国家级文物保护单位、中国历史文化名村、2005年度中央电视台"中国十大魅力名镇"之一。已具有千年历史的张壁村是盘踞在绵山脚下的中国第一军事古堡,这里筑有厚厚的城堡墙,城内设有5道军事堡门。这座神秘的城堡式村落呈现出一派古朴厚重之感。

张壁村是我国现今保存完好的一座融军事、居住、生产、宗教为一体的古代村堡,其古民居多为明清建筑,石雕、砖雕、石盆、石鼓、石柱、石花缸、龙鹤福字造型,无处不在地彰显着晋商崇儒治家的文化传承。不大的村子里集中和包容了夏商古文化遗址、隋唐古地道、金代墓葬、元代戏台、明清民居建筑、明代空王佛行宫,为世人所瞩目。历经兴衰起落的张壁村积淀着深厚的历史文化内涵,就像一部厚厚的史书能让人深刻地感受到它的分量。

图4-17　张壁村（中国）

4. 西湾村

西湾村位于吕梁市临县碛口镇，是明末清初随碛口镇水陆码头一并崛起的一个村庄。西湾村为陈氏家族聚居地，由当年依靠黄河船运发迹的陈氏家族历经近300年逐步修建而成，占地3万多平方米。西湾村是一处集人文、历史、建筑、民俗多种文化于一体的村落。

西湾村民居是典型的晋西风格的四合院，现在保存基本完好的有近几十处院落。该建筑群整体设计合理、布局严谨，防洪排水设施畅通。村落通过金、木、水、火、土5条石砌街巷将几十座宅院连为一体，四周以高墙围护，形成城堡式封闭空间。民居建筑均以磨砖对缝砌筑，窑洞、楼台、亭、阁设计多样，大门、垂花门、照壁、厅堂上的木雕、砖雕、石雕风格各异，青石板铺就的街道两边石匾各具神韵。洋溢着浓烈人文气息的门额"进士第""岁进士"彰显了整个村落丰厚的文化底蕴。

西湾村不仅是当地人们在几百年前遗留下来的宝贵文化遗产，也是人类历史上创造的人居环境的杰出典范。西湾村民居体现了人与自然的完美和谐，是具有独特风格的"立体交融式"的乡土建筑。

（六）北京的古村落

北京周边的古村落主要分布在北京西部的门头沟区。门头沟区方圆近百千米的面积里分布有30多座古村落，构成了一个庞大的古村落群，其中部分古村落建村年代久远，已逾千年，大部分古村落为明清时期建成。连绵起伏的群山阻隔了这些古村落与外界的联系，同时也造就了它们与世隔绝的世外桃源般的景色。京西古村落有着儒雅、质朴、恬静和深邃之美,它有优美的地理环境、众多的文物古迹、风格各异的建筑、浓郁的乡土文化,当之无愧地成为最具中国乡村文化特质的古村落群之一。古村落民居有精美的木雕、砖雕、石雕等人文景观,蕴藏着浓郁的民俗风情和丰厚的乡土文化,与自然风光交相辉映。这些古村落通过凝固的建筑和非物质遗产形式,将人类的生活方式和文化信息传承给了后人,由此也形成了昔日历史和文化的烙印。北京地区最具代表性的古村落是已被列为中国历史文化名村的爨底下村和灵水村。

1. 爨底下村

爨底下村(见图4-18)位于北京门头沟区斋堂镇西北部的深山峡谷中,坐落在一条重要的京西古道上。京西古道是明清时期京城连接边关的重要军事通道,又是通往河北、山西、内蒙古一带的交通要道。相传,爨底下村的祖先早在明永乐年间(1403—1424)就从山西迁移到这里,建立了韩氏家族聚居之地。

爨底下村整体布局呈"元宝"状,取"金银"聚财之意,从侧面观看,整个村子又酷似一座城堡。始建于明代的爨底下村在清朝渐渐兴旺起来,熙熙攘攘的过往商旅让这里成为一个货物集散地。到了康熙、乾隆年间,爨底下村兴起了多家商铺。

爨底下村面积5.33平方千米,海拔650米,属太行山脉、清水河流域,气候为温带季风气候。这里自然植被良好,绿树成荫,有"世外桃源"之感。爨底下村周边有着丰富的自然景观和人文景观,如一线天、卧虎岭、笔架山、金蟾望月、蝙蝠献福、神驹蹄窝、

图4-18　爨底下村(中国)

九百九石阵、古道遗址等,美不胜收。爨底下村有保存完整的四合院70余套,住房500余间,建筑多为砖瓦结构,建筑结构严谨,错落有致,整体精良,布局合理,装饰华美。

爨底下村有浓郁的乡土文化,村民的文化娱乐活动丰富多彩,世代相传的民俗文化延续至今,如农历正月十五转灯游庙、耍中幡、荡秋千、唱蹦蹦戏、民间说唱等。

这里美丽的自然环境、独特的风貌和别致的民居早就成了电视剧和电影拍摄的天然基地,《投名状》《侠女十三妹》《关东大侠》《太极宗师》等几十部影视剧都曾在这里拍摄外景。经过数百年的沉寂,爨底下村又开始恢复往日的繁荣,如今的爨底下村游人如织,画家、摄影师、作家、诗人等纷沓而至,这里成了人们寻幽访古的好去处。

2. 灵水村

灵水村(见图4-19)是京西古村落群中最具文化底蕴的一座,为门头沟区斋堂镇辖村。灵水村居民原以刘、谭两大姓氏为主,现在村中居民为多姓聚集。

图4-19 灵水村(中国)

最晚在辽代,灵水村就已存在。灵水村的鼎盛时期在明清两代,距今已有1000多年历史。清末民国初年,灵水村的经济极为发达,有八大著名商号,号称"八大堂",即三元堂、大清号、荣德泰、全义兴、全义号、三义隆、德盛堂和济善堂。除了"八大堂",灵水村还有"八大景"。关于"八大景"为哪八景,过去曾有过很多种说法。现在的灵水八景是指东岭石人、西北莲花、南堂北眺、北山翠柏、柏抱桑榆、灵泉银杏、举人宅院和寺庙遗址。

灵水村又因是"举人村"而闻名于世。灵水村村民自古以来就崇尚教育,读书风气极浓,自明清科举制度盛行以来,村中考取功名的人层出不穷。据记载,此村曾考取过多名举人,2名进士。民国时期,这个小村落曾走出过6名燕京大学的学子。"名举"刘增广等,德行双馨,为灵水村赢得了"京西灵水举人村"的美誉,由此也产生了灵水村的"举人文化"。正可谓是"地灵育人杰,人杰富一方"。灵水村早年经济繁荣,物产丰富,古代出过举人,近代出过学子,现代出过名人,形成了独特的文化现象。

千年古村落灵水村,因其文化遗存、古老民居、寺庙遗址、文物古迹、千年古树的存在,显得格外古朴典雅,灵水村现有多处举人故居和官宦宅院遗址,如刘懋恒故居、刘增广故居等。这些宅院建有门楼、影壁、高台阶、大板门,过厅宽大,雕梁画栋,墙壁磨砖对缝,墙体厚实,砖雕简洁而讲究,粗放中含秀美,既符合山区建筑的需要,又追求"乡村士大夫风范",保持着读书人的风雅,体现了房屋主人的文化修养和社会地位。

灵水村是体现我国"天人合一"理想境界的北方乡村。据传，汉代一位高僧慧眼识真，选中这块灵山秀水，建灵泉禅寺，传经修行，吸引了八方香客。历代僧人在此传播佛教，更与儒家、道家交流碰撞，和谐共存千年之久，形成了灵水村"三教合一"的宗教文化，灵水村成为中华文化博大包容的一个缩影。

（七）河北省的古村落

1. 鸡鸣驿村

鸡鸣驿村的鸡鸣驿城（见图4-20），又名鸡鸣山驿，位于河北省怀来县鸡鸣山下，距北京约150千米。鸡鸣驿城曾在我国邮政史上起着重要作用，其特殊的战略位置使之独驿成城。

鸡鸣驿城建于明代，是我国保存最好、规模最大、功能最齐全、最富有特色的邮驿建筑群。直到1913年北洋政府宣布"裁汰驿站，开办邮政"，它才从历史的舞台上退出。昔日的繁华与荣耀，就这样被岁月尘封，并慢慢地淡出人们的记忆。

图4-20 鸡鸣驿城（中国）

鸡鸣驿城城墙周长2330米，墙高12米。东、西城墙设有东、西两座城门，门额分别为"鸡鸣山驿"和"气冲斗牛"。门台上筑两层越楼，上面城墙均筑战台。城墙为黄土夯筑，青砖包面，上有垛口，四角及墙体外侧有向外凸出的方形角台和墙台。北城墙中部筑有玉皇阁楼，南城墙中部筑有寿星阁楼，两座阁楼遥相呼应。城下的东、西马道为当年驿马进入的通道，城南的"南宫道"即是当年驿卒传令干道。这些遗址记录了古驿站的桩桩岁月往事，承载了厚重的历史文化。

鸡鸣驿城引起了国内外邮政、考古、历史研究专家和学者的极大关注，同时也吸引了来自四面八方的游客，并大受影视界青睐，这里是《血战台儿庄》《大话西游》等影视片的取景地。1996年8月，国家邮电部为纪念中国邮政创办100周年，发行了纪念邮票《古代驿站》一套两枚，其中一枚就是鸡鸣驿。

鸡鸣驿城作为保存最完整的一座古代驿站，具有极高的历史、艺术、科学、文化和社会价值。1982年，鸡鸣驿村被列为河北省省级文物保护单位。2001年，鸡鸣驿村被国务院公布为第五批全国重点文物保护单位。2005年，鸡鸣驿村被评为第二批中国历史文化名村。

2. 于家村

于家村位于河北省石家庄市井陉县的中西部，距井陉县城约15千米，是现今保存完好的一座明清古村落。于家村也称石头村，距今已有500多年的历史。村里有石街、石巷、石房、石院、石楼、石阁、石桌、石凳、石碾、石磨，处处是石，家家有石，人人用石，到处一片石头天地。全村6街7巷18胡同22夹道，全用青石铺就，堪称"石头之村"。于家村的古民居基本有两类，一类是明清时期建的瓦房，青石墙，灰瓦顶，古色古香；另一类是石券窑洞，这是当地的特有建筑。村内建筑多为明清风格，四合院构成了于家村整体空间格局。村中还保留一些古建筑文物，有清凉阁（见图4-21）、观音阁、真武庙、大王庙、于氏宗祠、古戏台等。

图4-21　于家村清凉阁（中国）

1998年，于家村被河北省民俗学会命名为于家石头民俗村。2007年，于家村被评为第三批中国历史文化名村。

四、国外有名的古村落

列入《世界遗产名录》的国外古村落有：白川乡和五箇山的历史村落（日本）、韩国历史村落——河回村和良洞村（韩国）、霍拉索维采历史村落保护区（捷克）、霍洛克古村落及其周边（匈牙利）、陶斯印第安村（美国）、阿伊特-本-哈杜筑垒村（摩洛哥），以及格兰切斯特和格雷特纳格林（英国）。以下选择部分国外古村落进行介绍。

1. 白川乡和五箇山的历史村落

被列入《世界遗产名录》的白川乡和五箇山的历史村落包括荻町、相仓和菅沼，这些村落地处高山地区，地理位置偏远，与世隔绝。这些村庄从11世纪就已经存在了，每个村庄都有强烈的社区意识。这些村落以种植桑树、养蚕为生。尽管经历了巨大的经济变革，这些村落依旧保持着传统生活模式，是与当地生活环境和社会功能完美结合的典范。当地农舍的结构在日本是独一无二的，比一般农舍略大，为两层结构，屋顶坡面呈三角形，很陡，三面都覆盖着茅草，被称为合掌造式建筑。无论是结构和建筑方法，还是内部空间的使用方式，这些农舍都是日本木结构房屋发展的典范。在荻町、相仓和菅沼这三个村落中，农舍还保留得相当完整。一簇簇农舍被田野和树林围绕，形成了独特的景观。这里冬天的景色就像在童话故事中一般，因此这些村落被喻为"冬日的童话村"。

目前，白川乡和五箇山的"人"字形木屋顶村落已成为日本历史遗产的代表之一。隐于大自然怀抱中的古老的大型"人"字形木屋顶草苫民宅，与周围的寺院、小屋、水渠、树林、草地等融会成一幅和谐的图画，在静谧中带有几许神秘。

2. 霍拉索维采历史村落

捷克的霍拉索维采历史村落是被完整保留下来的欧洲中部传统村落的一个罕见例子，它拥有自18世纪以来以南波斯米亚民间巴洛克风格建起的大批质量上乘的本土建筑，犹如一张始自中世纪的珍藏画卷。

霍拉索维采历史村落是一个颇具特色的村落。在村落田园风光的衬托下，房屋住宅和农场建筑物愈加焕发出独特的风采。霍拉索维采历史村落既是遗存下来的南波希米亚独特的乡村环境的典范，同时也是人类最初创造的建筑艺术的见证，在整个南波希米亚乡村的巴洛克风格建筑中展现了自身最独特的魅力。

3. 霍洛克村

霍洛克村是被精心保护下来的传统民居的一个典型范例，这个村落主要是在17世纪和18世纪发展起来的，是当时乡村生活的生动见证。

霍洛克村位于匈牙利东北部，距离布达佩斯约100千米，堪称匈牙利最具魅力的村庄，它早在1987年就被列入《世界遗产名录》。如今，这里已成为匈牙利的传统保护区，是一座集旅游和文化保护为一体的民俗村。在这座不足百人的小村庄中，人们终日为生计不停地忙碌，有的人手中持着干草叉，有的人则挎着蔬菜篮，他们固守着世代沿袭的传统生活方式。小村庄的魅力或许就在于这里至今仍保留着完好的民俗。村庄的女人们最喜欢戴着绣花白色头巾，穿着红色或蓝色的印花套裙。如今，当你走在村庄中，如果碰巧与这些美丽的村姑相遇，她们还会以欧洲古典的屈膝礼迎接你的到来，优雅地用手提起裙角，轻轻地一屈膝，风情万种。这里的民居极其漂亮，白色房子的正面用雕刻精美的木质栏杆点缀着，有着匈牙利北部地区典型的建筑风格。在霍洛克村附近分布着几个葡萄庄园，一些蔬菜园、庄稼地和牧场。恬淡而优雅的田园风光为这个小村庄增添了几分别样的妩媚。

4. 陶斯印第安村

陶斯印第安村位于美国西部的新墨西哥州，现在仍保留着当地土著人的风俗传统。村中有用砖坯砌成的民居和宗教建筑，体现了亚利桑那州和新墨西哥州的印第安人的文化特点。作为13世纪末和14世纪初在格兰德河支流谷地建立的一系列定居点之一，陶斯印第安村展示了印第安人生活和文化发展史上一个重要的阶段。陶斯印第安村从17世纪起就成为当地土著居民的文化中心,时至今日,这里仍生活着近2000名印第安人,今天它仍然传承着世代延续的文化传统。

陶斯印第安村的建筑群是美国西南部保存完好的印第安建筑群之一。陶斯印第安村建筑群包括一系列居民点和仪式中心,还有一些土坯住宅,主要由泥砖和石块建成,墙壁由晒干的砖坯砌成,外表涂上泥。房屋大小不一,一般都有四层或五层高。陶斯印第安村的建筑是美国西南部本土干旱地带土坯建筑的典范。陶斯印第安村是传统建筑风格与这一地区特有的美洲史前时期建筑风格和谐统一的典型代表,可以说是一个杰出的建筑博物馆、一个传统人类定居点的辉煌例证。

5. 阿伊特-本-哈杜筑垒村

摩洛哥的阿伊特-本-哈杜筑垒村是一个兴建于中世纪的具有防御功能的乡村,是一组由高墙围起来的土制建筑,是用赤土泥砖建成的建筑群,是典型的前撒哈拉居民聚居区。村庄中的河边建有高高的城墙,高大而坚固。城墙外挖有环城的沟壑,成为又一道屏障。城墙上建有瞭望塔和多处垛口,垛口很小。整个村庄从下而上就像一座用红褐色的泥巴堆积而成的金字塔。显然,这里拥有一个庞大的防御工事,时刻准备应对来犯之敌的侵扰。

阿伊特-本-哈杜筑垒村地处摩洛哥南部高高的阿特拉斯群山之中,守卫着一条穿过撒哈拉沙漠的重要商业路线。这里曾经是古代的重要关口,是当地柏柏尔人用以抵挡阿拉伯入侵者的堡垒,虽然现在已失去了原有的功能,但防御建筑保留得相当完整,远远望去,很像一座阿拉伯童话中的城堡。阿伊特-本-哈杜筑垒村有"摩洛哥最美村落"的称号,是许多电影场景拍摄地。

6. 格兰切斯特

在英国剑桥市的郊区有一个著名的村落——格兰切斯特(见图4-22)。格兰切斯特位于剑桥南面剑河上游,距离剑桥市中心很近,从市区徒步、骑自行车、划船均可抵达格兰切斯特。格兰切斯特是剑桥市郊区最具田园风光的乡村,也是英国最美的乡村之一。走进格兰切斯特,空气中弥漫着淡淡的清香,偶尔还会听到圣安德鲁和圣玛丽教堂悠扬的钟声。

格兰切斯特古朴浪漫的文化氛围和书香气息吸引了无数名人,800多年来,诗人埃德蒙·斯宾塞、诗人和剧作家克里斯托弗·马洛、政治家和军事家奥利弗·克伦威尔、诗人约翰·弥尔顿、数学家和物理学家艾萨克·牛顿、诗人威廉·华兹华斯、

图4-22 格兰切斯特田园风光

诗人和评论家塞缪尔·泰勒·柯勒律治、诗人乔治·戈登·拜伦、生物学家查尔斯·罗伯特·达尔文、诗人阿尔弗雷德·丁尼生等，都曾造访过此地。

格兰切斯特至今还保留着许多古老的房舍和教堂，村中的老学校是典型的维多利亚时期建筑。村中最重要的建筑要数老磨坊（见图4-23），英国著名作家杰弗里·乔叟的名著《坎特伯雷故事集》中"磨坊主的故事"就发生在这里，其中提到了两名剑桥的学生和牧师古宅。牧师古宅就位于格兰切斯特果园附近，诗人鲁珀特·布鲁克曾在牧师古宅居住过，牧师古宅内有一尊鲁珀特·布鲁克身穿戎装的全身雕像（见图4-24）。牧师古宅里还有一处偌大而别致的花园，花园里芳草萋萋，草木葳蕤，绿意盎然。除了树木、草坪和花卉，牧师古宅里还有一些精美的大理石雕像，如牧羊雕塑、少女雕塑等。此外，花园中还可见小桥流水的田园景致。

图4-23 格兰切斯特的老磨坊

图4-24 鲁珀特·布鲁克雕像

格兰切斯特的果园（见图4-25）原本只是一个普通的果园，后来因把桌椅移到了园中的果树下，打破了室内品茶的传统，吸引了剑桥大学的学生们。因此也在剑桥大学的学生、学者中形成了一个颇具文化特色的传统——去格兰切斯特果园喝下午茶。对于剑桥的学生、

图4-25 格兰切斯特的果园

学者来说，果园成了位于剑河上游的一块圣地，整个英国乃至世界的文化思想开始在这里交流碰撞。

无数闻名于世的诗人、艺术家、学者等曾经在这个小小的村落、小小的果园驻足过，现在无论春夏秋冬，总有不少客人在果树下，摊开几把帆布躺椅，找开一张木桌，点一杯香茗，便开始谈古论今，一坐一个下午。

7. 格雷特纳格林

格雷特纳格林（见图4-26）因为在历史上接纳私奔恋人结婚而闻名。这里有一幢幢装饰典雅的小房子，房前、绿地、花丛中伫立着许多富有情趣的雕塑。来自四面八方的游人络绎不绝，时而还有成双成对的年轻恋人来这里举行婚礼。

格雷特纳格林位于苏格兰与英格兰边界附近，坐落于伦敦和爱丁堡之间一条古老的公路旁，是从英格兰乘坐公共马车进入苏格兰后到达的第一个村庄。几百年来，成千上万次婚礼在这个小地方举办。"逃婚"到这里的情况开始于1753年，当时英格兰法律规定男女双方未满21岁必须经得父母的允许才能结婚，不过这条法律并未在苏格兰实行。由于村庄靠近边界，这里成为英格兰小情侣们逃离英格兰到达的第一站，于是格雷特纳格林就成了著名的"逃婚小镇"。格雷特纳格林附近的居民以喜好帮助私奔情侣而闻名，在通往村庄的道路沿线，许多小酒馆都能够"偶然地"拖延追赶者的脚步，好让情侣们安全到达格雷特纳格林。建于1710年的老铁匠礼堂和建于1712年的铁匠铺（见图4-27）成了当时经营婚礼生意的聚集地。

图4-26　格雷特纳格林

图4-27　格雷特纳格林的铁匠铺

第二节　城　镇

镇是以非农业活动为主的人口居住区，其规模小于城市而大于村落，是介于乡村与城市之间的过渡性聚落形式。城镇的出现是社会分工发展的结果，其文化的形成以商贸为核心。

古老的历史、优美的风景，营造了古镇浓郁的文化氛围。古镇的斗拱飞檐、雕梁画栋，满载往日岁月的留影，也有着都市里少有的宁静。古镇作为一种聚落形式，蕴含着丰富的文化遗存，是一种文化资源，更是人类历史的缩影和文明的结晶。

一、我国古镇的地域分布

江苏省是我国古镇最为集中的省份之一，如周庄镇、同里镇、甪直镇、木渎镇、沙溪镇、溱潼镇、黄桥镇、枫桥镇、盛泽镇、锦溪镇等。江苏省为典型的江南水乡，其古镇以"小桥、流水、人家"为特色，古民居以清灵、淡雅、秀气而著称。

浙江省自然风光优美，名胜古迹众多，主要的古镇有乌镇、西塘镇、南浔镇、安昌镇、慈城镇、石浦镇、龙门镇等。

上海市周边的古镇是以朱家角和金泽镇为代表。朱家角是典型的水乡古镇，历史悠久、民风淳朴、文化积淀深厚。金泽镇的古桥梁很多，这里至今仍完好地保留着10余座古桥，有"江南第一桥乡"的美名。

四川省的古镇可谓数量众多、异彩纷呈，主要有平乐镇、安仁镇、老观镇、李庄镇、黄龙溪镇、洛带镇、罗泉镇、铁佛镇、隆昌镇、福宝镇、尧坝镇、仙市镇、柳江镇、罗城镇、上里镇等。

重庆市周边的古镇大多分布在长江沿岸，有涞滩镇、西沱镇、双江镇、龙兴镇、中山镇、龙潭镇、偏岩镇、路孔镇、塘河镇等。

广东省富有岭南文化气息，这里的古镇蕴藏着深厚的文化底蕴，主要以沙湾镇、吴阳镇、大圩镇等为代表。

福建省自然景观优美，人文景观丰富，客家文化源远流长，主要的古镇有古田镇、和平镇、坂东镇等。

云南省的古镇具有浓郁的民族风情和地域特色，最有代表性的是世界文化遗产丽江古城，此外，这里还有一些特色古镇，如黑井镇、沙溪镇、喜洲镇等。

湖南省历史悠久，文物古迹众多，早在春秋战国时期，这里就是楚文化的腹地，代表性古镇有里耶镇、芙蓉镇、滩头镇等。

贵州省是一个多民族省份，有苗族、布依族、侗族、彝族、土家族等。这里的古镇自然、古朴，充满浓郁的民族特色，主要古镇有青岩镇、土城镇、大同镇、西江镇等。

湖北省的代表性古镇有监利市周老嘴镇和红安县七里坪镇，均为中国历史文化名镇。

江西省的代表性古镇是浮梁县瑶里镇，它是中国历史文化名镇。这里的古民居风貌以婺源周边最为典型，多为明清时期的古建筑。

广西壮族自治区文化资源丰富，民族风情浓郁，古镇文化积淀深厚。这里主要的古镇有大圩镇、黄姚镇、扬美古镇、兴坪镇等。

安徽省是中国古民居最为集中、最具特色的一个省份。独特的徽文化背景、社会结构、地域环境和经济条件造就了众多的古村落和古镇，主要以潜口镇、上庄镇、三河镇等为代表。

河南省是中华文明的主要发祥地之一，被称为中国历史和文化的摇篮，代表性古镇有禹州市神垕镇和淅川县荆紫关镇，这两个古镇均为中国历史文化名镇。

山西省的古民居以雍容华贵、气势宏大、文化底蕴深厚为特色，这里主要的古镇有静升镇、碛口镇、润城镇等。

另外，河北省蔚县暖泉镇、辽宁省新宾满族自治县永陵镇、甘肃省宕昌县哈达铺镇、新疆鄯善县鲁克沁镇等也均为中国历史文化名镇。

二、我国有名的古镇

（一）南方有名的古镇

周庄、同里、甪直、乌镇、西塘、南浔6个江南水乡古镇以"小桥、流水、人家"的规划格局和建筑艺术在世界上独树一帜，被誉为"江南六大古镇"。古镇内河港交叉，临水成街，因水成路，依水筑屋，风格各异的石拱桥将水、路、桥融为一体。镇内房屋依河而筑，鳞次栉比的传统建筑簇拥在水巷两岸，毗连的过街楼、临河水阁、河渠廊坊、驳岸石栏、墙门踏渡，疏密有致，构成了独具特色的水乡古镇景色，是江南水乡地域文化的集中体现。

1. 周庄

周庄（见图4-28）是国内外公认的"中国第一水乡"，位于江苏省昆山市西南，古称贞丰里。春秋战国时期，周庄为吴王少子摇的封地，称摇城。北宋元祐年间，周迪功郎舍宅为寺，始称周庄。元代中后期，沈万三利用周庄镇北白蚬江水运之便，通番贸易，周庄也因此成为粮食、丝绸、陶瓷、手工艺品的集散地，遂成为江南巨镇，至清康熙初年正式定名为周庄镇。

周庄已历经千年的风雨沧桑，因江湖阻隔，交通闭塞，近百座元、明、清时期的民宅庭院，60多座砖雕门楼和10余座石拱桥、楼桥得以完好地保存下来。众多的古代建筑赋予周庄宁静、古朴、典雅的气质，旖旎的水乡风光、特有的人文景观、传统的建筑格局、淳朴的民间风情，更使许多传奇故事和民俗风情绵延流传。这些濒水而建的明清建筑，古朴典雅，水、桥、街、屋、埠，布局精巧，是江南最为典型的水乡古镇。

全镇桥街相连，依河筑屋，小船轻摇，绿影婆娑。1984年，旅美画家陈逸飞造访周庄，以双桥为素材，创作了蜚声海内外的油画作品《故乡的回忆》，周庄由此作为江南古镇的代表走向世界。周庄具有丰富的文化内涵。西晋文学家张翰，唐代诗人刘禹锡、陆龟

图4-28 周庄（中国）

蒙等都曾在这里居住过。周庄也是元末明初江南巨富沈万三的故乡，后来这里还曾留下柳亚子、陈去病等人的足迹。

2. 同里

同里（见图4-29）位于江苏省吴江市东北，是著名的江南水乡古镇。同里古名富土，唐初称铜里，宋代建镇改为同里。这里的屋宇楼舍与水、路、桥、园林巧妙而自然地联系在一起，以"小桥、流水、人家"的诗情画意而闻名国内外。古镇中至今还保存着不少明清建筑，如崇本堂、嘉荫堂、耕乐堂等。

图4-29 同里（中国）

同里是个文化古镇，出过很多名人，其中不少人衣锦还乡后修建了各种建筑。其中最著名的当数建于1885—1887年的退思园，全园以水为主，贴水而筑，独具一格。退思园集清代园林建筑之长，园内的每一处建筑既可独自成景，又与另一景观相对应，具有步移景异之妙，堪称江南古典园林中的经典之作。2000年，世界遗产委员会将退思园作为苏州古典园林扩展项目列入了《世界遗产名录》。

3. 甪直

甪直镇（见图4-30）位于江苏省苏州市吴中区东部，距今已有2000多年历史。古镇甪直被誉为"神州水乡第一镇"。

甪直镇是一座以罗汉塑像和商业古街为主的江南水乡，镇内河道纵横。镇上有许多名胜古迹，如陆龟蒙墓址、万盛米行、沈宅、保圣寺等。建于公元503年的保圣寺现存九尊唐塑罗汉，堪称国宝，保圣寺是全国重点文物保护单位。此外，这里的叶圣陶纪念馆、王韬纪念馆等品位高雅，别具特色。

图4-30 甪直（中国）

4. 乌镇

乌镇（见图4-31）位于浙江省桐乡市，是江南著名古镇之一，具有1300多年的建镇史。乌镇钟灵毓秀，人才荟萃。历史上这个小镇曾出过许多进士和举人，近现代更是名人辈出，如文坛巨匠茅盾、翻译家沈泽民、银行家卢学溥、作家孔另境等。

京杭大运河绕乌镇而过，镇内河网密布、纵横交织。千百年来，百姓房屋临河而建，千余米的古帮岸、水阁和廊棚等透出悠悠的水乡韵味，形成了典型的江南水乡特色。

图4-31 乌镇（中国）

乌镇自古繁华，民风淳朴，有桐乡拳船、花鼓戏、皮影戏、香市等独特的民俗民风，再加上原汁原味的水乡风貌和千年积淀的文化底蕴，声名远扬。江南水乡的旖旎风光在乌镇体现得淋漓尽致。

5. 西塘

西塘（见图4-32）位于浙江省嘉善县，依水成街，因河成镇，是一座已有千年历史文化的古镇。因其早在春秋战国时期就是吴越两国的相交之地，故有"吴根越角"之称。西塘元代成镇，至明代时已颇具规模。

西塘河流纵横，鳞次栉比的明清建筑与纵横交错的河流相映成趣，街衢多依河而建，民居临水而筑，并以桥多、弄多、廊棚多而闻名。俯瞰全镇，处处绿波荡漾，景色如诗如画。古老的历史、优美的景色，营造了古镇浓郁的文化氛围。西塘特有的水乡情调和魅力让人过目难忘。西塘的古民居、石桥、弄堂和廊棚是西塘文化历史源远流长的写照。西塘的民间木雕、瓦当、服饰、纽扣、书法、绘画等博物馆是古镇历史文化的见证。

图4-32 西塘（中国）

6. 南浔

南浔（见图4-33）位于浙江省湖州市，地处杭嘉湖平原，北邻太湖，东与江苏交界；南浔早名浔溪，后称南林。至南宋淳祐末年建镇，改名南浔。南宋时这里已是"耕桑之富，甲于浙右"。明万历至清中叶，所产辑里湖丝闻名遐迩；近代史上，辑里湖丝在全国出口贸易中占有举足轻重的地位。镇上出了一批靠经营蚕丝发迹的大贾巨富，俗称"四象

111

图4-33　南浔（中国）

八牛七十二墩狗"。南浔名胜古迹众多，人文景观与自然风光相得益彰，既充满着浓郁的历史文化底蕴和灵气，又散发着江南水乡古镇诗画一般的神韵。南浔自古以来人才辈出，书香不绝。明代时就有"九里三阁老，十里两尚书"之谚。著名的名胜古迹有嘉业藏书楼、刘镛的庄园小莲庄、张静江故居、张石铭故居、百间楼和宋代古石桥等。

南浔有"中国名人第一镇"之美誉。深厚的历史文化底蕴和独特的江南水乡自然风光造就了南浔古镇，南浔古镇体现了中国传统文化的博大精深。

（二）北方有名的古镇

1. 静升镇

山西省灵石县静升镇位于灵石县城东北12千米处，坐落在风景秀美的绵山脚下，该镇依山傍水，一条大街横贯东西。"九沟、八堡、十八巷"散布于北山之麓，错落分布于古镇的王家大院、红庙和文笔塔等古建筑群，是静升镇悠久历史文化的见证，展示了古镇深厚的传统文化积淀和浓郁的人文景观风貌。静升镇是一个充满传统文化色彩的山庄古镇，这里有着传统文化艺术在民间生活各个角落的渗透，体现着不同时代的历史风貌。

静升镇的主体古建筑群——王家大院，先后经历了清朝康熙、雍正、乾隆、嘉庆几个时期的修建，建筑总面积达到25万平方米。静升镇王氏家族历经元、明、清三朝，由农及商，人丁渐旺，继而读书入仕，遂"以商贾兴，以官宦显"，成为当地一大望族。王氏家族鼎盛于清朝康熙、雍正、乾隆、嘉庆年间，当时，该家族除营造豪宅、开设店铺外，还在当地做了赈灾、修渠等许多善事。王氏家族在辉煌时期入宦者五品至二品的官员，包括授、封、赠在内的各种士大夫上百人，家族显赫，威震三晋。

王家大院是山西最大和保存最完好的建筑群，被称为"三晋第一宅"。王家大院是中国清代民居建筑的杰出代表，积淀着深厚的历史文化底蕴，是我国古代人们智慧的结晶，被国内外许多专家学者誉为"中国民间故宫""华夏民居第一宅"和"山西的紫禁城"。王家大院不仅具有极高的艺术审美价值，而且具有丰富的历史研究价值，折射出东方文化的深厚内涵。

2. 碛口镇

碛口镇位于山西省吕梁市临县城南48千米处的黄河边，因黄河第二大碛——大同碛而得名。碛口从清代乾隆年间兴起，并在随后200余年里发展成为我国北方一座著名的商贸重镇，长街两侧店铺林立，商贾云集。

碛口镇现在保存较完整的人文景观主要有古街道、店铺、货栈、票号、当铺、民居、古商道等；碛口镇的自然景观有二碛巨浪、黄河峡谷、麒麟沙滩、黄河天然水蚀浮雕、高原土柱林及秋季漫山遍野的红枣林等。碛口镇是一座充满古朴风韵的小镇，船筏在黄河里穿梭，驼铃在山谷里回荡，镇上的街道全由黄河卵石铺就，街道两边幽深的小巷和古老的民居尽显古朴和沧桑。

三、国外有名的古镇

被列入《世界遗产名录》的国外主要古镇的有：素可泰历史城镇和有关历史城镇（泰国）、维甘历史城（菲律宾）、琅勃拉邦城（老挝）、会安古镇（越南）、扎比德历史城镇（也门）、卡塞雷斯古镇（西班牙）、中世纪贸易集镇——普罗旺斯（法国）、班贝格城镇（德国）、百慕大群岛上的圣乔治历史城镇及相关的要塞（英国）、维斯比的汉萨同盟城（瑞典）、托伦中世纪城镇（波兰）、卡罗维发利（捷克）、拉穆古城（肯尼亚）等。此外，国外有名的古镇还有英国的斯特拉特福、温莎、康威，捷克的克鲁姆洛夫，匈牙利的圣安德烈，芬兰的波尔沃等。以下选择部分古镇介绍。

1. 会安古镇

会安古镇位于越南中部广南省，北靠秋盆河河口。会安古镇是一个保存非常完好的活跃于15—19世纪的小规模贸易港，在这里，越南与东南亚、东亚国家以及世界其他国家进行着广泛贸易。会安曾是一座港口，发展到16世纪变成东南亚最重要的贸易交流中心。而在18世纪，由于国王们长期的权力之争，影响了发展，在19世纪后期开始衰落，但很大程度上保留了传统的城市格局。这个小镇反映了本土文化和外国文化（主要是中国文化、日本文化以及后来的欧洲文化）的融合，这些文化结合在一起使会安古镇成为多元文化融合的城镇典范。

会安古镇的建筑群保存得较为完好，共有1107栋木结构建筑，还有一个露天市场和一个渡轮码头。会安古镇的房子主要用瓷砖和木质构件装饰，沿着狭窄的步行街错落有致排列。许多建筑是由错落有致的山墙、彩色的瓦盖顶、硬木做成的柱橼、门扇建成的房屋组成，其中的黎氏宗祠完整地保留了客厅、庭院和卧室，有着中式横梁、日式屋顶，建筑整体风格糅合了中、日、越三国特色，在会安古镇乃至整个越南都别具一格。会安古镇内除了大部分中式建筑外，还有不少法式古典建筑和庭院式建筑群，这些法式建筑大多数外形美观、线条优美，外墙装饰着欧洲文艺复兴时期的人物塑像。古镇里还有一座精致的日本木桥，被称为日式廊桥。会安古镇现存的木结构建筑群和街道规划仍保留了原始风貌，共同呈现了17—18世纪的传统城镇景观。

2. 斯特拉特福

斯特拉特福（见图4-34）小镇坐落于英国埃文河河畔，因是文艺复兴时期伟大的戏剧家、诗人莎士比亚的诞生和晚年居住的地方而闻名。来到斯特拉特福小镇，就如同走进了莎士比亚的世界。

图4-34　斯特拉特福镇（英国）

在斯特拉特福小镇到处可见建于16世纪的一排排古色古香的木构架房子，还有一栋栋厚重又典雅的维多利亚式、哥特式建筑。在埃文河河畔耸立着莎士比亚青铜坐像，坐像安放在高大的纪念柱顶上，坐像四周还有四座莎士比亚戏剧中的人物塑像，分别是：《亨利四世》中的福斯塔夫、《麦克白斯》中的麦克白夫人、《亨利五世》中的皇太子和《哈姆雷特》中的哈姆雷特。

莎士比亚故居（见图4-35）位于小镇的亨利街，是一座两层楼的都铎式风格建筑，已有400多年的历史。该建筑虽然历经风雨，但几经修葺，始终保持着16世纪的风格。莎士比亚就诞生在这里，并度过了他的童年和晚年时光。

图4-35 莎士比亚故居（英国）

莎士比亚故居是木桁架屋，斜坡瓦顶、泥土原色的外墙、凸出墙外的窗户和门廊使这座建筑物十分显眼。莎士比亚故居的入口处是一个小型展览馆，陈列有莎士比亚的著作、雕像等，墙上有介绍莎士比亚及其家人的文字和照片。故居的展览馆内陈列着当年的钱币、友人向莎士比亚借钱的借据、莎士比亚手迹、莎士比亚幼年在语法学校念书时的课桌，还有一本保存完好的《莎士比亚全集》首版。这本被称为"英国文学最重要的书籍"收录了莎士比亚36部剧作。

3. 温莎

温莎镇位于伦敦以西约32公里处，濒临泰晤士河南岸，因女王行宫温莎城堡（见图4-36）在此而著名。温莎城堡是一组气势宏伟的建筑群，最初建于威廉一世时期，目的

图4-36 温莎城堡（英国）

在于保护泰晤士河上来往的船只和王室的安全，自12世纪以来一直是英国国王的行宫。经过历代君王的不断扩建，到19世纪上半叶，温莎城堡已成为拥有众多精美建筑的庞大的古堡建筑群。

温莎城堡分为上区、中区、下区三部分。上区是指国家套房、私人寓所、南翼等东面的区域，主要包括滑铁卢厅（宴会厅）、女王交谊厅（舞厅）、画廊、玛丽王后的玩偶屋等宫廷陈设。中区是温莎城堡的心脏，耸立着的一座建造于12世纪的圆塔，圆塔是城堡中的地标建筑，每当女王来到温莎城堡，圆塔便会升起英国皇室的旗帜。下区包括圣乔治教堂、马蹄回廊、亨利八世门、爱德华三世塔、晚钟塔等西面的区域。

温莎镇静谧的街道两边布满了各种商铺，至今仍保持着英国中世纪风貌，以温莎城堡为中心，四周传统的英式风格建筑鳞次栉比。

4. 康威

康威镇（见图4-37）座落于英国北威尔士，雄伟的城堡和精致的海湾使其成为威尔士颇有盛名的小镇。康威镇始建于13世纪，是一个具有中世纪风情的小镇，优越的地理环境使得这里成为一个军事要地。这里拥有全英国保存得最好的中世纪建筑，还有雄伟美丽的城堡，古典气息浓郁，民风淳朴。

康威镇存世700多年的古堡、城墙气势不凡，小镇街边到处都是精美商店、咖啡馆、酒吧和餐馆。康威镇城墙内的主要大街共有两条：一条从康威城堡的西面穿过全镇，笔直地通往城墙的北边，被分段命名为城堡街与贝利街；另一条则是商店云集的高街。康威镇

第四章◎聚落文化

图4-37　康威镇（英国）

有两座最具历史意义的住宅建筑：普拉斯梅尔和艾博康威屋。这两座建筑修建于1576年，是伊丽莎白时期北威尔士最大的领主韦恩家族的宅邸。

著名的康威城堡（见图4-38）耸立在三面环水的一处海角上，是一个有8座碉堡的防御工事。长长的城墙保护着爱德华一世时期这座威尔士最大的边陲重镇。康威城堡位于康威镇城墙最西面，向东北只百米即是康威港。当年英格兰军队入侵康威河流域，占领康威镇即从这一港口登陆，因此后来在这里建设了城堡，象征了英格兰对威尔士的征服。

图4-38　康威城堡（英国）

5. 克鲁姆洛夫

克鲁姆洛夫（见图4-39）距捷克首都布拉格约160千米，位于捷克伏尔塔瓦河畔，这里的建筑融合了哥特式、文艺复兴式和巴洛克式风格。该镇是中欧中世纪小镇的杰出典范，经历五个多世纪的发展，建筑格局仍完好地被保留下来。

图4-39 克鲁姆洛夫（捷克）

小镇的所有道路皆由小石头和石板铺成，满城红色的屋顶充满中世纪古典优雅的情调。融合了中世纪的哥特式风格和巴洛克式风格的圣维特教堂和圣约希特教堂，被视为克鲁姆洛夫镇的地标性建筑。城市广场竖立着一座建于1716年的中世纪黑死病纪念柱。广场被各种颜色以及不同的形状、纹理的历史建筑物包围着，市政厅、警察局、旅客资讯中心等都集中在广场周边。

克鲁姆洛夫镇是捷克重要的文化中心之一，每年都会举办一些庆祝或者纪念活动，其中最著名的是"五瓣玫瑰花节"。

6. 卡罗维发利

卡罗维发利位于捷克，在布拉格以西约113千米处。这里森林茂密、流水淙淙，静静的特普拉河穿城而过，温泉散发出的袅袅热气给小城平添了些朦胧迷离的色彩。卡罗维发利坐落于山谷之间，沿河两侧依山而建，一幢幢漂亮的楼房在绿树的掩映下，尽显巴洛克式、洛可可式、拜占庭式和新古典主义建筑风格。翠柏丛生、四季常青的山坡上筑有亭台楼阁，建筑物依山傍水，错落有致，尖塔、绿树、红瓦和白墙相互映衬，雕像和纪念碑处处可见。

卡罗维发利是著名的矿泉疗养地,素有"温泉小镇"之称。相传波希米亚国王查理四世到此猎鹿,偶然发现了温泉,泉水清澈甘甜,于是修建了自己的狩猎山庄,并以自己的名字命名,即"查理的温泉",捷克语发音为"卡罗维发利"。与很多地方不同,镇上的温泉不是用来洗浴的,而是用来饮用的。几百年间,许多王公贵族、名人雅士都对卡罗维发利的泉水心向往之。马克思、歌德、普希金、果戈理、屠格涅夫、席勒、贝多芬、肖邦以及沙俄彼得大帝都曾到此游览和疗养。

卡罗维发利国际电影节创办于1946年,是世界上历史最悠久的电影节之一,中国曾多次参加这一电影盛会,1988年中国影片《芙蓉镇》曾获得该电影节最高奖。

7. 圣安德烈

匈牙利的圣安德烈(见图4-40)是一座风景如画的古镇,距匈牙利首都布达佩斯20千米,坐落在多瑙河畔,在布达佩斯和维榭格拉德中间,是匈牙利最重要的旅游城镇之一,也是该国现代艺术流派的"博览馆"。在圣安德烈,各式教堂、工艺品店、画廊、博物馆、酒吧、咖啡厅鳞次栉比,彩色民居风味浓厚,蜿蜒的石子小街让人们感受到传统的浪漫气息。

19世纪末,众多的匈牙利画家涌向这座风味十足的小镇,使这里成为远近闻名的"画家之乡",甚至还形成了一个风格独特的独立画派,现在圣安德烈镇街边的画廊依旧林立。圣安德烈镇的画廊展示了这个小镇的现代派画家们的作品。

图4-40　圣安德烈(匈牙利)

一年之中,在圣安德烈举办的展览、艺术节和各种演出接连不断,使一批作家和戏剧艺术家在匈牙利有了名气。此外,日益增多的博物馆为越来越多的旅游者提供了丰富的文化内容。

8. 波尔沃

波尔沃(见图4-41)位于芬兰首都赫尔辛基以东50千米处,坐落在波尔沃河河口,是一座景色如画的古镇。早在中世纪,波尔沃就是一个重要的进口贸易中心,坐落在波尔沃河沿岸的一排排红房子向人们展示了波尔沃的航运史,这些红房子是旅游者争相留影的著名景点。老市区是芬兰目前唯一保存下来的中世纪城区建筑,街道蜿蜒曲折、小巷曲径通幽、庭院和低矮的木屋错落有致,是中世纪城市生活的缩影,波尔沃被称为"木制建筑博物馆"。小镇尖拱顶式的大教堂建于15世纪初期,是1809年芬兰第一届议会所在地。

图4-41　波尔沃(芬兰)

波尔沃曾是一个重要的文化中心,素以"诗人之城"著称,如芬兰诗人约翰·路德维格·鲁内贝格,芬兰艺术家维勒·瓦尔格伦、阿尔伯特·爱德费尔特等都与此有渊源。

第三节　城　市

城市是现代文明的标志,是经济、政治、科技、文化和教育的中心。纵观世界历史,一个国家工业化、现代化的过程,其实是其逐步实现城市化的过程。当今世界,许多著名城市在现代化建设过程中都采取了严格的保护文化遗产的措施,从而使城市现代化建设与文化遗产保护和谐统一,既显示了现代文明的崭新风貌,又保留了历史与文化的奇光异彩。

城市是一国或一地区政治、经济、文化的中心,是物质财富、精神财富最为集中之地,在人类文明发展史上占有十分重要的地位。城市是人类创造的一种文化景观,具有丰富的文化内涵。正如世界遗产委员会对威尼斯所做的评价：威尼斯始建于5世纪，由118个小岛组成，10世纪成为当时一个主要的航运枢纽。整座城市就是非凡的建筑杰作，甚至最小的建筑物也会含有一些世界最伟大的艺术家（如乔尔乔涅、提香、丁托列托、韦罗内塞等）的作品。由此可见，这座美丽的城市蕴含着深厚的文化底蕴。

城市大都选择建在交通便利、依山傍水之地，因而就拥有丰富的生态旅游资源。城市经过从古到今的发展积累，历史文化积淀非常丰厚。城市的格局反映出一个城市整体规划的思想，代表了一定的地域文化。意大利名城维罗纳始建于公元前1世纪，这座古老的城市仍保留着传统的罗马城镇的格局，保存有古代、中世纪和文艺复兴时期的许多著名建筑物。维罗纳不仅是一座美丽的城市，也是莎士比亚剧中女主角朱丽叶的故乡。维罗纳市作为文化遗产于2000年被列入《世界遗产名录》。比利时城市布鲁日是中世纪城市聚落的杰出典范，历经几个世纪的演变，仍然保留着其历史结构——原始的哥特式建筑，这构成了城市的特色部分。作为欧洲主要的商业与文化城市之一，布鲁日发展了与世界各地的文化联系。布鲁日历史中心作为文化遗产于2000年被列入《世界遗产名录》。

城市是旅游业的主要载体，在人类长期的社会经济发展中，优越的地理位置、活跃的经济活动、发达的第三产业、立体便捷的交通网络、顺畅的信息交流渠道、高度集中与辐射的区域文化，使城市在推动人类社会发展方面占有主体地位。城市的这种突出地位在旅游业中也有所反映，城市可以对旅游者形成巨大吸引力：风格各异的建筑风貌、便捷的交通设施、优越的商务与购物环境、发达的科技与信息、周到的服务和多种娱乐方式、独特的地方文化。旅游者千里迢迢到城市旅游，是为了体验异地城市丰厚的文化内涵，开拓视野、增长知识。如阿格拉是印度著名的旅游胜地，以众多的名胜而著称。城市周边分布有三处世界文化遗产：泰姬陵、阿格拉堡和法塔赫布尔·西格里。因此，这座城市格外受游客们青睐，成为世界旅游胜地。

城市旅游文化从属于城市文化，包含在城市文化当中。城市旅游文化不仅是一种视觉文化，更是一种体味式文化。城市旅游文化具有文化代表性，是一种浓缩过的城市文化，是特色文化，是媒介文化，是对一个城市鲜明形象的集中且恰当的表现和宣传。因此，成功的城市旅游文化往往也要求城市文化建设必须具有主题和特色。实际上，城市鲜明的旅游形象就是城市文化的主题和特色。

被列入《世界遗产名录》的主要历史名城有：平遥古城、澳门历史中心（中国），大城历史城市（泰国），锡吉里亚古城、波隆纳鲁沃古城（斯里兰卡），阿克老城（以色列），大马士革古城、布斯拉古城、阿勒颇古城（叙利亚），萨那古城（也门），伊斯坦布尔历史区、萨夫兰博卢城（土耳其），罗马历史中心、城内罗马教廷管辖区和圣保罗教区（意大利与梵蒂冈共有），佛罗伦萨历史中心、威尼斯及其潟湖、那不勒斯历史中心、锡耶纳历史中心、皮恩察市历史中心、维罗纳市（意大利），托莱多历史城市、萨拉曼卡古城（西班牙），斯特拉斯堡——大岛到新城、巴黎塞纳河畔、里昂历史区（法国），伯尔尼老城（瑞士），布鲁日历史中心（比利时），爱丁堡的旧城和新城（英国），萨尔茨堡市历史中心、格拉茨市历史中心和埃根博格城堡、维也纳历史中心（奥地利），内塞巴尔古城（保加利亚），杜布罗夫尼克旧城、特罗吉尔历史城市（克罗地亚），布拉格历史中心（捷克），罗得中世纪古城（希腊），克拉科夫历史中心、华沙历史中心（波兰），圣彼得堡历史中心和建筑物群（俄罗斯），瓦莱塔城（马耳他），墨西哥城和霍奇米尔科区历史中心（墨西哥），利马历史中心、阿雷基帕市历史中心（秘鲁），基多城（厄瓜多尔），梅克内斯历史城市（摩洛哥）等。除此之外，还有许多著名的城市，以下选择部分城市进行介绍。

一、我国的历史文化名城

在我国，曾经是全国都城的城市最初有著名的"四大古都"之说，即北京、西安、洛阳、南京；后来又有"六大古都"之说，增加了开封、杭州；20世纪80年代，形成了"七大古都"之说，安阳跻身其中；现在，郑州也以商代都城为平台，进入了"八大古都"的行列。现在的"八大古都"分别是十三朝古都西安、九朝古都洛阳、七朝古都开封、六朝古都南京、五朝古都北京、殷商古都安阳、南宋都城杭州、商代都城郑州。

我国幅员辽阔，民族众多，地理和人文环境复杂多样，历史文化名城遍布全国各个省份，因而这些历史文化名城风格迥异、各具特色。历史文化名城是中华民族的瑰宝，具有重要的文化、科学、教育、美学价值。

1. 北京

北京简称京，是我国的首都，也是我国的政治中心、经济中心和文化中心。北京位于华北大平原的西北边缘，西倚巍巍太行山，北靠连绵的燕山山脉，面积约1.7万平方千米。

北京城始建于西周初期。考古学家和历史学家的研究表明，西周初期燕国都城在今房山区内。北京已有3000多年的建城史。北京最早见于文献的名称叫作蓟。从秦、汉到隋、唐，蓟城一直是我国北方地区的军事重镇和经济文化中心。后来的北京城就是在蓟城的基础上发展起来的。

历史上在这座古城建都的朝代有辽、金、元、明、清等，距今已有1000多年的历史。1949年10月1日北京又被正式定为中华人民共和国首都。

悠久的历史和灿烂的文化给北京留下了大量的文物古迹和丰富多彩的人文景观。北京宫殿、园林、朝坛和宗教建筑遍布，文物古迹荟萃，集我国文化之大成。北京的长城、故宫、颐和园、天坛（见图4-42）、周口店北京人遗址均被列入《世界遗产名录》；此外，北京的十三陵已作为明清皇家陵寝扩展项目于2003年被列入《世界遗产名录》。位于北京市城区中心的天安门广场建有庄严的毛主席纪念堂和人民英雄纪念碑。北京也是我国最大的科学研究和文化中心，这里有数十所全国著名高校和全国藏书最多的国家图书馆，还有中国科学院等科学研究机构及中关村科技园区等。

图4-42　天坛（中国）

北京成为我国的历史文化名城，主要受以下因素影响。

历史因素：早在距今70万年～50万年以前，作为原始人群部落的"北京人"就在北京西南周口店一带繁衍生息。"北京人"创造和发展了旧石器文化，对华夏民族的形成产生了深远的影响。环京地区有许多历史古城，如燕都遗址、蓟城等。北京在我国历史上曾为辽、金、元、明、清5代封建王朝的都城。这种在历史上处于全国政治、文化中心地位的都城，自然会有众多的名胜古迹和人文景观。

文化因素：环京地区在历史上曾是汉族和契丹族、女真族、蒙古族等北方少数民族交错分布区，是中原农耕文化和北方游牧文化的过渡带，两种文化在此相互渗透和影响，融合了中原文化和游牧文化，从而形成多种民族文化景观。

2. 澳门

澳门历史悠久，有着一脉相承的中华传统文化，而400多年的风雨沧桑，使它成为东西方文化荟萃之地，形成了今日澳门"华洋共处、中西合璧"的社会和城市结构。无论是在中国历史上，还是在世界历史上，澳门作为中西方文明沟通的桥梁，在政治、军事、文化和宗教等诸多领域都发挥过不可替代的积极作用，为不同民族的相互认识、交流与尊重做出了不可磨灭的贡献。澳门历经中西方文化400多年的交融，形成了独具特色的文化氛围：现代化的高楼大厦、东方色彩的寺院庙宇、具有文艺复兴时期建筑风格的天主教堂和欧洲中世纪古堡式的炮台，这里融东西方文明于一体，被誉为"中国近代第一城"。

"澳门历史中心"是以旧城区为核心的历史街区，包括妈祖阁（妈阁庙）前地、亚婆井前地、岗顶前地、议事亭前地、大堂前地、板樟堂前地、耶稣会纪念广场、白鸽巢前地等多个广场，以及妈祖阁（妈阁庙）、港务局大楼、郑家大屋、圣老楞佐教堂、圣若瑟修院及圣堂、岗顶剧院、何东图书馆、圣奥斯定教堂、民政总署大楼、三街会馆（关帝庙）、仁慈堂大楼、大堂（主教座堂）、卢家大屋、玫瑰堂、大三巴牌坊、哪吒庙、旧城墙遗址、大炮台、圣安多尼教堂、东方基金会会址、基督教公墓、东望洋炮台等20多处历史建筑。

这片区域是昔日华洋共处的旧城区，它开创了许多"中国之最"，如最早一批天主教堂建筑、最古老的教堂遗址、最古老的西式炮台群、最古老的修道院、最古老的基督教公墓、第一座西式剧院、第一座现代化灯塔、第一所西式大学、西式医院等。这一区域的建筑群体现了中西文化融汇交流的特点。

经过几个世纪的变迁以及城市发展的需要，这里依然保持原貌，大量的历史建筑分布在旧城区各处，成为澳门珍贵的文化遗产；更难得的是，这些遗产并未因发展的规划而遭受破坏，反而在人们的保护下，东西方文化互相碰撞交融，形成澳门独树一帜的文化氛围。中国人和葡萄牙人更是在这里合力营造了共同的社区生活，澳门除了体现建筑艺术特色外，还体现了中葡两国人们不同宗教、文化以及生活习惯的相互尊重。

3. 平遥古城

平遥古城（见图4-43）位于山西省中部，是我国目前唯一保存下来的明清时期县城原型，现存的古城城墙、街道、民居、店铺、寺庙等建筑，向人们展示了明清时期文化、社会、经济、建筑等发展的

图4-43　平遥古城（中国）

历史风貌。城中有始建于西周的古城墙、最早的金融票号"日升昌"旧址，体现古代县城风格的街市格局、展现浓厚地方风格的上千座民居。平遥古城民居基本保持了原有格局，布局严谨、轴线明确、左右对称。现在城内的大部分寺庙建筑、县衙署、街巷等，都保留了历史形态，街道两旁的店铺多为17—19世纪的建筑。

平遥古城平面呈方形，东、西、北墙方直，南墙随中都河之势蜿蜒而筑。平遥古城的城墙保存完好，周长6.4千米。环周有72座敌楼，3000个垛口，象征着孔子的3000弟子，72贤人。在这里，起着军事防御作用的城墙与孔子联系在了一起，体现的正是古人所说的"文武之道，一张一弛""文以辅国，武以卫国"。

平遥古城是一座按照汉民族传统规划思想和建筑风格建设起来的城市。平遥古城众多的文化遗存，代表了我国古代城市在不同历史时期的建筑形式、施工方法和用材标准，也集中体现了明、清时期汉民族的历史文化特色。如平遥双林寺中庙宇建筑都围绕中轴线有机布置。这种三教同奉的现象就是三晋文化的一个具体体现。平遥民居是迄今为止汉民族地区保存最完整的古代居民群落，具有较高的艺术价值和美学价值。平遥古城完整地体现了17—19世纪的历史面貌，为明清建筑艺术的历史博物馆。其古建筑及文物古迹，在数量和品位上均属国内罕见，对研究我国古代城市变迁、城市建筑、人类居住形式和传统文化的发展具有极为重要的历史价值、艺术价值和科学价值。

二、国外的历史文化名城

1. 罗马

意大利首都罗马是意大利的政治和文化中心，也是世界著名的历史名城。它位于意大利半岛的中南部西侧、台伯河下游的丘陵平原上。罗马城最初建在景色秀丽的七座山丘之上，故称为"七丘之城"。罗慕路斯和雷慕斯于公元前753年建造该城，并将其命名为"罗马"，罗慕路斯成为罗马的第一位国王。罗马城是古罗马帝国的发祥地和首都，从古罗马时期起一直繁荣至今，已有2700多年的悠久历史，留下了许多名胜古迹。在古代，它先是罗马共和国的首都，历时近500年，接着又戴上了罗马帝国首都的荣冠达503年；在中世纪，它作为教皇国首都长达11个世纪，紧接着它又成为意大利王国统一后的首都。罗马还是一座艺术宝库、文化名城，古城就像露天博物馆，记录着罗马的光辉历史。罗马遍布着文艺复兴时期的精美建筑和艺术珍品，如宏伟的宫殿、教堂、博物馆、大理石雕像和喷泉等。罗马每一座矗立的千年建筑、废墟遗址都记录着深远浩大的历史，都是艺术巨匠的大手笔。享有"永恒之城"之美誉的罗马，以其完美的表现形式呈现出人类历史上无与伦比的辉煌岁月和丰富的文化底蕴，是当今世界上作为国家首都完美保存古城建筑结构的典范。这里的著名景点有古罗马斗兽场、古罗马广场、威尼斯广场、纳沃纳广场（见图4-44）、万神殿、西班牙广场、特莱维喷泉、圣天使城堡、

图4-44　纳沃纳广场（意大利）

君士坦丁凯旋门、真理之口、罗马国家博物馆、巴尔贝里尼宫、诺沃宫、孔塞维特里宫等。

今日的罗马分古城和新城两部分。罗马人不仅继承了昔日的文化遗产，而且还开创了时代新潮流，为城市赋予了新的活力。

2. 佛罗伦萨

佛罗伦萨位于意大利中部的托斯卡纳区、阿尔诺河畔，有着悠久的历史。早期的文艺复兴是以佛罗伦萨为中心的。早在欧洲中世纪早期，佛罗伦萨就成为一个独立的城市国家，纺织、印染和金融业发达。14世纪，佛罗伦萨为从事银行业的家族——美第奇家族所控制。14世纪末，佛罗伦萨由12世纪的一个小镇成为贸易和金融中心。以美第奇家族为代表的一些家族对艺术的投资和推崇，为佛罗伦萨的文艺复兴运动起到了推波助澜的作用，使这座城市成为意大利文艺复兴的摇篮。

佛罗伦萨遍布着许许多多博物馆、美术馆、宫殿、教堂等古建筑，向世人展示着这座艺术之都的永恒魅力。这里著名的景点有：乌菲奇美术馆、学院美术馆、但丁故居、大教堂（又称花之圣母教堂）、洗礼堂、乔托钟楼、圣克罗切教堂、韦奇奥宫（老宫）、皮蒂宫、韦奇奥桥（老桥）（见图4-45）、美第奇·里卡尔迪宫、圣马可博物馆、巴尔杰洛国立博物馆、圣洛伦佐教堂、米开朗琪罗广场等。这座城市的美术馆、博物馆、教堂中珍藏着文艺复兴时期丰富的绘画、雕塑等艺术珍品。这座城市成就了意大利文艺复兴鼎盛时期

图4-45　韦奇奥桥（老桥）（意大利）

艺术史上一些最为杰出的艺术大师，如达·芬奇、米开朗琪罗、拉斐尔、提香等。著名的雕塑作品《大卫》至今仍被收藏在佛罗伦萨的美术馆里。绘画大师拉斐尔和著名科学家伽利略也都在这座城市生活和工作过。诗人但丁出生于佛罗伦萨，他的长诗《神曲》被视为不朽之作。

佛罗伦萨作为文艺复兴的发祥地，也以拥有大量文艺复兴时期的绘画和雕塑艺术作品而闻名于世。14—16世纪欧洲文艺复兴运动始于意大利，后扩大到法国、德国、英国等欧洲国家。意大利成为文艺复兴运动的中心，当时在意大利，绘画、雕刻、建筑、诗歌、音乐等都得到了空前的发展。15世纪末到16世纪中叶，文艺复兴达到全盛时期。作为文化之都，佛罗伦萨造就了一大批学识渊博、多才多艺的新文化代表人物，这座城市对整个人类历史和文化进程都产生过深刻的影响。

3. 巴黎

巴黎是法国的首都，也是法国的政治、经济和文化中心。巴黎是一个生机勃勃、充满活力的都市，是世界上最美丽、最浪漫和最有魅力的城市之一。巴黎是一座艺术之城、时尚之都，是古典高雅与现代时尚完美的结合。巴黎有2000多年的悠久历史，自法兰克王国定都于此后，便成为历代王朝都城和历届共和国的首都。巴黎位于风光秀丽的塞纳河（见图4-46）两岸，一向以美丽而著称，有"梦幻之都"的美誉。在20世纪初期，巴黎即被公认为世界的现代艺术中心，也是人类近代文化的摇篮，养育和造就了许许多多的文学家和艺术家。

巴黎既有众多的博物馆、美术馆、美丽的园林、富丽堂皇的歌剧院、古朴典雅的街区，也有许许多多的豪华百货商店、时髦的时装店、通宵达旦的夜总会以及遍及全城

图4-46 巴黎塞纳河（法国）

的咖啡馆和酒吧。巴黎的香榭丽舍大街被视为世界上最美丽的林荫大道之一，位于夏尔·戴高乐广场的凯旋门是世界上最大的凯旋门。埃菲尔铁塔（见图4-47）是巴黎的象征，是世界著名的建筑物之一。巴黎郊区的凡尔赛宫及其园林和枫丹白露宫及其花园作为文化遗产先后于1979年和1981年被列入《世界遗产名录》。整个巴黎，不仅自然景色优美宜人，而且到处散发着浓郁的艺术气息，它那独具匠心的宏伟建筑，令人炫目的文物古迹，无不透出一种华贵、高雅，散发着神奇诱人的魅力。

图4-47 埃菲尔铁塔（法国）

4. 伦敦

伦敦位于英国东南部，跨泰晤士河下游两岸，是英国的首都，也是全国政治、经济、文化与交通的中心，还是世界金融中心之一。伦敦的行政区划分为伦敦城和32个市区。城外的12个市区称内伦敦，内伦敦以外的20个市区称外伦敦。伦敦城加上内外伦敦合称大伦敦市。内伦敦主要行使行政、金融、贸易和文化职能。伦敦历史悠久，名胜古迹众多，拥有很多世界一流的博物馆、美术馆和著名建筑，是世界著名的旅游胜地。

伦敦是一座充满历史与文化气息的城市，是一座古典与现代完美结合的城市。在伦敦处处可见日不落帝国昔日的辉煌痕迹，优雅的贵族气质不曾随着岁月的流逝而消亡，早已成为一种与英伦文化浑然一体的生活态度。伦敦的魅力就在于：它有国际大都市的繁华与行色匆匆，也不乏随时可以寻觅到的历史氛围与艺术气息。

伦敦的文物古迹、历史名胜比比皆是，主要有白金汉宫（见图4-48）、威斯敏斯特大教堂、肯辛顿宫、海德公园、英国国家美术馆、自然历史博物馆、福尔摩斯博物馆、杜莎夫人蜡像馆、海格特公墓等。

图4-48　白金汉宫（英国）

伦敦有许多的世界遗产。1987年，威斯敏斯特宫、威斯敏斯特大教堂和圣玛格丽特教堂作为文化遗产被联合国教科文组织列入《世界遗产名录》。1988年，伦敦塔作为文化遗产被联合国教科文组织列入《世界遗产名录》。1997年，格林尼治沿海地区作为文化遗产被联合国教科文组织列入《世界遗产名录》。2003年，基尤皇家植物园作为文化遗产被联合国教科文组织列入《世界遗产名录》。

5. 雅典

雅典是希腊共和国的首都和最大的城市，位于巴尔干半岛南端，三面环山，一面傍海，雅典被称作"西方文明的摇篮"。公元前5世纪—4世纪，雅典在文化和政治上的成就对欧洲以及世界文化产生了重大影响。苏格拉底、柏拉图、亚里士多德被并称为"希腊三贤"。苏格拉底出生于雅典，被后人广泛认为是西方哲学的奠基者。公元前5世纪，雅典产生三大喜剧诗人：克拉提努斯、埃乌波利斯和阿里斯托芬。雅典至今仍保留了很多历史遗迹和大量的艺术作品，其中最著名的是雅典卫城的帕特农神庙，帕特农神庙被视为西方文化的象征。公元前5世纪和4世纪雅典在文化和政治上的发展对欧洲及世界文化产生了重大影响。

图4-49　帕特农神庙（希腊）

雅典是现代奥运会的起源地，曾先后在1896年和2004年举办过第1届夏季奥运会和第28届夏季奥运会。

雅典卫城是希腊最杰出的古建筑群，位于希腊首都雅典，距今已有近3000年的历史。公元前5世纪这里就成为了宗教活动的中心。雅典卫城建在一座四面陡峭的山丘上，拥有众多的历史古迹，其中包括帕特农神庙（见图4-49）、山门、伊瑞克提翁神庙和雅典娜胜利女神庙。帕特农神庙是卫城最著名的建筑，是古希腊全盛时期建筑与雕刻的主要代表，有"希腊国宝"之称，也是人类艺术宝库中一颗璀璨的明珠。

1987年，雅典卫城作为文化遗产被联合国教科文组织世界遗产委员会列入《世界遗产名录》。

雅典的其他主要景点还有雅典卫城博物馆、哈德良拱门、奥林匹克体育场、国会大厦、宪法广场、雅典科学院等。

6. 巴塞罗那

巴塞罗那位于伊比利亚半岛东北部，濒临地中海，是西班牙第二大城市。巴塞罗那是享誉世界的地中海风光旅游胜地和世界著名的历史文化名城，也是西班牙最重要的贸易、工业和金融基地。巴塞罗那气候宜人、风光旖旎、古迹遍布，素有"伊比利亚半岛的明珠"之称，是西班牙最著名的旅游胜地。

巴塞罗那是加泰罗尼亚文化的发祥地，市内有许多博物馆，包括加泰罗尼亚艺术博物馆、毕加索博物馆、历史博物馆、自然博物馆等。

巴塞罗那是古代文明和现代文明结合最完美的城市之一，也是一座艺术家的殿堂，市内随处可见世界著名的艺术大师毕加索、高迪、米罗等人的作品。

在巴塞罗那市区或近郊有7处高迪的建筑作品，这些建筑作品见证了他对19世纪末和20世纪初建筑技术的杰出创意与贡献。这7处建筑是圭尔公园、圭尔宫、巴特洛公寓（见图4-50）、米拉公寓、文森公寓、神圣家族教堂（图4-51）和圭尔住宅区的地下教堂。

7. 萨拉热窝

萨拉热窝是波斯尼亚－黑塞哥维那的首都和经济中心、文化中心。萨拉热窝是一座世界名城，是引发第一次世界大战的地方。萨拉热窝是欧洲唯一一座四种宗教和文化相互交融的城市，有许多历史文化古迹，城内伊斯兰教的清真寺、天主教教堂、东正教教堂和犹太教教堂交相辉映。米梁茨卡河自东向西穿城而过，让萨拉热窝这座山城平添了一份温婉气质。

塞比利喷泉坐落在老城形状独特的市场广场上，建于1891年，是萨拉热窝的重要标志。

萨拉热窝的老城区有格兹·胡色雷·贝格清真寺，该清真寺也被称为"贝格清真寺"，建于1531年，是波黑和巴尔

图4-50　巴特洛公寓（西班牙）

图4-51　神圣家族教堂（西班牙）

干半岛最大的清真寺，是波黑全国最重要的清真寺之一，同时也是奥斯曼建筑的杰出范例。

沿着老城区街道往前走不远就是萨拉热窝最古老的铜匠街（见图4-52），铜匠街始建于1489年。

图4-52　铜匠街（波斯尼亚－黑塞哥维那）

萨拉热窝因其复杂的历史故事，多少带有几分悲情色彩。1914年6月28日奥匈帝国皇储在此被塞尔维亚民族主义者刺杀，这个事件成为第一次世界大战的导火线。

萨拉热窝厚重的文化气息吸引着国际游客纷至沓来，大家纷纷来此感受这座城市沉淀的历史沧桑和风云世界。

8. 哥本哈根

哥本哈根是丹麦的首都，位于西兰岛东部，是丹麦的政治、经济、文化和交通中心。哥本哈根是北欧名城，也是世界上最漂亮的首都之一，被称为最具童话色彩的城市。哥本哈根因其丰富的艺术与文化在1996年被评为欧洲文化之都。老城区的古代城堡、尖顶的教堂、花岗石铺成的街道，更为哥本哈根增添了古朴典雅的色调。

图4-53 美人鱼铜像（丹麦）

丹麦是个充满梦幻色彩的地方，一直都是人们心中最美丽的童话王国。因为安徒生的《丑小鸭》《卖火柴的小女孩》《海的女儿》《皇帝的新衣》等这些脍炙人口的童话故事，丹麦被冠上了"童话王国"的美誉。丹麦雕塑家爱德华·艾瑞克森根据安徒生童话《海的女儿》铸塑了一座美人鱼铜像（见图4-53）。美人鱼铜像坐落在哥本哈根的长堤公园内，高约1.5米，基石直径约1.8米，已成为丹麦的象征。美人鱼铜像从1913年在长堤公园落成已有百年历史。此外，在哥本哈根的市政厅左侧还伫立着一座安徒生的全身铜像。

哥本哈根是一座集古典与现代于一体的城市，充满活力、激情与艺术气息，主要景点有吉菲昂喷泉（见图4-54）、克里斯蒂安斯博格宫、阿美琳堡宫、趣伏里公园等。

图4-54 吉菲昂喷泉（丹麦）

9. 德里

德里位于印度大平原上的恒河支流亚穆纳河西岸，分新旧两座城市，中间隔着一座德里门，并以著名的拉姆利拉广场为界，广场以南为新德里，广场以北为旧德里，新德里为印度的首都。在历史上，德里曾是许多王朝的都城。

德里的历史可追溯至3000年前的史诗《摩诃婆罗多》中所称的"因陀罗普罗斯塔城"。公元前100年左右，土邦王德里在此建立城堡，并以自己的名字命名。12世纪末，外来穆斯林征服了印度，开始在德里建都。17世纪中叶，莫卧儿王朝第五代皇帝沙·贾汗从阿格拉迁都到此。19世纪中期，英属印度的首都迁至加尔各答。1912年，德里再次被宣布为首都。随即德里城外的西南兴建了一座新城，于1931年完工，这就是新德里。独立后的印度定都新德里。

新旧德里相隔虽只有咫尺之遥，但两城的风格却迥然不同。旧德里充满浓厚的宗教气氛，庙宇众多，街道狭窄。新德里则是另一种风貌，街道宽阔，有着草坪和绿树、环形大道，环境宜人，住宅区和商业区的布局井然有序，极具现代化风貌。德里的主要景点有红堡、顾特卜塔（见图4-55）、胡马雍陵（见图4-56）、印度门、甘地纪念馆、起义者纪念馆、贾玛清真寺等。

图4-55　顾特卜塔（印度）

图4-56　胡马雍陵（印度）

10. 伊斯坦布尔

伊斯坦布尔（见图4-57）是一座有着2000多年历史的古城，原名君士坦丁堡，曾是东罗马帝国和奥斯曼帝国的首都。许多著名的历史遗迹至今还保存完好，有"历史宝库"之称。2000多年来，伊斯坦布尔总是与一些重要的政治、宗教和艺术事件联系在一起。它的杰作包括古代君士坦丁竞技场、6世纪的哈吉亚·索菲亚教堂和16世纪的苏莱曼清真寺。

建于15世纪的托普卡珀皇宫，曾作为奥斯曼帝国苏丹的皇宫长达400多年之久，土耳其共和国成立后改为历史博物馆，以收藏丰富的稀世珍宝、历史文物而闻名于世。宫中珍藏着的大量中国古瓷器和丝织品，证明了中国和土耳其两国人民源远流长的深厚友谊。

图4-57　伊斯坦布尔（土耳其）

伊斯坦布尔是土耳其最大的城市，是世界上唯一横跨欧亚两洲的名城，也是古代"丝绸之路"的终点。今天的伊斯坦布尔既是土耳其对外的交通枢纽，也是世界交通中的咽喉要道。这里海、陆、空交通四通八达，不仅联系中东各国，还可达东南亚、非洲、欧洲和美洲的各国。

11. 撒马尔罕

撒马尔罕（见图4-58）是古代"丝绸之路"上的重要城市，曾是帖木儿帝国的首都，至今已有2000多年的历史，享有"东方罗马"的美誉。几千年来，蒙古、突厥、波

图4-58 撒马尔罕（乌兹别克斯坦）

斯文化在这里融合交汇，留存下来的宫殿、清真寺、陵墓等雄伟壮阔、精致华丽，至今仍令人震惊。

撒马尔罕在古阿拉伯文献中被称为"东方璀璨的明珠"。作为"丝绸之路"上重要的枢纽城市，撒马尔罕融合了各种文化、传统和艺术，聚集了中世纪众多的能工巧匠，为世人展现出一座充满别样风情的城市。撒马尔罕连接着周边各国，正因为其地处十字路口，所以它的文化也是多样的。希腊的文化、波斯和印度的文化，以及我国唐朝的文化都曾渗透到撒马尔罕。往昔，这片土地上萦绕着声声驼铃，承载着古商队往来东西方的贸易足迹。横贯东西的地理位置令此地自古便成为兵家必争之地，遭受过烈火焚城，后又在帖木儿帝国时期得以涅槃重生并成为彼时商贾云集、富甲天下的名都。

撒马尔罕最标志性的建筑莫过雷吉斯坦广场（见图4-59）上三座高大壮观、气势宏伟的经学院，巨型的拱门、高耸的宣礼塔、深蓝的大穹顶、繁复细密的墙体花纹、极富想象力的造型与色彩，堪称中世纪中亚建筑的杰作。

宏大的雷吉斯坦广场由兀鲁伯经学院、希尔·多尔经学院和提拉·卡利经学院组成。此外，撒马尔罕还有古尔·艾米尔陵——帖木儿陵墓、比比·哈努姆清真寺、兀鲁伯天文台、沙希-津达陵墓群等。

图4-59 雷吉斯坦广场（乌兹别克斯坦）

如今，帖木儿帝国的鼎盛和辉煌早已消没于岁月的涤荡，撒马尔罕绝美的历史遗迹却仍诉说着前世的荣耀和璀璨。这些昔日辉煌的印迹，让撒马尔罕风姿绰约，吸引着世界各地的人们纷纷踏上感受古老中亚文明的旅程。

12. 开罗

古埃及是世界文明古国，地处欧洲、非洲和亚洲三大洲交界处，开罗是埃及的首都，是非洲第一大城，也是世界上最古老的伊斯兰城市之一。古往今来，已有无数游牧民族、商队、旅行者、军队从这里通过。东西方文化很早便在这里交汇、融合。开罗由于地处连接东西方的交通要道上，历来为兵家必争之地。开罗建城始于公元642年，公元969年阿拉伯帝国法蒂玛王朝征服埃及，将开罗定为国都，开罗在阿拉伯语中是"胜利"之意。13世纪后，开罗发展成为全国贸易和文化中心。

开罗是一座著名的文化古城，拥有众多的名胜古迹。这里有巍峨的萨拉丁城堡，建有宏伟的穆罕默德·阿里清真寺，寺院巨大的圆顶和高耸入云的尖塔是开罗的象征。市内的拉美西斯广场中心有古埃及第十九王朝法老拉美西斯二世的巨大全身雕像。尼罗河畔的埃及国家博物馆（见图4-60）以收藏古埃及文物而享誉全世界，馆内共有展品6万余件，其

图4-60　埃及国家博物馆（埃及）

中图坦卡蒙法老的黄金面具、黄金棺材、黄金宝座等尤为珍贵。馆内有埃及历代法老及其后妃们的木乃伊,有的已有3500多年的历史,至今保存完好。件件稀世珍品无不反映了古埃及文明的昌隆与繁盛。

在开罗城中,现代文明与古老传统并存,西部以现代化建筑为主,具有当代欧美建筑风格,东部则以古老的阿拉伯建筑为主。开罗市犹如一座阿拉伯建筑艺术博物馆,市内现有上百座各具特色的清真寺,还有众多高大的宣礼塔,开罗也因此被称为"千塔之城",其中最高的是开罗塔,高达187米。在开罗西南20千米的地方矗立着古代埃及文明的象征——吉萨金字塔和狮身人面像。狮身人面像已成为开罗的城市标志。

13. 卢克索

卢克索是埃及中南部城市,位于开罗以南的尼罗河畔,坐落在古埃及中王国和新王国的都城底比斯遗址上,古时称底比斯。底比斯兴建于中王国第十一王朝时期,至今已有4000多年的历史,到新王国第十八王朝,底比斯进入鼎盛时期,城市跨尼罗河中游两岸。据说当时的底比斯人口稠密、广厦万千,城门就有100座,《荷马史诗》把这里称为"百门之都"。如今的卢克索是世界上最大的露天博物馆之一,有着"宫殿之城"的美誉。尼罗河穿城而过,将卢克索一分为二,由于古埃及人认为人的生命同太阳一样,自东方升起,西方落下,因而在河的东岸是壮丽的神庙和充满活力的居民区,河的西岸则是法老、王后和贵族的陵墓。"生者之城"与"死者之城"隔河相望,形成两个世界永恒的循环。

卢克索是埃及名胜古迹集中的旅游胜地,名胜古迹主要有:凯尔奈克神庙(见图4-61)、卢克索神庙(见图4-62)、帝王谷、王后谷、哈采普苏特女王神庙等。

图4-61 凯尔奈克神庙(埃及)

图4-62 卢克索神庙(埃及)

14. 开普敦

开普敦始建于1652年，是欧裔白人在南非建立的第一座城市、南非第二大城市，也是南非立法首都。开普敦以其美丽的自然景观及码头而闻名于世，知名的地标有被誉为"上帝之餐桌"的桌山以及印度洋和大西洋的交汇点——好望角。开普敦集欧洲与非洲人文景观、自然景观特色于一身，因此被认为是世界上最美丽的都市之一，也是南非最受欢迎的观光都市。由于开普敦曾经被荷兰、英国等统治和殖民，这里的建筑都遗留着很浓厚的欧洲风格。开普敦面临大西洋，背靠桌山，这里既有殖民时代的古宅和欧洲古典风格的商业建筑，也有辽阔的荒野、怒放的野花、蔚蓝的天空和美丽的海滩。城市周边著名的景点有桌山、罗本岛、好望角（见图4-63）、海豹岛（见图4-64）等。

图4-63 好望角（南非）

图4-64 海豹岛（南非）

15. 悉尼

悉尼（见图4-65）是新南威尔州的首府，位于大洋洲东海岸太平洋之滨。悉尼是澳大利亚最大的城市。它是200多年前英国殖民者在大洋洲建立的第一个定居点，如今已发展成为大洋洲的第一大城市，也是全球最繁华的国际大都市之一。悉尼是国际旅游胜地，悉尼歌剧院和港湾大桥闻名遐迩。悉尼在澳大利亚国民经济中的地位举足轻重，大部分世界知名跨国企业在悉尼都设有分公司或办事机构。2000年，悉尼成功举办了第27届夏季奥运会。

图4-65 悉尼（澳大利亚）

悉尼拥有被誉为当今世界建筑艺术经典的悉尼歌剧院、悉尼塔和港湾大桥（见图4-66）。悉尼歌剧院是悉尼的标志，是全世界著名的现代化表演艺术中心。港湾大桥屹立在悉尼歌剧院的西面，是连接悉尼南北两岸的重要桥梁。悉尼塔是市区全景的最佳观赏点，它位于海德公园和维多利亚女王大厦之间，塔高304.8米。位于悉尼市中心的海德公园始建于1810年，已有200多年的历史，那里有大片洁净的草坪，百年以上的参天大树，是休闲的好去处。悉尼拥有本地的音乐与剧场团体，包括悉尼交响乐团、悉尼戏剧团及悉尼舞蹈团。

图4-66　悉尼歌剧院和港湾大桥（澳大利亚）

三、现代都城

巴西利亚

巴西利亚作为世界文化遗产于1987年被列入《世界遗产名录》。

巴西利亚位于戈亚斯州高原上，始建于1956年，1960年建成。作为首都，巴西利亚是巴西的行政中心。巴西历史上曾将两个城市作为首都，即萨尔瓦多和里约热内卢，它们都是沿海城市。由于历史的原因，巴西的城市和工业多集中于沿海地区，人口过于密集，建立巴西利亚的目的是更好地开发和管理巴西的内陆地区，带动经济的发展。1956年，巴西前总统库比契克决定在戈亚斯州高原上建立新首都，1960年4月21日，巴西人迎来了新首都的落成典礼。

巴西城市规划师卢西奥·科斯塔设计了新首都的城市规划方案。一些主要政府建筑物是由巴西建筑师奥斯卡·尼迈尔设计的。巴西景观设计师罗伯托·布雷·马克斯则将这座新城市点缀得多姿多彩。巴西利亚的设计非常有特色，从建筑布局上看整个城市就像一只飞翔的鸟。"鸟头"是由政府宫、国会、最高法院组成的三权广场。"鸟身"是政府各部门办公大楼、大教堂、公园、商业中心等建筑。"两翼"是平坦宽阔的立体公路，路两旁是居民区和商业网点。"鸟尾"主要是工业区和服务性行业区。

巴西利亚这座现代都市不见古迹遗址，也没有大都市的繁华，但却以充满现代理念的城市格局、构思新颖别致的建筑以及寓意丰富的艺术雕塑闻名于世。巴西利亚城市的设计和规划充分体现了人类的创新精神和丰富的想象力，堪称现代城市建设的典范。

思考与练习

1. 简述聚落文化在旅游文化中的作用和意义。
2. 简述聚落的形成和演变。
3. 试述我国古村落的文化内涵及其地域分布特征。
4. 试论皖南的西递村和宏村在旅游文化中的意义。
5. 举例说明江南水乡古镇的建筑风格和文化特征。
6. 试论世界著名城市的地域文化和建筑格局。

第五章 博物馆旅游文化

博物馆是一座城市、一个地区的文化符号，是历史文化记忆、征集、典藏、展示的场所，是文化特质的标志，是为公众提供知识、开展教育活动的文化教育机构。博物馆是重要的旅游资源，是旅游文化的重要载体。世界各地有各种不同主题的博物馆。博物馆是人们了解一个国家、一座城市、一段历史最好的地方。博物馆旅游这一方式不但能够提升旅游者的文化品位，也能够让旅游者开阔眼界和增长知识。博物馆不仅是宝贵的旅游文化资源，还是一个国家、一个城市、一个地区旅游特色的标志。

第一节 博物馆旅游文化概述

近年来，博物馆的旅游功能日益凸显。作为一个国家和地区的重要文化符号，博物馆正在逐渐成为国内外极具价值的旅游资源。博物馆旅游是以博物馆为载体的旅游活动方式。博物馆旅游是近几十年来国内外逐渐兴起的一种文化体验和旅游形式，推动了旅游活动的可持续发展。博物馆在历史、艺术、科技、教育等领域都具有很高的研究价值，随着旅游文化市场的快速发展，博物馆正成为深层次、高品位旅游产品和旅游文化发展的载体。多元化的博物馆类旅游产品，将会成为旅游文化的一个重要发展方向。

世界著名的博物馆有北京故宫博物院、巴黎卢浮宫、伦敦不列颠博物馆、圣彼得堡艾尔米塔什国家博物馆等。除此之外，许多国家还有体现自己特色的博物馆。这些博物馆作为旅游文化的重要载体，使得博物馆旅游在全球持续发展成为必然趋势。

秦始皇兵马俑博物馆（见图5-1）是在秦始皇兵马俑坑原址上建立起来的遗址类博物馆。秦始皇兵马俑坑是秦始皇陵的陪葬坑，坐西向东，分为一号坑、二号坑和三号坑，三坑呈品字形排列。兵马俑是仿秦宿卫军制作，与真人同大小，组成步、弩、车、骑4个兵种。陶武士俑形态各异，表情逼真，体现了秦代高超的雕塑技艺水平。秦始皇兵马俑被誉为"世界第八大奇迹"。这些陶俑形态各异，具有战马、战车和武器，既是现实主义的杰作，同时也具有极高的历史价值。令人惊奇的是，已经出土的1000多尊陶俑，

图5-1 秦始皇兵马俑博物馆（中国）

千人千面，神态各不相同。

英国伦敦的维多利亚和阿尔伯特博物馆（见图5-2）始建于1852年，是世界领先的装饰艺术和设计博物馆。该博物馆专门收藏艺术品、工艺品，包括家具、时装、纺织品、雕像、珠宝等，馆内收藏了几百万件藏品，汇集了人类5000多年来智慧的结晶。该博物馆拥有世界上最多的后古典主义雕像，收藏了许多文艺复兴时期的艺术品。该博物馆中的亚洲馆收集了包括中国、日本、韩国等国家的工艺品，其中陶瓷和金属制成的藏品闻名世界。

英国伦敦的自然历史博物馆（见图5-3）收藏了超过8千万件涵盖近亿年自然历史发展的动植物标本、化石和矿物标本等。20间展厅里包括古生物、矿物、植物、动物、生态和人类等6个方面的主题展览。很多藏品都具有划时代的科学价值和历史价值，如达尔文研究进化论时采集的标本等。

图5-2 维多利亚和阿尔伯特博物馆（英国）

图5-3 自然历史博物馆（英国）

英国国家美术馆（见图5-4）位于英国伦敦市中心特拉法加广场的正北方向。该美术馆又称伦敦国家美术馆，成立于1824年，是以收藏绘画作品而闻名的国家级美术馆，这里不仅藏有大名鼎鼎的达·芬奇的《岩间圣母》、梵高的《向日葵》，还收藏了许多其他知名大师的经典杰作。在英国国家美术馆迷宫似的展厅中，从达·芬奇、拉斐尔，到威尼斯画派、英国山水画派、法国写实派、前期印象派，应有尽有，游人可以欣赏到自13世纪以来欧洲的超过2300幅艺术画作，其中包括梵高、伦勃朗、米开朗琪罗、提香、莫奈、毕加索、马蒂斯和塞尚的作品。该美术馆有东南西北4个侧翼，馆内所有作品按照年代顺序展出。

图5-4 英国国家美术馆（英国）

意大利佛罗伦萨乌菲奇美术馆（见图5-5）始建于1560年，曾是美第奇家族办公的地方。该美术馆分三层，共有45个展厅，收藏着10万余件艺术珍品，是世界上规模最大、水平最高的艺术博物馆之一。展品大部分是13—18世纪意大利画派、佛兰德斯画派、德国及法国画派的绘画与雕刻作品。该美术馆以收藏欧洲文艺复兴时期和其他各画派代表人物（如达·芬奇、米开朗琪罗、拉斐尔、博蒂切利、丁托列托、伦勃朗、鲁本斯等人）的作品而闻名，并藏有古希腊、古罗马时期的雕塑作品，素有"文艺复兴艺术宝库"之称。藏品主要是油画、雕塑、陶瓷等，其中文艺复兴时期的艺术佳作有：博蒂切利的名画《维纳斯的诞生》和《春》、拉斐尔的《金丝雀圣母》、提香的《乌尔比诺的维纳斯》、米开朗琪罗的《神圣家族》等。意大利艺术精华荟萃于此，该美术馆拥有世界上最好的文艺复兴时期绘画收藏品。

图5-5　乌菲奇美术馆（意大利）

梵蒂冈博物馆（见图5-6）位于梵蒂冈城内，前身是教皇宫廷，主要用于收集、保存稀世文物和艺术珍品。梵蒂冈博物馆共有12个陈列馆和5条艺术长廊，汇集了古希腊、古罗马的遗物以及文艺复兴时期的艺术精华，大多是无价之宝，如米开朗琪罗创作的《创世纪》和《最后的审判》、拉斐尔的《雅典学院》等。除了里面的藏品，梵蒂冈博物馆本身的建筑风格也很值得称道。

梵高博物馆位于阿姆斯特丹，建于1973年，收藏了梵高黄金时期最珍贵的200幅画作，约为全部作品的四分之一，最知名是《向日葵》，另外还有《自画像》《群鸦乱飞的麦田》《吃马铃薯的人》等重要藏品。

图5-6　梵蒂冈博物馆（梵蒂冈）

梵高博物馆主楼分为四层，陈列着梵高和与他同时代的一些其他知名艺术家的代表作品，还详细介绍了梵高艺术生涯的几个阶段和他的绘画特点，这对于美术史研究者来说很有价值。该博物馆除展出200多幅绘画、素描作品以外，还展出梵高的几百封书信等。

阿布扎比卢浮宫博物馆（见图5-7）位于阿拉伯联合酋长国阿布扎比的萨迪亚特岛，占地约2.4万平方米，是萨迪亚特岛上第一个建成的博物馆。阿布扎比卢浮宫博物馆由法国建筑师让·努埃尔设计，整个建筑最显眼的是直径180米的圆形穹顶，仅以四根混凝土柱作为支撑，7000多吨钢材自由穿孔的编织材料覆盖着这座由55栋楼组成的建筑体。博物馆犹如一个传统的阿拉伯童话世界，游人可以在穹顶下的步道上漫步并俯瞰大海。巨大的穹顶由近8000个独特的金属星星构成，这些星星组成复杂的几何图形。当阳光透过穹顶照射下来时，穹顶下会呈现出富有动感的光之雨，令人联想起阿拉伯联合酋长国绿洲上婆娑重叠的棕榈树。整座博物馆就像是星辰与大海的融合，这个"阿拉伯世界的卢浮宫"向全世界的游客全方位地展示了世界各地文明和文化的异同。

图5-7　阿布扎比卢浮宫博物馆（阿拉伯联合酋长国）

希腊国家考古博物馆（见图5-8）始建于1866年，于1889年完工。该博物馆坐落于希腊雅典，设有大厅、陈列室等50多个房间，收藏着希腊各地出土的各个时期价值极高的文

图5-8　希腊国家考古博物馆（希腊）

物，年代从史前到晚古时期，这些文物全面集中地展示了古希腊文化。在博物馆入口处最显眼的位置收藏着阿伽门农黄金面具。展厅中还有一件1928年从希腊沿海打捞出来的稀世珍宝——巨型青铜马与小骑手（见图5-9），它是公元前140年的作品，由青铜浇铸而成。希腊国家考古博物馆是希腊最大的博物馆，也是希腊所有博物馆中馆藏最丰富的博物馆。

图5-9　青铜马与小骑手（希腊）

埃及国家博物馆位于埃及开罗市中心的解放广场。该馆收藏了古埃及从史前时期至古希腊、古罗马时期的雕像、绘画、金银器皿、珠宝、工艺品、棺木、石碑、纸草文书等文物。埃及国家博物馆为古朴的砖红色建筑，分为两层，展品按年代顺序分别陈列在几十间展室中。一楼展厅按照埃及古代历史发展顺序展出展品，包括从古国王时期到公元五、六世纪的罗马统治时期的珍贵文物，有盘腿书记坐像等多尊造型各异的坐像。此外，还展出有木雕和石雕等。二楼展厅是以专题陈列室的形式展出展品的，这里的图坦卡蒙法老陈列室有法老的黄金面具、黄金棺材、黄金宝座等。此外，图坦卡蒙法老陈列室中还有1000余件出土文物，木乃伊陈列室陈列着20余具埃及历代法老及其后妃们的木乃伊。

第二节　北京故宫博物院

北京故宫博物院（见图5-10）是在明清两代皇宫及其收藏品的基础上建立起来的综合性博物馆，也是我国最大的古代文化艺术博物馆。1987年，北京故宫作为文化遗产被联合国教科文组织世界遗产委员会列入《世界遗产名录》。

北京故宫博物院的建筑分为外朝和内廷两部分。外朝的中心为太和殿、中和殿和保和殿，统称三大殿，三大殿左右两翼辅以文华殿、武英殿两组建筑，外朝是古代皇帝上朝接受朝贺、接见群臣和举行大型典礼的地方。内廷的中心是乾清宫、交泰殿、坤宁宫，统称后三宫，是皇帝和皇后居住的正宫，其后为御花园。后三宫两侧排列着东西六宫，是皇帝进行日常活动和后妃皇子居住游玩及奉神的地方，俗称"三宫六院"。外朝建筑高大森严，显示着皇权的至高无上；内廷建筑则庭院错落。此外，内廷东侧有宁寿宫区，西侧有慈宁宫区。

今天的故宫博物院有院藏文物186万余件（套），其中包括青铜器、玉器、金银器、陶瓷器、牙竹木雕、丝织刺绣、文房四宝、绘画书法、家具等，代表了中国历史文

图5-10 故宫博物院（中国）

化艺术的最高水准，是中国最丰富的文化和艺术宝库。北京故宫博物院有常设的展览和每年举办的特展，还有不定期举办的各类特展。北京故宫博物院开辟的常设专馆有珍宝馆、钟表馆、书画馆、陶瓷馆、青铜器馆、雕塑馆、戏曲馆、武备馆、古建馆、家具馆等，下面我们主要介绍以下几个常设专馆。

1. 珍宝馆

珍宝馆位于宁寿宫区，设在皇极殿东西庑房、养性殿、乐寿堂、颐和轩，用于展示各种材质的明清手工艺品、礼制文物、陈设器物、佛教文物。北京故宫博物院收藏的清代宫廷珍宝大部分是紫禁城内掌管营造的机构——造办处奉旨制作的，还有一些则是逢年节庆典时地方官吏的朝贡品。这些珍宝大都用金、银、玉、翠、珍珠及各种宝石等名贵材质制成，其工艺代表了当时的最高水平。著名展品有点翠嵌珍珠宝石金龙凤冠、黄玉雕佛手式花插、金瓯永固杯、金嵌珍珠天球仪、金编钟、碧玉描金龙纹小编磬、青玉菊瓣盆水仙盆景、金累丝嵌松石坛城、金胎掐丝珐琅嵌画珐琅人物图葫芦式执壶等。

2. 钟表馆

钟表馆（见图5-11）设在奉先殿南群房。北京故宫博物院中珍藏各式钟表，钟表馆即从中精选部分展出。这里陈列着清代皇宫收藏的各式各样精美的钟表，琳琅满目，华丽多彩，是一座名副其实的钟表博物馆。18世纪，清代宫廷开始大量使用机械钟表。钟表馆中展出钟表大多制造于18世纪和19世纪，其中，不少是舶来品，来自英国、法国、瑞士等国，还有一部分是国产钟表。

图5-11　钟表馆（中国）

3. 书画馆

书画馆现设在文华殿（原设在武英殿）。北京故宫博物院收藏有丰富的中国古代书画，其中既有晋唐宋元的稀世孤本，也有明清各个画派名家的代表作品，可以清晰、系统地反映出中国古代书法与绘画艺术的发展情况。北京故宫博物院藏有绘画、壁画、版画、书法、尺牍、碑帖等各类书画作品。东晋顾恺之（传）《洛神赋图》卷：顾恺之代表作的宋代摹本，是同一主题摹本中的最佳版本。唐代韩滉《五牛图》卷：韩滉代表作，是迄今已知中国最早的纸本绘画作品。北宋张择端《清明上河图》卷：张择端唯一可信的传世真迹，是一幅记录我国北宋时期都城汴京（今河南开封）生活的巨幅画卷。

4. 陶瓷馆

陶瓷馆现设在武英殿（原设在文华殿），展出了北京故宫博物院珍藏的历代陶瓷精品。在这里游人不仅可以欣赏到明清御窑珍品、元代青花瓷器，还可以鉴赏宋代五大名窑作品，以及唐代越窑、邢窑瓷器以至汉魏青釉瓷器等。故宫博物院收藏陶瓷类文物约36万件、陶瓷类实物资料几千件，而且绝大部分属于原清宫旧藏。陶瓷馆展出按时代发展顺序，从红陶、灰陶、彩陶、黑陶、白陶到原始瓷、青釉、黑釉、白釉，以及五光十色的颜色釉瓷，色彩缤纷的釉下彩、釉上彩瓷器等。陶瓷馆展出的精品有唐三彩骑驼俑（见图5-12）、北宋定窑白釉孩儿枕（见图5-13）等。

图5-12　唐三彩骑驼俑（中国）

图5-13　北宋定窑白釉孩儿枕（中国）

5. 青铜器馆

青铜器馆设在承乾宫及永和宫。承乾宫是内廷东六宫之一，明永乐十八年（1420）建成，初名永宁宫，崇祯五年（1632）改为承乾宫。顺治十二年（1655）重修，基本保持明代初建时的格局。青铜器馆现藏历代铜器15000余件，其中仅先秦有铭文的青铜器就有近1600件，精品甚多。

6. 雕塑馆

雕塑馆设在慈宁宫内，慈宁宫始建于明嘉靖十五年（1536），清顺治十年（1653）、康熙二十八年（1689）、乾隆十六年（1751）均加以修葺，后成为皇太后居住的正宫。雕塑馆分为雕塑荟萃馆、汉唐陶俑馆、砖石画像馆、修德白石馆、佛教造像馆五部分，陈列面积约1375平方米，展品总数为425件。雕塑馆陈列的文物主要涵盖陶俑、画像砖石、佛像三大类。

7. 戏曲馆

戏曲馆设在畅音阁和阅是楼。帝后对戏曲的热衷，使得诸多剧种流派在宫中展示，因而得以在词曲编写、表演艺术等方面融汇、升华。故宫现存大量戏曲文物，演戏机构、戏装砌末、剧本、戏台、帝后赏戏景观等均在这里有展示。

北京故宫博物院依据史书和档案，按照曾经在此发生的明清历史，在部分古建筑内系统展示了明清时期的宫廷陈列。进行原状陈列的宫殿有太和殿、中和殿、保和殿、乾清宫、交泰殿、坤宁宫、咸若馆、寿康宫、养心殿、储秀宫、皇极殿等。

这些精美的文物藏品与历尽沧桑的古代建筑一起构成和谐统一的整体，蕴含着丰富的历史信息和文化内涵，向世人形象地展示着我国明清两代的宫廷文化。

第三节 卢浮宫

卢浮宫（见图5-14）曾是法国最大的王宫，位于巴黎市中心塞纳河岸。卢浮宫原是一座中世纪城堡，是1190—1204年法国国王腓力二世为存放档案和珍宝而建。15—18世纪经多次改建和扩建，历时300余年，形成一座呈U字形的宏伟辉煌的宫殿建筑群。1793年，卢浮宫正式向公众开放，此后又大规模扩建，直到1868年，卢浮宫的建筑才全部完成。经过近一个世纪的收集和积累，卢浮宫成为世界上规模最大和藏品最丰富的艺术博物馆之一，向人们展示着人类无比辉煌的艺术成就和无限伟大的创造精神。

图5-14　卢浮宫（法国）

卢浮宫的出入口在拿破仑广场，是一座玻璃金字塔。这座由美籍华裔建筑师贝聿铭设计的金字塔西侧底部的大门是卢浮宫的主要出入口，而东、南、北三面各立一座5米高的小金字塔，分别指示三条通往主要展馆的地下通道。卢浮宫里的展品，如油画、雕塑、陶瓷、出土文物等令人目不暇接，赞叹不已。

卢浮宫的展品一共有9大主题：卢浮宫的历史和中世纪的卢浮宫，古东方伊斯兰艺术，古埃及，古希腊、伊特鲁利亚和古罗马，雕塑，工艺品，绘画，版画和素描，以及非洲、亚洲、大洋洲和美洲艺术。

卢浮宫的历史和中世纪的卢浮宫：这个主题展品分属于两个展厅，展示了卢浮宫的建筑历史和演变过程。

古东方伊斯兰艺术：这一主题展品展示了公元前7000年的古代东方文明，包括美索不达米亚、地中海沿岸、伊朗、印度、中亚等伊斯兰国家或地区7—19世纪的作品。

图5-15　雕塑《米洛的维纳斯》（法国）

古埃及：这一主题展品展示了古埃及的艺术。展览分为两条路线：一条按照年代顺序，从远古文明的诞生到克娄巴特拉王朝时代；另一条按专题陈列，展示了埃及文明的各个侧面。

古希腊、伊特鲁利亚和古罗马：这一主题展品集中了古希腊、伊特鲁利亚和古罗马文明的作品。在博物馆一层陈列了从公元前3世纪到公元6世纪的大理石雕塑，包括著名的《米洛的维纳斯》（见图5-15）和米开朗琪罗的雕塑作品《垂死的奴隶》。二层则展示了雕塑、陶器、珠宝、青铜、银器和玻璃器皿。在二层古希腊、伊特鲁利亚和古罗马文物展厅入口处立着《胜利女神》雕像（见图5-16）。

雕塑：这部分展品包括从中世纪早期到19世纪中期的欧洲雕塑作品，其中以法国作品为主，同时还有意大利、西班牙和北欧各国的许多雕塑作品。

工艺品：这部分展品包括中世纪和文艺复兴时期的工艺品，17—18世纪的装饰艺术品，19世纪的工艺品、钻石、家具等，其中以拿破仑三世的套房和路易十五加冕时的王冠最为著名。

绘画：这部分展品包括18世纪中期到19世纪中期的欧洲绘画作品，主要是法国、意大利、西班牙和德国的绘画作品。在二层的绘画展厅陈列有达·芬奇著名的油画《蒙娜丽莎》（见图5-17）。

版画和素描：这里收藏的素描作品数量多达十万件以上，同时也有许多版画和铜版画。

图5-16　雕塑《胜利女神》（法国）

第五章 ◎ 博物馆旅游文化

图5-17　油画《蒙娜丽莎》（法国）

非洲、亚洲、大洋洲和美洲艺术：该馆已于2004年向公众开放。这里荟萃了近120件作品，堪称非洲、亚洲、大洋洲和美洲早期文化的结晶。

第四节　不列颠博物馆

不列颠博物馆（见图5-18）又名"大英博物馆"，位于英国伦敦，成立于1753年，1759年正式对公众开放，是世界上历史最悠久的综合性博物馆之一，也是世界上规模最大、最著名的博物馆之一。该博物馆拥有藏品700多万件，但由于空间的限制，目前还有大批藏品未能公开展出。

该博物馆的藏品最初来自于英国医生、博物学家、著名收藏家汉斯·斯隆爵士收藏的8万余件文物和标本。1823年，英王乔治四世向该博物馆捐赠了他父亲的大量藏书。开馆以后的两百多年间，该博物馆陆续收集到英国本国，以及埃及、巴比伦、希腊、罗马、印度、中国等古老国家的文物。

不列颠博物馆目前分为古代近东、货币和纪念章、古代埃及与苏丹、民族学、古代希腊和罗马、亚洲、史前及欧洲、版画和素描8个馆。其中以古代埃及与苏丹馆、亚洲馆、古代希腊和罗马馆的藏品最引人注目。

图5-18 不列颠博物馆（英国）

1. 古代埃及与苏丹馆

古代埃及与苏丹馆分为木乃伊和埃及建筑两个馆，这里展有大型的人兽石雕、庙宇建筑，为数众多的木乃伊、碑文壁画、镌石器皿及金银首饰等。其展品可追溯至5000多年以前，藏品数量达10万多件。埃及罗塞塔石碑是拿破仑远征埃及时获得的一批埃及文物中最珍贵的一个，高1.14米，宽0.72米，是一块制作于公元前196年的大理石石碑。埃及罗塞塔石碑原本是一块刻有埃及国王托勒密五世诏书的石碑；石碑上用希腊文字、古埃及文字和当时的通俗体文字刻了同样的内容。由于这块石碑刻有三种不同的语言文字，近代的考古学家有机会对照各语言文字版本的内容解读出已经失传千余年的埃及象形文的意义与结构，这块石碑成为研究古代埃及历史的重要资料。

2. 亚洲馆

亚洲馆内有来自中国、日本、印度及其他东南亚国家的文物十多万件。博物馆的中国展品有东晋顾恺之《女史箴图》的唐代摹本、唐代吐鲁番阿斯塔那出土物、敦煌经卷和绘画等。《女史箴图》是当今存世最早的中国绢画，是尚能见到的中国最早专业画家的作品之一，在中国美术史上具有里程碑的意义。具有代表性的收藏品还有中国早期的青铜礼器、精美的瓷器和一些古老的丝绸绘画。从标志性的明朝青花瓷到精致的手卷，从华丽的唐朝墓俑到现代艺术作品。这些展品展示了中国丰富的艺术和物质文化生活。

3. 古代希腊和罗马馆

古代希腊和罗马馆藏有古希腊著名雕塑家菲迪亚斯、伊克蒂诺等人的绝世之作。一楼的18号展厅作为帕特农神庙的专用展示场所，被称为帕特农雕塑长廊（见图5-19）。帕特农神庙雕塑通常被称作埃尔金大理石雕，包括古希腊帕特农神庙的部分雕刻和建筑残件，是不列颠博物馆最著名的馆藏品之一。

图5-19　帕特农神庙雕塑长廊（英国）

第五节　艾尔米塔什国家博物馆

俄罗斯的艾尔米塔什国家博物馆目前有5座建筑对公众开放，分别是：冬宫（见图5-20）、小艾尔米塔什、旧艾尔米塔什、艾尔米塔什剧院、新艾尔米塔什。这些建筑组成布局协调、气势雄伟的建筑群，是圣彼得堡的重要名胜之一。

图5-20　冬宫（俄罗斯）

艾尔米塔什国家博物馆的历史至少可以追溯至1764年，它曾是叶卡捷琳娜二世的私人官邸冬宫，外部雄伟壮观，内部装饰华丽，是18世纪中叶俄罗斯巴洛克建筑风格的杰出典范。1764年，叶卡捷琳娜二世从柏林购进伦勃朗、鲁本斯等人的250幅绘画作品存放在艾尔米塔什。随着收藏品的增多，1764—1789年先后建造了小艾尔米塔什和大艾尔米塔什。最初，只有极少数人能够随女皇出入、欣赏这些佳作，大概是出于这个原因，女皇为之取名艾尔米塔什，意为"隐居之所"，博物馆的名称也由此而来。

艾尔米塔什国家博物馆与伦敦的不列颠博物馆、巴黎的卢浮宫、纽约的大都会艺术博物馆一起，被称为"世界四大博物馆"。该馆藏品异常丰富，有各类文物270万件。其中，绘画约1.5万幅，雕塑约1.2万尊，版画和素描约62万幅，出土文物约60万件，实用艺术品约26万件，钱币和纪念章约100万枚。艾尔米塔什国家博物馆主要藏品有俄罗斯和各国稀有珍品，古希腊、古罗马雕塑，西欧中世纪至近代雕塑和绘画。其中，古罗马雕像《塔夫里卡的维纳斯》、达·芬奇的画作《贝诺亚圣母》、伦勃朗的画作《浪子回头》等最为著名。艾什米塔什国家博物馆还有金银器皿、服装、礼品、绘画、工艺品等专题陈列和沙皇时代的卧室、餐厅、休息室、会客室的原状陈列，其中彼得大帝陈列室最引人注目，成为游人旅游参观的圣地之一。

思考与练习

1. 博物馆旅游的趋势和意义是什么？
2. 简述北京故宫博物院珍宝馆、钟表馆、书画馆、陶瓷馆、青铜器馆、雕塑馆、戏曲馆的特点。北京故宫博物院与旅游文化的关系如何？
3. 试述卢浮宫主要展品的价值、意义及其对世界旅游文化的影响。
4. 简述不列颠博物馆与世界旅游文化的关系。
5. 简述艾尔米塔什国家博物馆主要展品的文化和艺术价值。

第六章　世界名校旅游文化

世界名校是无数学子向往的学习殿堂。世界名校旅游能让游人一睹校园的风采，体验学术氛围，是跨文化体验式学习的一种独特方式。旅游是载体，学习是本质，世界名校旅游是游人汲取知识、开拓国际视野和认识世界的方式之一。因此，世界名校旅游成为现代旅游的发展趋势。

第一节　世界名校旅游文化概述

世界名校大多数拥有悠久的历史，其发展与国家文化、社会发展息息相关。世界名校往往文化氛围浓厚，集文化、艺术、科技于一身，游人游览世界名校不仅可以感受人文风景，还能受到启迪，探索文化多样性。

世界名校主要有北京大学、清华大学、牛津大学、剑桥大学、哈佛大学、耶鲁大学等。这些大学都有各自独特的文化魅力。除上述这些大学之外，还有一些其他的世界名校或大学城也有着自己的特色。

博洛尼亚大学建立于11世纪，位于意大利，是公认的世界上历史最悠久的大学，与英国的牛津大学、法国的巴黎大学、西班牙的萨拉曼卡大学并称为欧洲四大文化中心。博洛尼亚大学采用了多校区体制，共分5个校区。作为一个经历了近千年历史演变的教育机构，博洛尼亚大学校园中保留了不同时期的许多建筑，尤其是文艺复兴时期的建筑。去意大利博洛尼亚大学寻访世界上最古老的大学，是许多人的旅游梦想。

委内瑞拉的加拉加斯大学城是由委内瑞拉建筑师卡洛斯·劳尔·维拉努埃瓦于1940—1960年设计建造的，是现代建筑学的杰出典范。加拉加斯大学城校园内大量的建筑物合成一个有机整体，是20世纪早期城市、建筑和艺术理念完美结合的突出典范。2000年，加拉加斯大学城作为文化遗产被世界遗产委员会列入《世界遗产名录》。

墨西哥国立自治大学是墨西哥的一所公立研究型大学，创建于1551年，是墨西哥和拉丁美洲地区历史最悠久、规模最大的综合性大学，也是世界上规模最大的高等学府之一。墨西哥国立自治大学的核心校区位于墨西哥首都墨西哥城，该校区集中了校舍、体育设施等，体现出独特的20世纪现代风格。墨西哥国立自治大学的核心校区具备突出的社会和文化价值，于2007年作为文化遗产被世界遗产委员会列入《世界遗产名录》。

芝加哥大学位于美国芝加哥市，创建于1891年。芝加哥大学的人类学、天文学、地球科学、经济学、地理学、历史学、语言学、物理学、数学、统计学、社会学、神学等学科在美国具有较强的学术实力，其中经济学、物理学、数学和社会学是芝加哥大学的特色学科。该校诞生了芝加哥经济学派等众多知名的学术团体，该校还创立了法律经济学。芝加哥大学的校园将传统的英式哥特式建筑与现代设计融为一体。

斯坦福大学创建于1891年，位于加利福尼亚州的斯坦福市，是美国的一所私立大学，被公认为世界上最杰出的大学之一。斯坦福大学占地面积约35平方千米，是美国面积第二大的大学，也是全世界大学中资金最为雄厚的大学之一。校内大多为黄砖红瓦的17世纪西班牙风格建筑，校园风光极为优美。

普林斯顿大学创建于1746年，是美国一所享誉世界的私立研究型大学，是美国大学协会的14个始创院校之一。普林斯顿大学校园有哥特式教学楼，尖顶拱门之下透出庄严肃静的学术氛围。校园内环境清幽，河流成群，绿树成荫，既有庄重古朴之感，又有清新文艺之风，景色十分优美。

第二节 北京大学

北京大学创办于1898年，初名为京师大学堂，是中国近现代第一所综合性大学，也是当时中国最高教育行政机关，于1912年改为现名。北京大学设有人文学部、理学部、社会科学学部、信息与工程学部、医学部、经济与管理学部等，共有62个直属院系。

北京大学校园又称燕园，与圆明园、颐和园毗邻，包括勺园、朗润园、镜春园、鸣鹤园、蔚秀园、畅春园、承泽园等，在明清两代是著名的皇家园林。由于这里自然地理条件优越，外有西山可借，内有泉水可引，早在金代就成为京郊著名的风景区，同时又是明清两代封建帝王的"赐园"。西校门（见图6-1）为北京大学的正门，是古典三开朱漆宫门建筑。西校门在燕京大学时期是燕园唯一的正门，

图6-1 北京大学西校门（中国）

当时门正中悬挂着由蔡元培先生手书的"燕京大学"四字匾额。1952年，北京大学迁入燕园以后，门正中换上了"北京大学"四字匾额。"北京大学"四字是毛泽东主席在1950年3月题写的，与红色的校门浑然一体。

北京大学历史悠久，有众多的古老建筑，校园既有北方园林的宏伟气度，又有江南山水园林的秀丽特色。这里不仅有亭台楼阁等古典建筑和假山怪石，而且山环水抱、湖泊相连、堤岛穿插，湖光塔影，风景宜人；校园内古树参天，绿树成荫。未名湖（见图6-2）是北京大学校园内的人工湖，中央有湖心岛，由桥与北岸相通。湖心岛的东端有一个石舫。湖南岸有钟亭、临湖轩、花神庙和埃德加·斯诺墓，湖东岸有博雅塔（见图6-3），博雅塔是北京大学的标志性景观之一。著名的"一塔湖图"指的就是未名湖和博雅塔构成的湖畔景色。博雅塔设计精良，坐落在未名湖东南隅山地上，是使用功能、艺术造型、环境协调三个方面高度统一的建筑杰作。它原是仿通州燃灯古塔、取辽代密檐砖塔样式建造的，其独具匠心的设计构思，乃校园建筑的神来之笔。巍峨的博雅塔和它周围的松柏以及波光荡漾的未名湖构成校园的一大景观。

图6-2　未名湖（中国）

北京大学图书馆（见图6-4）位于百周年纪念讲堂北侧，是燕园建筑精髓。该馆分为紧挨着的新旧两楼，现在分别称为东楼、西楼。北京大学图书馆是中国最早的现代新型图书馆之一，馆藏丰富。

北京大学赛克勒考古与艺术博物馆是全国高校中第一座现代化博物馆，于1993年5月27日正式开馆。北京大学生物标本馆的标本汇集了北京大学生物系（院）和清华大学

图6-3　博雅塔（中国）

图6-4　北京大学图书馆（中国）

生物系等的生物标本，形成了现在的展示和馆藏规模。北京大学地质博物馆是2009年地质学系百年系庆之际，由地质陈列馆正式更名而来，收藏的标本包括矿物、岩石、古生物化石等。

第三节 清华大学

清华大学的前身清华学堂始建于1911年，1912年更名为清华学校，1928年更名为国立清华大学。百年清华，名师荟萃。目前，清华大学共设21个学院、59个系，已成为一所具有理学、工学、文学、艺术学、历史学、哲学、经济学、管理学、法学、教育学、医学和交叉学科等12个学科门类的综合性、研究型、开放式大学。

清华大学主体所在地——清华园地处北京西北郊名胜风景园林区，明朝时为一私家花园，清康熙年间成为圆明园一部分，称熙春园，道光年间分为熙春园和近春园，咸丰年间改名为清华园。

清华大学的校园以南门主路（学堂路）为界分为东区、西区。西区为老校区，以美式的校园布局和众多西洋风格的砖石结构历史建筑为特色。东区则以20世纪50年代兴建的苏式主楼为主体，主要有建筑馆、明理楼、经管学院、逸夫技术科学楼等现代风格的建筑物。

现在在校园之中许多建筑都还保持着古色古香的特点，著名的近春园曾为咸丰皇帝的旧居，也是大文豪朱自清先生《荷塘月色》所指的地方；"水木清华"处有亭台楼阁、小桥流水，山林青翠，景色古朴典雅。

"水木清华"是清华园内最引人入胜的一处景色，位于工字厅北侧，常被与颐和园中的谐趣园相比，被称为清华园的"园中之园"。"水木清华"一带的景色设计别具匠心：四时变幻的山林，环拢着一泓秀水，山林之间掩映着两座玲珑典雅的古亭。"水木清华"的荷花池是清华园水系"两湖一河"（"水木清华"荷花池、近春园荷塘和万泉河）之一。因环境幽雅，"水木清华"常被清华学子选为读书学习和小憩之地。

二校门（见图6-5）位于清华路上，是清华园内最具代表性的建筑之一，被认为是清华大学的象征。二校门是一座古典优雅的青砖白柱三拱"牌坊"式建筑，门楣上书刻有清末大学士那桐的手迹"清华园"三个大字。二校门为清华最早的主校门，始建于1909年。1933年，校园扩建，园墙外移，有了新的大门（今日的西校门）。此后，这座最早的校门就被称为"二校门"。"文化大革命"中，二校门曾被摧毁，后恢复重建。站在清华路，北望二校门，可遥看清华大礼堂、日晷和清华学堂等景观。

古月堂是清华园古建庭院之一，建于清道光年间，与工字厅西院一巷之隔。这

图6-5　清华大学二校门（中国）

处独立的小庭院总建筑面积约670平方米，门前有两只白色石狮，最具特色的垂花门至今保存完好。古月堂初建时是园主的专用书房，院内宁静幽雅，梁启超、朱自清等都曾在此居住。

闻亭位于大礼堂西侧的一座土山上，是一座古式六角亭。闻亭原为一座钟亭，建校初即有之，为号令全校作息而设。亭内有大钟一口，径可四尺，钟声清脆。

近春园景点的核心景观是朱自清笔下的"荷塘月色"及其包围着的一座岛，岛上有高低起伏的山丘和树林掩映，岛西南侧有一古式长廊，此岛通过一座汉白玉拱桥与岸边相连。每到夏天，便有很多慕名而来的游客到此寻找《荷塘月色》中的胜景。游客们还可以在近春园东山上看到1982年为纪念朱自清先生在此写下的名篇《荷塘月色》而建的"荷塘月色亭"。

清华大学科学馆位于大礼堂西南，与清华学堂遥相对应，是清华早期建筑之一。科学馆始建于1917年4月，落成于1919年9月。清华大学图书馆由新馆和老馆两部分组成，总建筑面积已达78647平方米，实体馆藏总量已达578.61万册，古籍有22.24万册，数据库938个。

第四节 牛津大学

牛津市（见图6-6）地处查韦尔河和泰晤士河交汇处，地理位置优越，原本只是一座撒克逊人的重镇，建于9世纪。12世纪以前，英国没有一流的高等学府，学子一般都会到

图6-6 牛津市（英国）

法国求学。1167年,英国和法国之间的关系突然恶化,因此大批英国学生回到牛津。从此以后,越来越多的学者在牛津汇聚,至12世纪末,牛津大学已初具规模。

牛津大学是英语世界中最古老的大学,它在英国社会和高等教育系统中具有极其重要的地位,在世界范围内也有很大的影响。牛津大学一直是世界各地学子仰慕的高等学府,它站立在世界学术之巅,成为无数学子的追梦之地。牛津大学是当今世界最顶尖的高等学府之一,有"天才与首相的摇篮"之称,培养出了一代代堪称天之骄子的精英人物。

牛津大学各学院遍布牛津市,城市与大学融为一体。圆形屋顶、巍峨尖塔、别致角楼等建筑遍布全城。牛津大学的学院宛如一个个城堡,静谧幽深。如图6-7所示为牛津大学王后学院。

图6-7　牛津大学王后学院(英国)

牛津大学基督教堂学院(见图6-8)与英国政治渊源很深,曾在内战时作为查理一世的临时首都。这是一个名人辈出的学院,因为《爱丽丝漫游奇境》《哈利·波特》等作品,它更是尽人皆知。基督教堂学院正门的汤姆塔建于1681年,塔的上层由该学院的校友克里斯托弗·莱恩设计,塔内悬挂着一口重达7吨的大钟。该学院的建筑内部有优雅的拱顶和美丽的彩色玻璃窗,在光线的照射下光彩迷离,充满浓厚的宗教氛围和神秘感。

牛津大学莫德林学院(见图6-9)建于1458年,是牛津最美丽的学院之一。学院以塔楼、回廊、礼拜堂和花园而闻名。这所学院培养了诸如奥斯卡·王尔德、约翰·贝杰曼、谢默斯·希尼等文学巨匠。

图6-8　牛津大学基督教堂学院（英国）

图6-9　牛津大学莫德林学院（英国）

牛津大学培养了许多优秀的校友。例如，查尔斯·路德维希·道奇森是英国著名作家、数学家，以儿童文学作品《爱丽丝漫游奇境》闻名于世。塞缪尔·约翰逊是英国著名诗人、散文家。约翰·罗纳德·瑞尔·托尔金教授以创作经典史诗奇幻作品《哈比人历险记》《魔戒》《精灵宝钻》等而闻名于世。还有美国前任总统克林顿、哈雷彗星发现者哈雷、著名经济学家亚当·斯密、著名诗人雪莱等。

第六章◎世界名校旅游文化

第五节 剑桥大学

剑桥大学坐落在英国剑桥市，建于1209年，是一所拥有800多年历史的大学。这里英才荟萃，星光灿烂，相继走出了牛顿、拜伦、达尔文、罗素等成百上千位改变了世界的名人。

剑桥大学31个学院中最有名的是三一学院（见图6-10），这所学院拥有卓越的国际学术声誉。三一学院有多位诺贝尔奖得主，同时培养出众多著名校友，如培根、巴罗、牛顿、拜伦、丁尼生、怀特海、罗素、哈代、维特根斯坦等。三一学院孕育了无数的伟人，有"世界学院之父"的美称。三一学院是由英国国王亨利八世于1546年所建，其前身是1317年建立的国王学堂和1324年建立的迈克尔学院。今天学院依然保留着最古老的建筑，中世纪时期国王学堂所使用的学院钟楼，直到今天还在。

图6-10 剑桥大学三一学院（英国）

卡文迪什实验室是剑桥大学著名的物理实验室，1874年建成，因纪念伟大的物理学家、化学家、剑桥大学校友亨利·卡文迪什而命名为卡文迪什实验室。卡文迪什实验室对整个实验物理学的发展产生了极其重要的影响，众多著名科学家都曾在该实验室工作过。卡文迪什实验室甚至被誉为"诺贝尔物理学奖获得者的摇篮"，因为100多年来卡文迪什实验室培养出许多诺贝尔奖获得者。

剑桥大学的菲茨威廉博物馆（见图6-11）是一座典型的新古典主义风格建筑。博物馆的藏品从古埃及、古希腊、古罗马，到中世纪、文艺复兴的艺术品及西方现当代艺术品，应有尽有。

剑桥大学还有一个植物园（见图6-12），最初建于1762年，属于医学系的植物标本园。今天的植物园是由达尔文的老师，植物学家约翰·史蒂文·亨斯洛教授提议于1846年建成的，并对公众开放。

图6-11　剑桥大学菲茨威廉博物馆（英国）

图6-12　剑桥大学植物园（英国）

剑桥大学令人迷醉的风光里有宛如城堡的建筑、梦幻迷离的街道、绿茵茵的草坪、繁花似锦的公园、悠扬的钟声、绮丽的光影、旖旎的风情，它的古老、悠久、辉煌的气质让人感叹这里数百年来的书香氛围。

第六节　耶鲁大学

耶鲁大学坐落在美国康涅狄格州纽黑文市，是世界著名的私立研究型大学、美国第三古老的高等学府。耶鲁大学是美国大学协会的14所创始院校之一，也是著名的常春藤联盟成员。该校漂亮的哥特式建筑、乔治王朝式建筑与现代化的建筑交相辉映，整个校园弥漫着古典的浪漫氛围和现代的精英气息。

耶鲁大学于1701年创立，1717年迁至康涅狄格州的纽黑文。1718年，这所学校为感谢英国富商伊利胡·耶鲁对学校的捐赠，改名为耶鲁学院。彼时的耶鲁学院，仍以培养公理会神职人员为主，与现代大学还有差距。等到1886年，学院才正式以现代大学的模式办学，并于1887年更名为耶鲁大学。耶鲁大学作为美国最具影响力的私立大学之一，其本科生院与哈佛大学、普林斯顿大学齐名，历年来共同角逐美国大学本科生院校前三名。

耶鲁大学校园的上百座建筑物涵盖各个历史时期，设计风格多样，被誉为"美国最美丽的城市校园"。校园建筑以哥特式和乔治王朝式风格为主，多数建筑有百年以上的历史,耶鲁大学哈克尼斯塔楼是耶鲁大学纪念方庭的一座哥特式塔楼,是耶鲁大学的标志性建筑。而一些现代建筑也常被作为建筑史中的典范而闻名于世,其中的耶鲁大学美术馆以收藏意大利早期绘画、非洲雕塑和现代艺术品著称,耶鲁大学英国艺术中心是英国以外规模最大、最全面的英国艺术品收藏地点,收藏的绘画、雕塑、素描、版画、手稿反映了从伊丽莎白时期起英国的艺术和文化的发展。

古典建筑和少数现代风格的建筑交相辉映,把整个校园点缀得十分古典和秀丽。每逢秋季,校园林荫道上铺满了深黄、浅红、橘红色的落叶,阳光斜照在黄褐色方石建成的古色古香的建筑物上,整个校园显得分外秀美、浪漫。耶鲁大学自由的学术气息、深厚的文化氛围、庄严凝重的历史感吸引着来自世界各地的优秀学子。

思考与练习

1. 简述世界上最古老的大学的基本特征。
2. 世界上有哪些大学被列入《世界遗产名录》?简述这些大学的特征及其具有的旅游文化意义。
3. 简述北京大学的基本特征,其校园景观与旅游文化的关系。
4. 简述清华大学的基本特征。清华大学校园的著名建筑有哪些?如何理解这些建筑与旅游文化的关系?
5. 试述牛津大学的学术地位及其与校园旅游文化的意义。
6. 剑桥大学作为世界名校曾有哪些著名校友?
7. 简述耶鲁大学的建筑风格及其与旅游文化的意义。如何理解名校文化旅游?

第七章　旅游艺术文化

艺术是人类创造的宝贵的精神财富，它能够陶冶人的情操，净化人的心灵，鼓舞人的精神。旅游资源中包含大量的艺术形式，这些艺术形式既包括静态的绘画、雕塑艺术，也包括民歌、戏曲、器乐曲和歌舞等动态的演出。应该说旅游既是一种艺术欣赏活动，也是一个充满艺术性和审美乐趣的过程。本章对旅游艺术文化进行介绍，以中国的艺术形式为主，西方艺术形式为扩充，希望可以培养和提升读者的旅游艺术审美意识，更好地体会东西方旅游艺术文化的独特魅力。

第一节　绘画艺术

绘画艺术是一种在二维空间（即平面）内运用色彩、线条和块面等手段，创作个性化形象以反映现实图景、表达人的审美情感的艺术形式。从大的方面划分，绘画作品可分为中国画和西洋画。

一、中国画发展史概述

中国画简称"国画"，属于东方绘画体系，具有鲜明的中华民族特色。中国画的历史十分悠久，1921年在河南仰韶村发现的彩色陶器上的纹样和装饰，是迄今为止发现的我国祖先最早的绘画艺术，被称为"仰韶文化"，距今已有6000多年。春秋战国时期（前770—前221），我国绘画已经达到一定的艺术水平。中华人民共和国成立后，在湖南长沙楚墓中先后发现了两幅战国时期的帛画（我国古代以白色丝帛为材料的绘画）——《人物龙凤》和《人物御龙》，能体现当时绘画的艺术水平。

秦汉时期的绘画艺术包括宫殿壁画、墓室壁画、帛画、工艺品绘画、画像石及画像砖。陕西咸阳的秦代秦宫壁画是中国目前保存完整的最早的宫殿壁画。两汉时期的绘画以墓室壁画和帛画最具代表性，如形式多样、内容丰富的河南、河北、内蒙古的墓室壁画；汉代帛画以山东临沂金雀山和湖南长沙马王堆出土的最为精彩。汉代画像石和画像砖形象丰富，其中尤以山东、河南、四川三地的最具特色。汉代时，随着经济的繁荣，文化艺术也得到进一步发展，人物画首先发展起来；随着佛教的传入，印度佛教绘画也传入了中国。

三国、两晋及南北朝时期，印度佛教艺术在我国广泛传播，出现了大量宣传佛教教义的壁画，甘肃敦煌莫高窟、甘肃天水麦积山石窟等地的壁画显示了当时的绘画水平。

隋唐时期，我国文化艺术出现了全面繁荣的局面。唐代时，人物画进入了创作的高峰期，阎立本的《步辇图》、吴道子的《送子天王图》、张萱的《虢国夫人游春图》、周昉的《簪花仕女图》均为绝代佳作。而山水画、花鸟画也开始作为独立的画科发展起来，尤其是山水画，已形成了各种不同的风格和流派，例如，以李思训为代表的"青绿山水"、以王维为代表的"水墨山水"、以王洽为代表的"泼墨山水"。

到了五代，山水画以荆浩、关仝、董源、巨然为代表；花鸟画以黄筌和徐熙为代表。宋代更是山水画和花鸟画蓬勃发展的一个时期。宋代将绘画以"画学"之名纳入科举，形成了以典雅、精工为特色的院体画风。山水画十分强调师法造化，出现了号称"南宋四家"的李唐、夏圭、马远和刘松年。宋代文人画比较强调神似和意趣，以苏轼、米氏父子（米芾、米友仁）为代表。宋代最负盛名的画家是张择端，他创作了闻名中外的长卷风俗画——《清明上河图》。

元代时期，汉族士大夫难以施展政治抱负，便寄情于诗文书画。这一时期，山水画、花鸟画、人物画都相对兴盛，并且出现了众多著名的画家。元代绘画重视主观趣味和笔墨风格的表现，讲究诗、书、画三者的结合，成为继宋代以来中国绘画的又一发展高峰期。

明代初期，画坛主要以宋代院体画风和浙派为主。明代中期以后，苏州成为江南的经济和文化中心，浓郁的复古文化风尚促成了吴门画派的崛起，出现了成就卓著的以沈周、文徵明、唐寅、仇英为主的吴门四家。明代后期，山水画、花鸟画、人物画都有长足进步，产生了众多画风与画派。

清代的主要画派有"四王"（王时敏、王鉴、王翚和王原祁），以及"金陵八家"和"扬州八怪"。其中"扬州八怪"的创作对近代中国写意花鸟画的影响最大。

20世纪堪称中国画大师的人物首推齐白石、黄宾虹和潘天寿。他们的共同之处在于根植于传统而不忘创新，上承古代文人画，集文化修养与生命体验为一体，结合了自己的审美体验与时代精神，把中国绘画推向了现代。

二、中国画的分类

中国画种类较多，可以从不同的角度去进行分类。

按照创作思想及审美情趣（或功用），可将中国画分为文人画、宫廷绘画和民间绘画。

（1）文人画：中国画的主流。这种体现文人审美情趣的画风，主要着意体现抽象美，追求"神似"；其题材主要是一些优雅淡泊的云烟山景、枯木竹石、兰菊水仙，用墨清淡，画风自然。

（2）宫廷绘画：宫廷绘画又称院体画。这种画风代表了皇家显贵的审美趣味，主要体现"具象美"，追求"形似"，风格工致、典雅；其题材主要是珍禽异兽、牡丹红梅之类，大多形态纤丽、色彩浓艳。

（3）民间绘画：朴质无华，洋溢着浓烈的乡土气息和生活情趣。

按照表现对象（即创作题材），可将中国画分为山水画（居主体地位）、花鸟画、人物画等。

按照表现手法（笔法），可将中国画分为工笔画、写意画（居主体地位）和半工写画等。

按照绘画原料与基本技法，则可将中国画分为水墨画、设色画等。

三、旅游中的绘画艺术

在我国，旅游与绘画紧密相连，绘画已成为旅游的重要资源。绘画作品、绘画景观已成为旅游景观中最具魅力的内容之一。绘画作品、绘画景观主要有卷轴画、壁画、工艺绘画。

1. 卷轴画

卷轴画泛指用纸（主要是宣纸）或绢画成后，经装裱而成的中国画，是中国画最典型的款式，它既可以作为专项绘画展览向游客展示，也可以作为景点厅堂的重要饰品。

凡综合性的博物馆都以名人绘画作为镇馆之宝，如北京故宫博物院的书画馆展出了我国自唐代以来的书法绘画精品，其中唐代阎立本的《步辇图》，是流传下来最早的一幅反映我国各族人民统一团结意愿的重要画卷，该作品描绘了贞观十四年（640）吐蕃使者禄东赞迎文成公主入藏时唐太宗接见他的情景，表现出了唐太宗的威严、禄东赞的精干恭敬、礼官的肃穆、宫女的顾盼，画面气氛亲切融洽，画风明朗洗练，借通婚反映出中国各民族之间血肉相连的历史。其他如五代黄筌的《写生珍禽图》，宋代郭熙的《窠石平远图》、张择端的《清明上河图》，元代钱选的《山居图》、王冕的《墨梅图》等都是弥足珍贵的艺术品，这些作品以其历史价值、文物价值、艺术价值吸引着海内外游人。像中国美术馆、荣宝斋、杭州西泠印社等都有数千种甚至数万种卷轴画作品。

卷轴画还常见于我国古典园林室内厅堂的装饰，卷轴画决定着厅堂的品位，表现了厅堂主人的喜好和志趣，如山东曲阜孔府有大量的名贵字画，多为历代名家的手迹和书画珍品。

2. 壁画

壁画即在墙上所作的画。我国现存的古代壁画有寺观壁画、石窟壁画、墓室壁画等，这些大多已成为重要的文物保护单位和旅游景点。其中最著名的有敦煌壁画、永乐宫壁画、新疆克孜尔石窟壁画、西藏寺庙壁画、北京法海寺明代壁画和大量汉代墓室壁画等。

3. 工艺绘画

工艺绘画是一种实用性工艺美术，即利用特殊材料和特殊手法创作的绘画。中国的工艺绘画起源于新石器时代的彩陶纹饰，后来逐渐发展为独立的纯欣赏性的艺术。首先，工艺绘画注重利用材料的美。例如，清代安徽芜湖人汤鹏首创的铁画，即以铁打成线条，焊接成画，体现了铁条凝重浑朴、坚实刚劲，甚至铁锈的古朴苍劲之美，成为闻名的特殊绘画形式；再如蝴蝶画，呈现了蝴蝶本身五彩缤纷的美感效果。其次，工艺绘画注重特种技术之美。例如，火画体现了火烫木板所产生的焦色之美；漆画显示了油漆工艺技术之美；剪纸展现了剪刻技术之美等。最后，工艺绘画也具有地方特色和民族民间特色，体现了中国画的多种风姿和民族文化的丰富多彩，使旅游者的追求美的心理得到满足，并增长了旅游者的见识，开阔了眼界。

四、中西画艺术风格比较

1. 审美追求

在绘画的艺术追求上，中国画注重"神似"，讲究"妙在似与不似之间"（画人则画其神采，画山则取山之气势，画花、鸟、虫、鱼则画其生机），尚意，重表现与情感，重象征与共性，表现手法较传统。西洋画注重"形似"，讲究比例、结构的科学性，强调写实、具象（如画人物须毫发毕现，人体肌肤或柔嫩光洁或刚强健美），尚形，重再现与理性，重情趣与个性，表现手法新奇。

2. 绘画语言

(1) 造型手段：中国画以线条造型为主，以书法为基础（追求意境和用笔）。西洋画以块、面造型为主，以建筑为基础（追求空间感与立体感），着力表现物象的力量感、体积感和光影、透视效果。

(2) 用色：中国画用色较单纯，以墨色为主（如水墨画）。中国画的最高境界是"无色如有色""有色如无色"。西洋画用色复杂调和，注意光色变化（如油画在色彩、色调表现上具有很强的优势），欣赏油画就是欣赏色彩世界。"近看鬼打架，远看一幅画"，是西方油画运用色彩的妙处。

(3) 透视方法：中国画主要采用散点透视。如三远法，即高远、深远、平远，不拘泥定点描绘，游移写生，不受视域局限，能"以咫尺之幅，写千里之遥"（如《清明上河图》等绘画艺术作品)。西洋画主要采用焦点透视,即画家站在某一位置不动,描绘眼前所见的事物,油画的画框犹如窗框,观油画如凭窗赏景。

3. 构图或章法布局

中国画的画面比较空灵和单纯,计白当黑,融诗、书、画、印于一体。

西洋画的画面比较充实,在画面上全部绘图着色。

4. 绘画题材

中国画以自然山水、花鸟虫鱼、文人仕女较多,有绘画艺术发源于山水之说。

西洋画以宗教、神话、田园风光、静物画("厨房画")、裸体人物较多,有绘画艺术发源于女人之说。

五、精品赏析

1. 张择端的《清明上河图》

《清明上河图》代表了宋代风俗画发展的极高水平。张择端,字正道,东武(今山东诸城)人,是活跃于北宋后期的一位有独特造诣的画家,一度在宫廷画院任职,后来又在社会上卖画。除传世作品《清明上河图》外,还有据传为他所画的描绘端午节龙舟竞赛水上表演盛况的《金明池争标图》。

《清明上河图》,绢本,墨笔淡着色,长528.7厘米,宽24.8厘米,全卷以全景式构图及严谨精细的笔法,展现出北宋京城汴梁及汴河沿岸清明时节的风貌。画面分为三个段落,第一段画面描述了汴京郊区农村景象,树林、淡雾、茅舍、驮炭的毛驴车队,表现出中原地区早春的氛围,以及萌芽的柳林,交错的乡间小路,扫墓归来的人群,点出了"清明"。中段画面描述了汴河中往来穿梭的船只,吃力前行的纤夫,河上木制"虹桥"上熙攘拥挤的人群、车辆。最后一段画面描述了市区街道,街上车水马龙,男女老幼、三教九流摩肩接踵,街道两边酒楼店铺百肆杂陈,好一个"百家技艺向春售,千里农商喧日昼"的景象。

《清明上河图》善于选取和描绘一些戏剧性情节,如船只过桥时船夫的紧张劳动吸引着桥上和两岸看热闹的人们,以致造成桥面上的交通阻塞,骑马的人和乘轿的人争道,互不相让,赶驴的人慌忙躲闪,几乎把牲口赶到一侧的货摊之上。作者运用通俗写实的手法,艺术地再现了北宋城市社会生活的各个方面,它不仅是一幅杰出的绘画艺术作品,而且具有高度的历史文献价值。

2. 达·芬奇的《最后的晚餐》

达·芬奇出生于佛罗伦萨郊区的芬奇镇,后来到佛罗伦萨拜画家兼雕塑家安德烈亚·韦罗基奥为师。在这样一位名士的手下当学徒,达·芬奇学到了许多宝贵的东西。他通过画裸体或穿衣服的人体,来精细地掌握人体比例和结构;他还学到了画植物、动物的方法;他在透视法、光和色的运用方面,进行了严格的观察和训练。达·芬奇在建筑、绘画、机械设计和哲学方面取得了非凡成就,同时在飞行器、解剖、植物学等方面的非凡设想更是超前。

达·芬奇流传下来的最有名的作品,第一件是他画在米兰的圣母玛利亚感恩教堂的壁画《最后的晚餐》,该画已于1980年被列入《世界遗产名录》。由于这幅壁画没有被保护好,现在已经损坏了许多。画中耶稣和他的12个门徒在一起,他告诉门徒们:"我告诉你们,你们中间有一个人出卖了我。"12个门徒都很震惊,这是一个极富戏剧性的时刻。耶稣自己知道是谁出卖了他,当然真正出卖他的那个门徒犹大也心知肚明,但其他门徒不知道。于是,门徒们开始交头接耳,相互验证。在处理这个戏剧性事件上,达·芬奇显示了他非凡、高超的构图能力。他让耶稣居于画幅中央,两边是门徒。不过,达·芬奇不是让这些门徒像我们今天开会一样,正襟危坐在那里。达·芬奇让这些门徒以3人为一组,分成了4组群像:有的疑惑,有的吃惊,有的急于表白自己,有的则显得愤怒,只有犹大(耶稣右边第2个)不动声色,他既不做表白,也没有手势和询问,但整个面部处于较强的阴影中。而耶稣本人则显得平静而若有所思,仿佛他已经知道了自己的命运,这使他的中心地位显得更为突出。其他11个门徒的表情、神态,都与耶稣的平静形成了鲜明的对比。

显然,达·芬奇不仅是要画出《圣经》中动人的故事,而且是要追求一种前所未有的真实。他不仅把这些人物作为圣徒来画,更是将其画成有血有肉、有情感的人。每个人的姿态、神情都各不相同,构成了一幅既富动态,又秩序井然,既突出戏剧性瞬间,又无丝毫紊乱的画面。这正是文艺复兴时期新的美学。

据说,达·芬奇画这幅画时经常爬上脚手架,以挑剔的眼光打量自己已经画出的部分,很久才能画出一笔。整幅画可以说是达·芬奇经过不断沉思、不断寻求画面自身逻辑产生的结果。现在,即使随着岁月的流逝,画面已经大受损伤,但《最后的晚餐》仍是人类天才所创作的伟大奇迹之一。

同《最后的晚餐》同样出名的一幅达·芬奇的画作就是作为卢浮宫博物馆镇馆三宝之一的《蒙娜丽莎》(见图7-1)。这位佛罗伦萨的贵夫人一直以她那神秘的微笑吸引着人们的目光。她的微笑中包含着说不尽的韵味。当你注视她时,你会发现不是你在看她,而是她在看你,看所有

图7-1　卢浮宫展品《蒙娜丽莎》(法国)

在看她的人，这时她的目光既有女性的温柔，又有圣洁的冷静；既有宽容，又充满嘲讽；既诱惑你，又拒绝你。这种效果的产生是因为达·芬奇在刻画她的嘴角和眼角时采用了"渐隐法"，运用阴影创造了蒙娜丽莎那神秘的、高深莫测的微笑。这位贵夫人神秘的微笑每年都能吸引成千上万来自世界各地的"仰慕者"到法国卢浮宫一睹她的芳容。

第二节 雕塑艺术

一、雕塑的含义

雕塑是艺术家为反映现实生活和表达自己的审美感受、审美理想，利用可雕、可刻或可塑的物质材料（通常用大理石、花岗岩、石灰石、木料、黏土等）塑造出三维空间内的可视、可触的艺术形象的一种造型艺术。雕与塑是雕塑最基本的两种制作手段。雕，突出一个"减"字，就是把坚固的大块材料（如木、石、金属等）用刻、削、凿等方法将不需要的部分去除。法国著名雕刻大师罗丹说过："雕刻是怎样的呢？你拿起斧头来，把不要的东西统统砍去就是了。"然而塑，则强调一个"加"字，就是用堆积、揉捏等方式对可塑性材料（如黏土、蜡等）进行加工，形成所要的艺术形象。除了雕和塑外，还有铸造和集合等方法。

雕塑在三维空间的实体性，可使人直接感受形象处于空间中的具体性、可信性，随着欣赏者视角与距离的变换，美的感受（如立体感、质量感、力度感、动感等）也是不一样的，正是由于雕塑是实体的缘故，观赏者甚至可以通过触摸直接去感知作品或光滑或粗糙、或柔和或坚硬的质感，以及体面转折变化的韵律，进而产生强烈的感受。这既是雕塑艺术的特点，也是它的优点，这种特点是二维空间内的绘画艺术难以达到的。正因为如此，雕塑才被称为"最忠实于自然的、表现精神的方式"。

二、雕塑的形式

雕塑具有多种形式，一般可分为圆雕和浮雕两种。

1. 圆雕

圆雕是最常见的一种雕塑类型，是指那些不附着在任何背景上，独立存在，观众可以从作品的上下左右各个角度进行观赏，具有三维空间的雕塑。根据放置场合的不同，圆雕又可分为架上雕塑和室外雕塑两类。架上雕塑一般体积较小，用各种材料均可制作，其表现形式多种多样，常见的有头像、胸像、全身像、群像以及动物像等。说到杰出的全身像圆雕作品，我们很容易想到那尊精美绝伦的《米洛的维纳斯》，它体现着女性的完美形体，显示着人性之美。室外雕塑一般放置在宽广、开放的空间里，与建筑、风景等自然环境相互配合、协调，相映生辉。例如，在丹麦首都哥本哈根的长堤公园里，礁石上坐着的对爱坚定而执着的美人鱼铜像。又如，坐落在纽约市哈得孙河口自由岛上的美国的象征——自由女神像。女神头戴王冠，身穿长裙，右手高擎象征自由的火炬，左手紧握象征美国《独立宣言》的书板。此雕像高46米，连台座共高93米，成为世界各地的游客来到纽约都不会错过的一个旅游景点。

2. 浮雕

浮雕是介于雕塑和绘画之间的一种雕塑形式，它是缩小了对象的第三维（深度或厚度），在平面上形成隆起的形象。浮雕只能从一个方向欣赏，立体性差一些，却极富表现力。因为有背景的依托，所以可以表现一些错综复杂的场景，适合于表现有情节性的群众场面，常用在大型建筑物的重要部位。

根据浮雕表面凸起的高度，它通常又分为高浮雕和浅浮雕两种。一般来说，压缩后形体凹凸在圆雕二分之一以上的为高浮雕。例如，法国雕塑家吕德为巴黎的凯旋门制作的《马赛曲》和我们熟悉的天安门广场的人民英雄纪念碑都是高浮雕。浅浮雕趋于平面化表现，更接近于绘画，例如，希腊帕提农神庙那组沿建筑四周分布的浮雕《向雅典娜献新衣》就是浅浮雕。

三、我国雕塑史概述

我国雕塑的发展大致可分为孕育、发展、成熟、高潮、衰落和再发展几个阶段。原始时期和商周时期是我国雕塑的孕育时期；秦汉与南北朝时期是我国雕塑发展并渐趋成熟的时期，形成了我国雕塑史上的第一个创作高峰；唐宋时期则是我国雕塑的鼎盛时期；至元明清时期，我国雕塑逐渐走向衰落。中华人民共和国成立后，我国雕塑又迎来了再发展。

最早的雕塑并不是一个独立的艺术门类，而是附属于实用工艺，如陶器、玉器、青铜器等。在原始雕塑中，陶塑（即利用黏土的黏附性和可塑性，加工成形后经火烧制而成的塑作）最常见。它们造型丰富、纹饰多样，既是生活必需日用器皿，也是可以欣赏的艺术品。例如，我国新石器时代晚期遗址中出土了大量陶器。商代的青铜艺术品是我国工艺雕刻品中的珍品，青铜艺术始于夏，兴于商周，整体上凝重威严、雄健奇伟，在细部上则细致精美、华贵神秘。例如，湖南醴陵出土的青铜象尊，外形如一头大象，在象的全身雕饰有精细的装饰花纹，头部、鼻端雕饰有小动物。由此可见，青铜文化从一开始就注重写实和写意的结合，即实用和艺术的融合。随着人类文明的进步，雕塑艺术逐渐成为独立的艺术门类，秦汉时期，我国古代雕塑艺术大放光彩，尤其是陵墓雕塑，如秦始皇陵的兵马俑以及西汉霍去病陵前的大型石雕，无不反映出秦汉时我国雕塑艺术的繁荣。

南北朝时期，随着佛教在我国的广泛传布，洞窟造像艺术风靡一时，在敦煌、麦积山、云冈、龙门等地陆续兴建的石窟佛像雕塑，无论是形制之大，数量之多，还是造型之精美都使后人叹为观止。

图7-2 故宫博物院展品三彩骆驼（中国）

唐代雕塑艺术更加成熟，且呈现出三个方向，一是帝王陵墓前的大型石雕，陕西关中一带18个帝王陵墓前都有大量石雕，包括侍臣、鞍马、狮、虎、朱雀，有唐代露天石刻博物馆之称；二是以山为材造佛像，如我国古代最大佛像——四川乐山大佛；三是形象优美的陶俑，尤其是"唐三彩"俑（见图7-2），精致优美。

唐代以后，佛教造像仍在延续，石窟造像渐少，寺庙造像方兴未艾，其鲜明的时代风格从南北朝的骨相清瘦的悲苦形象发展为唐代体型丰满、面目安详的盛世形象。自宋以后宗教进一步世俗化，尤其是观音和罗汉像的造型，比例适度，容颜端丽俊秀，表情丰富，成为有淡淡宗教观念、浓浓世俗趣味的欣赏品。宋代雕塑的特点就是过分世俗化，以致严重地削弱了雕塑艺术所应有的纪念性、恒久性。但是任何事物都有它的两面性，作为雕塑艺术众多分支中的一种——民间工艺雕刻艺术，却由于世俗化而得以大力弘扬，如现代的泥、面、糖等彩塑，石、玉、牙、骨、竹等雕刻，以及金工、漆雕等技艺。

元明清是我国传统雕塑逐步衰落的时代。虽然宫廷、寺庙、道观、陵墓等由官府直接主持建造，雄厚的经济背景、发达的技术水平使此类雕塑具有规模大、用料精、制作细、数量众多的特点，但总体艺术水平不高，程式化、藻饰化痕迹明显，缺乏创造性和内在生命力，失去了汉唐雄浑壮阔的气魄。不过，这一时期的手工艺雕塑和建筑装饰性雕塑却大放异彩。民间小型雕塑在宋元就有蓬勃发展的势头。到了明清，更成为封建社会后期雕塑艺术中最有生命力、最有成就的部分。其中，具有代表性的作品都产生于民间，如江苏苏州、江苏无锡、天津的泥塑，福建德化的瓷塑，广东石湾的陶塑，福建、浙江、广东一带的木雕等。

进入20世纪以后，我国的雕塑艺术从本质上发生了变化。真正意义上的造型艺术家开始产生，而不再由工匠来完成创作。中华人民共和国成立以后，雕塑艺术得以蓬勃发展，出现了一批卓有成就的雕塑家，如滑田友、王朝闻、刘开渠等。在中西方文化交流中，西方雕塑观念和技巧对中国雕塑产生了巨大冲击，并很快占据了主流地位。我国现代雕塑以"为社会、为人生"作为主旨，出现了大量优秀的雕塑佳作，如由现代著名雕塑家滑田友创作的人民英雄纪念碑浮雕《五四运动》。

四、西方雕塑史概述

古埃及的雕塑艺术约始于公元前4000年,受古代神话和宗教信仰的支配,其雕塑艺术在创作中严格遵守"正面律"。古埃及人相信,活着是暂时的,死后人的灵魂却可以获得永恒。为了使灵魂在冥界也像在人世间一样,古埃及人制作与人酷似的雕像。这在客观上促进了古埃及雕刻艺术的发展。

古希腊雕塑主要取材于神话和体育竞技,所表现的形象多是美化了的人体。古希腊人认为人体的美不在于衣着或装饰品,而在于其自身的健美。因此,古希腊的运动员可以毫不介意地裸体参赛,比赛中的优胜者,往往是身体最健壮、形体最健美的人。雕塑家也喜欢表现运动中的各种姿态,如米隆的作品《掷铁饼者》,成功地表现了运动员弯腰转身用力掷出铁饼的瞬间。

古罗马雕塑成就的代表是肖像雕刻,比较注重对人物个性的刻画,2世纪下半叶,古罗马开始盛行"情绪肖像",情绪肖像加强了表情的生动性,着力表现了人物的内在感情和心理状态。除此以外,古罗马人还在建筑、广场、纪念柱等上面雕刻了许多圆雕和浮雕。

欧洲中世纪的雕塑主要是为基督教服务,雕塑艺术放弃了古希腊、古罗马时期惯用的写实主义与自然主义风格,因而技法显得生涩僵硬。雕塑的主角都是清一色的《圣经》中的人物,雕塑的目的不过是让不识字的人看懂《圣经》。文艺复兴时期西方的雕塑艺术人才辈出,主要集中在佛罗伦萨。首发雕刻之声的是多纳太罗,他是文艺复兴早期杰出的现实主义雕塑大师,善于从古典雕塑中汲取营养并突破传统,成为雕塑领域的革新者,代表作是《大卫》(第二件)、《加太梅拉塔骑马像》等。米开朗琪罗是文艺复兴时期伟大的雕塑家,他的出现标志着文艺复兴时期的雕塑艺术达到了最高峰,其代表作有《哀悼基督》《大卫》《摩西》《垂死的奴隶》,作品《大卫》即是他风格成熟并最为世人所熟知的标志性雕塑。雕像中的大卫被米开朗琪罗塑造成了一位处于备战状态的战士,他的头偏向左侧,眼睛怒视前方,左手扶着肩上的投石器,身上的每一块肌肉都饱满紧绷、充满力量。该作品的创作处于文艺复兴的鼎盛时期,人们开始重新从自我身上强烈地感受到人之所以为人的力量与尊严。《大卫》就是这一时代精神的体现。

18—19世纪,法国成为欧洲艺术发展的中心,涌现了大批伟大的雕塑家,创作了许多不朽的作品,杰出代表有乌敦、吕德、罗丹。乌敦善于刻画眼睛和瞳孔,作品有《莫里哀像》《卢梭像》《伏尔泰坐像》。吕德是一位浪漫主义雕塑家,作品有《与龟游戏的小孩》《马赛曲》。声誉最高、影响最大的是罗丹,代表作有《思想者》《吻》《巴尔扎克》。

20世纪世界雕塑艺术流派纷呈,归纳起来可分为两大派系:现实主义和现代主义(现代派)。现实主义雕塑从内容、形式到表现手法都有所改变,代表人物有苏联雕塑家穆希娜、夏达尔、武切季奇。现代主义雕塑的表现形式多种多样，有的是各类材料的不规则堆积，有的通过夸张变形表现自我，有的以几何体构成，但它们有一些共同的特点：反具象、反写实，否定内容对形式的决定作用，其代表人物是英国雕塑家亨利·摩尔。20世纪60年代后，抽象雕塑遍及欧美国家的广场、公园和十字街头。

五、中西雕塑文化比较

1. 审美追求

中国雕塑：追求神韵美（注重"神韵"，妙在"似与不似之间"）；突出共性（求同）；在重视美与善结合的同时更关注雕塑艺术的教化功能。

西方雕塑：追求自然模仿美（注重"形似"，对人体雕塑特别强调形体解剖学意义上的结构准确）；突出个性（求异）；在重视美与真结合的同时更关注雕塑艺术的认识作用。

2. 雕塑材料

中国雕塑：材料丰富多样，以泥土、木材、花岗岩居多。

西方雕塑：材料比较多样，以青铜、大理石等为主。

3. 雕塑技法

中国雕塑：重塑轻雕。

西方雕塑：重雕轻塑。

4. 题材样式

中国雕塑：权势、尊严、神圣的象征，多宗教（佛像为主）、英雄、名人雕塑，庄重意味浓。

西方雕塑：自由、爱情、战斗等抽象观念的体现，多人体雕塑（人体美），娱乐意味重。

5. 形体刻画

中国雕塑：人物塑像以直立式、端坐式为主，表情变化少（静态美）；强调人首而虚化人体。

西方雕塑：人物塑像以运动形式为主，表情丰富（动态美）；强调人体而虚化人首。

6. 艺术技巧

中国雕塑：一面（正面像为主）造型为主，讲究装饰性及色彩的运用（与泥塑等有关）。

西方雕塑：多面造型（如《掷铁饼者》），讲究绘画性及光的效用。

六、旅游中的雕塑

我国的雕塑从题材上可分为佛像雕塑、建筑雕塑、陵墓雕塑等。迄今遗留在地上、地下以及收藏在全国各地博物馆中的雕塑艺术宝藏极其丰富，其中被列入《世界遗产名录》的雕塑艺术品就有敦煌莫高窟、秦始皇兵马俑、乐山大佛、大足石刻、龙门石窟和云冈石窟。

1. 佛像雕塑

佛像雕塑主要有石窟造像、山陵造像、殿堂造像。全国现存的大型石窟群不下百余处。如甘肃敦煌莫高窟，全长1618米，至今留有487个石窟，保存有2000多尊千姿百态的塑像。这里仅取建于唐代的最具代表性而且保存也较为完整的45窟来简单介绍。

莫高窟45窟，采用盛唐流行的一铺九尊式。彩塑件件优美且与四周的壁画交相辉映，产生了明丽绚烂的视觉效果，其中的彩塑菩萨像，身体呈"S"形曲线，头、胸、胯三部分错落有致，体态丰腴婀娜，身姿优美动人；头梳高髻，弯眉细目，面孔圆润，臂膊丰润，披璎珞，下着彩裙，衣纹流畅，造像清新秀丽，气度娴雅，神情圣洁清纯，庄严中更有几分舒缓自在。雕塑家对塑像作了一定世俗化的处理，使菩萨看来亲切可人，从而缩短了神与人之间的距离。

除石窟造像外，还有利用整座山雕凿而成的巨大佛像。四川乐山大佛处于南岷江东岸、凌云山西壁，面临大江，依凌云山栖鸾峰断崖凿成，头与山齐，脚踏大江，通高71米，肩宽28米，头高14.7米，头宽10米，耳孔可并立二人，是世界上最大的石刻佛像，可谓"山是一尊佛，佛是一座山"。

寺庙佛像在我国到处皆是，尤其是四大佛教圣地都是不同菩萨的道场，有众多佛像，艺术价值极高。

2. 建筑雕塑

明清以后，园林建筑雕塑逐渐兴盛起来。窗门、隔扇、梁柱、斗拱的木雕，门前石狮，屋脊殿角的走兽，碑座桥梁，宝塔的石雕，门楼山墙的砖雕，都表现出极高的艺术水平。

3. 陵墓雕刻

在陵墓前雕刻是中国古代帝王和王公贵族盛行厚葬的表现，从秦汉以来一般都设有石碑、石阙、墓表、石人、石兽。现在比较典型且具艺术性的陵墓雕刻有：汉朝霍去病墓雕刻、南朝帝王墓雕刻、唐乾陵雕刻和《昭陵六骏》雕刻。《昭陵六骏》是唐太宗李世民为纪念自己骑过的六匹战马而命人制作的六块石屏式浮雕，它们分别是飒露紫、拳毛䯄、白蹄乌、特勤骠（一作特勒骠）、青骓和什伐赤。浮雕高约2.5米，宽3米，石板厚0.33米，作于公元636年。据说是由良匠根据宫廷画家阎立本所绘的图形制成。这六匹战马比真马略小，姿态各异，有的巍然屹立，有的款步徐行，有的腾空疾跃。雕像不仅出神入化地表现出它们各自不同的动态神情，还展示出它们共有的雄健骏朗的外形，以及坚强刚毅、勇往直前的气势。关于飒露紫，据《唐书》记载：公元621年，在攻打王世充的战役中，李世民带领小队人马前去探测敌军虚实，结果被发现，小队人马被冲散，飒露紫中箭。眼见情势紧急，丘行恭立即给李世民让马，并回身射退敌军，趁这个机会给飒露紫拔箭。作品中的飒露紫失去了战斗中的彪悍骁勇，后腿微曲，仿佛全身都因疼痛而发抖。人的专注和马的体态，营造出了一种紧张的气氛，十分传神。《昭陵六骏》是我国雕塑艺术的精品，可惜其中的飒露紫和拳毛䯄两块已于1914年流失海外，现藏于美国费城宾夕法尼亚大学博物馆。剩下的四骏也曾被盗，但被陕西人们拦截下来，现存于西安碑林博物馆，已被锯成几块，损坏严重。

七、西方雕塑精品赏析

卢浮宫的展品中还有两位著名的女性，就是《米洛的维纳斯》（见图7-3）和《胜利女神》（见图7-4）。

图7-3　卢浮宫展品《米洛的维纳斯》（法国）

图7-4　卢浮宫展品《胜利女神》（法国）

《米洛的维纳斯》也许是世界上最为人们所熟知的雕塑作品，自1820年在希腊的米洛岛被发现以来，它一直是文人墨客、达官显贵以至平民百姓心醉神往的目标。古希腊神话中的维纳斯，是主管爱与美的女神，在西方文化传统中享有极高的地位。而《米洛的维纳斯》这尊雕像在西方雕塑史上也享有同样至高无上的地位。这尊雕像中的维纳斯面部具有

希腊妇女的典型特征,直挺的鼻子、椭圆形的脸、修窄的额头和丰满的下巴。上半身丰腴饱满而不失秀美,下半身虽被衣裙遮住,但那舒卷自然的衣褶给雕像增添了几分变化和含蓄的美感。这尊雕像最成功的地方不在于它塑造了一个完美的女性躯体,而在于它展现出了人性美的巨大光辉。她的表情宁静、脱俗、落落大方,嘴角还有一丝似有若无的微笑,就是这一神奇的微笑让她与一般的裸体女性雕像区分开来。她带给观赏者的不再仅仅是人体美的欣赏价值,而更多的是人性美的礼赞。

《胜利女神》是为纪念古希腊的一次海战胜利而建的,作者已无从考证。这座雕像设计新颖巧妙,底座设计成一艘战舰的船头,胜利女神似从天而降,飞立船头,引导舰队,乘风破浪勇往直前。那前倾展翅欲飞之态,被海风吹拂的衣裙贴着身体,衣裙褶纹构成疏密有致、生动流畅的运动感,呈现出生命的跃动。尽管头部和肩膀已缺失,但无论从哪个角度都能感受到胜利女神勇往直前的英姿。人们在想象中弥补残缺,反而获得了完美的审美享受。

这些不朽的绘画和雕塑作品是人类文明开出的最灿烂的花朵,而陈列它们的"花房"——博物馆,也就理所当然地成为艺术爱好者和普通游客的向往之地。如被并称为"世博三雄"的卢浮宫博物馆、梵蒂冈博物馆以及艾尔米塔什国家博物馆,均因其珍贵和丰富的艺术藏品吸引了来自世界各地的游客。

第三节　戏曲歌舞艺术

我国的戏曲歌舞具有鲜明的地域特色和很强的艺术魅力,对游客有着无穷的吸引力,作为旅游中"娱"的主要内容,戏曲歌舞是一种宝贵的文化旅游资源。我们可以将其归入传统音乐的范畴。

一、流派纷呈的戏曲

戏曲是一种包含文学、音乐、舞蹈、美术、武术、杂技等各种因素的综合艺术,是长期以来劳动人民和戏剧创作者的伟大创造。它拥有丰富多彩的形式,被公认为是最具中华民族特色的文化之一。

大约在春秋战国时期,楚国优孟善于音乐和表演,由于他常在谈笑中规劝教育别人,"优孟衣冠"也就成为后世戏曲扮演的同义词。最初的戏曲为汉代"角抵戏",演员三三两两,头戴牛角相抵,模仿战争和决斗,这种形式在汉代十分受欢迎。汉代百戏(也叫散乐)是民间歌舞、杂技、武术、戏剧等杂耍娱乐节目的总称。戏曲形成约在封建社会后期,其发展过程经历了宋金元时期的南戏与北杂剧、明清传奇与杂剧、清代地方戏三个阶段。

宋杂剧是各种滑稽表演、歌舞、杂技的统称，演出者一般4~5人。据史籍记载，宋杂剧的戏剧名目已逾千种。元代杂剧是用元曲演唱的戏曲形式，由广泛吸收了多种词曲和技艺发展而成。许多文人都曾参与戏曲创作，有记载的元杂剧作家有120人左右，著名的有关汉卿、王实甫等；现存作品有150种左右，优秀作品有《窦娥冤》《西厢记》《赵氏孤儿》《李逵负荆》等，它们在戏曲史和文学史上都占有很高的地位，对后世的戏曲艺术和戏曲文学有深远的影响，其中不少剧目现今尚在演出。

明清戏曲高潮迭起。明清的传奇是以演唱南曲为主的一种戏曲形式。《牡丹亭》《桃花扇》《精忠谱》等均为著名作品，流传久远。清末民间地方戏纷纷崛起，花鼓戏、采茶戏、秧歌戏都是很有影响力的地方戏。

我国各民族各地区的戏曲剧种约有360多种，有以一种声腔为主的京剧、豫剧，有几种声腔结合的川剧，有由歌舞发展而来的黄梅戏，有由说唱演变而成的越剧等。比较流行的有京剧、昆曲、越剧、豫剧、粤剧、秦腔、川剧、评剧、晋剧、汉剧、闽剧、潮剧、河北梆子、湘剧、黄梅戏、湖南花鼓戏等50多个剧种。在2006年公布的《第一批国家级非物质文化遗产名录》中，"戏剧"这一项下就有92个剧种，由此可见我国戏曲剧种的丰富。流派纷呈的戏曲中尤以京剧流行最广，遍及全国，成为"国粹"。

1. 京剧

京剧形成于北京，在全国流行，有200多年的历史。清乾隆五十五年（1790）三庆班等徽班陆续进京演出，深受京师观众欢迎。徽班逐渐称雄剧坛，后与清嘉庆、道光年间来自湖北的汉调艺人合作，相互影响，吸收了昆曲、京腔、梆子腔等剧目、表演和音乐的精华，逐步形成了具有北京地方特色的艺术风格和表演体系。

京剧把歌唱、音乐、舞蹈、美术、文字、雕塑和武打技艺融汇在一起，是"逢动必舞，有声必歌"的综合艺术。它不像歌剧、舞剧、话剧，用歌、舞、话一个字就可以囊括。它是在两百多年的发展过程中吸取民间歌舞、说唱艺术和滑稽戏等艺术形式的优点形成的。一个京剧演员可以以他的四功五法，做到能说会唱、能歌善舞、能打会翻、能哭会笑，既是歌剧演员，又是话剧演员，既是舞蹈演员，又是武术能手，这样使观众在语言之外，在音乐、形体和美术方面也受到启发和感染。传统京剧剧目多达1300多个，常演的有400多个，尤以《群英会》《空城计》《将相和》《打渔杀家》流行较广。

2. 昆曲

昆曲（见图7-5）也叫"昆山腔""昆剧"，是戏曲剧种中最古老的一种，至今已有600多年历史的昆曲被称为"百戏之祖，百戏之师"。2001年5月18日，联合国教科文组织在巴黎宣布第一批《世界非物质文化遗产名录》（即《人类口头和非物质遗产代表作》），共有19个申报项目入选，其中就包括我国的昆曲。

第七章◎旅游艺术文化

图7-5 昆曲表演（中国）

　　昆曲起源于昆山（今属于江苏），最初仅是民间清曲小唱，到明嘉靖年间，戏剧家魏良辅对昆山腔进行改革，使唱腔委婉、细腻而动听。其弟子梁辰鱼谱写的第一部昆腔传奇《浣纱记》轰动一时，先是流传于浙江各地，后来更是名扬北京。大量文人雅士为昆曲撰制剧本，明代汤显祖的《牡丹亭》、清代洪昇的《长生殿》传唱至今。昆曲成了明代中叶至清代中叶影响最大的声腔剧种，兴盛达400年。因其气质高雅清秀，昆曲有"中国戏曲的幽兰"之称。昆曲唱腔华丽、念白儒雅、表演细腻、舞蹈飘逸，加上完美的舞台置景，可以说在戏曲表演的各个方面都达到了最高境界。正因如此，许多地方剧种，如晋剧、蒲剧、湘剧、川剧、赣剧、桂剧、越剧、闽剧等，都受到过昆曲艺术多方面的哺育和滋养。一名优秀的昆曲演员必须在唱、念、做、打（舞）这几个方面都做到得心应手，才能在舞台上创造出完美的人物形象。其他剧种的许多演员为提高自身技艺和艺术修养，都主动投身于对昆曲的学习中。享誉世界的京剧表演艺术大师梅兰芳先生就曾长期潜心修习昆曲，在他演出的许多剧目中都能发现昆曲的表现手法。

　　昆曲有南昆、北昆两大流派；但是在清代中叶，昆曲逐渐走向衰落。中华人民共和国成立后，国家对这一珍贵剧种进行了抢救、整理，昆曲又焕发出新的生命力。经常演出的传统昆曲剧目有《牡丹亭》《思凡》《跪池》《痴梦》等，以及经过整理加工的《十五贯》等。

183

二、说透人情的曲艺

曲艺是各种说唱艺术的总称，它是由民间口头文学和歌唱艺术经过长期发展演变形成的一种独特的艺术形式，以带有表演动作的说唱来叙述故事、塑造人物、表达思想感情、反映社会生活。

我国是曲艺大国，曲艺形式的多样性、流布地域的广泛性、种类的丰富性、流派的纷呈性都是其他国家曲艺难以比拟的。

我国曲艺发展的历史源远流长。早在古代，我国民间的说故事、讲笑话，宫廷中演出的民间艺术能手的弹唱歌舞、滑稽表演，都含有曲艺的艺术因素。到了唐代，讲说市人小说和向人们宣讲佛教故事的俗讲的出现，大曲和民间说唱的流行，使说话伎艺、歌唱伎艺兴盛起来，自此，曲艺作为一种独立的艺术形式开始形成。到了宋代，由于商品经济的发展，城市的繁荣，市民阶层的壮大，说唱表演有了专门的场所，也有了职业艺人，诸宫调、唱赚等演唱形式极其兴盛。元明清三代文人开始参与了曲艺写作，出现了"三言""二拍"这样的话本小说。中华人民共和国成立后我国曾做过粗略统计，全国有影响的曲种有300多个，有些曲种已十分成熟，影响巨大，如山东快书、相声、河南坠子、京韵大鼓、苏州弹词等。2006年公布的《第一批国家非物质文化遗产名录》中曲艺列有苏州评弹、扬州评话、山东大鼓、陕北说书、东北二人转等46种。这些形式中说往往多用散文，唱用方言，地方特色很强，因此为老百姓所喜闻乐见。

说书，一般指说唱故事的长篇曲艺，分单说和说唱结合。其中单说即只说不唱，评话、评书皆属此类，有"大书"之称。又说又唱的弹词称为"小书"。说书种类很多，有北京评书、天津评书、扬州评话、苏州评弹、南京评话、杭州评话、四川评书、陕北说书等，以扬州评话最为著名。

弹词，或一人，或二人，或三至五人，以"说噱弹唱"为主要艺术手段，比较著名的有苏州评弹、长沙弹词、扬州弹词、无锡评曲、南京白局等，以苏州评弹最为著名。弹词表演的内容大多为家庭伦理、儿女私情、冤案昭雪等故事，最著名的有《三笑》《珍珠塔》《玉蜻蜓》《描金凤》《白蛇传》等。弹唱是弹词表演的重要手段，曲调动听、音色悦耳、唱词雅致、音韵合辙，尤其是吴侬软语的苏州方言，因委婉细腻，纤柔悠缓，回肠荡气，一波三折，自然从容而又富有韵味。

道情，多为单口说唱，演唱者右手击渔鼓，左手打简板，以掌握节奏，内容可以固定唱词，也可以见景唱物，曲调活泼、简单、自由。道情源于唐代，以道教故事为题材，南宋时始用渔鼓、简板为伴奏乐器，故有"渔鼓"之称。近代各地流行的道情、渔鼓、竹琴等皆为同一曲种。

大鼓，清代形成于山东、河北农村，主要流行于我国北方各省及长江、珠江流域的部分地区；有京韵大鼓、西河大鼓、梅花大鼓、乐亭大鼓、京东大鼓、东北大鼓等数十个曲种。多为一人自击鼓板,另有数人用弦乐伴奏,大都为站唱;题材广泛,多为历史战争和男女爱情故事。其中最有名的是京韵大鼓,流传于东北、华北等地区,是清末木板大鼓传入北京后,经改革,吸取京剧发音吐字方法和民间曲调而创造的新腔。传统曲目来自《三国演义》《水浒传》《红楼梦》等文学作品。

三、雅俗共赏的民族器乐曲

中国古代的音乐史可以说就是一部器乐史。历史考证和迄今所发现的远古文物,都反映出我国乐器的产生可以追溯至新石器时代。在河南舞阳县贾湖新石器时代遗址出土的骨笛,在浙江河姆渡等多处新石器时代遗址出土的陶埙,在青海乐都县柳湾和山西省襄汾县陶寺新石器时代遗址出土的石磬,都证明我国的器乐距今已有大约7000年的历史。

到了夏商周三代,开始有了鼓、编磬、编钟,还有了最初的弹拨弦乐器:琴与瑟。到两周时,乐器已按制作材料的不同,分为金、石、土、革、丝、木、匏、竹八大类,即八音。

从战国秦汉到三国两晋南北朝,也就是封建社会的前期,笛已经被普遍采用,箫也出现,并且有了九个按孔的筚篥(管子)和唢呐,打击乐则有了铜锣、星(碰铃)和钹。随着器乐演奏和器乐曲创作的发展,也出现了新的音阶:宫、商、角、徵、羽、变宫、变徵,这已经跟现今的音阶很相近了。到封建社会中期,即隋唐和五代时期,燕乐兴起,声乐和器乐出现了许多名家,当时著名的琵琶演奏家有段善本、雷海青、康昆仑、曹纲等;这一时期又增添了新的弹拨乐器筝和吹管乐器笙,更为重要的是出现了拉弦乐器奚琴(也叫嵇琴)。

宋辽金元时期,市民音乐兴起,元杂剧的发展达到高峰,这时琵琶、三弦、笙、笛、锣、鼓、板已成为戏曲的伴奏乐器,与此同时,小乐器也得到发展(即两三件乐器的小合奏,经常是奚琴与箫管合奏);胡琴类乐器广泛流传,马尾胡琴、南胡、二胡、四胡、马头琴都被普遍采用;簧管风琴传入中国,乐器的种类和数量大大增加。

自明清时期到鸦片战争前夕,各种乐器的独奏与合奏得以长足发展,民间器乐合奏发展起来,如北方的"管乐"、西安的"鼓乐"、南方的"十番鼓",以及"八板""四合""弦索十三套",琵琶传谱和古琴打谱基本定型,同时少数民族的乐器合奏曲、独奏曲也得以发展。这时我国的民族乐器有二三百种,经常被使用的有70余种。

鸦片战争以来,日渐活跃的民族器乐合奏形式主要有河北的"吹歌",山东、山西的"鼓吹",华中的"八音",江浙一带的"吹打""丝竹"和"锣鼓"等,涌现了许多传统的器乐合奏曲目如《放驴》(河北吹歌),《百鸟朝凤》(山东鼓吹),《三六》《行街》(江南丝竹),《一封书》《满庭芳》(苏南吹打)。

在新文化运动中,我国各大城市都有民族器乐爱好者组成的各种社团。这些社团研究、学习和演出的内容很广,并改编传统乐曲,如琵琶古曲《夕阳箫鼓》被改编成著名的民乐合奏曲《春江花月夜》就是这方面一个很好的例子。

中华人民共和国成立后，抢救了一大批民族器乐艺术。为了继承和发展民族器乐，我国改革和完善了许多乐器的制作技术，改进了民族乐器的演奏技法，丰富了民族乐器的艺术表现力；扩大了音量和音域，使民族乐器也有了不同的声部层次；发展了各种器乐合奏的传统形式，并且将民族器乐向交响化的方向推进，取得了历史性的突破和进步。

现在最常见的民族乐器主要有锣鼓、古琴、二胡、唢呐、笛子、琵琶等。

在我国传统音乐中，锣鼓和吹打乐是与广大民众关系较为密切的音乐形式。其特点就是长于渲染，从古代的将士出征、仪仗威风，到老百姓的婚丧嫁娶等红白喜事，常常都需要借助于它们来烘托气氛。此外，在一些宗教仪式、戏曲音乐中，特别是农村逢年过节的群众性娱乐歌舞活动中，从南到北，台上台下，都有这类音乐的出现。

古琴亦称瑶琴、玉琴、七弦琴，是世界上最古老的弹拨乐器之一，至今已有3000多年历史。早在《诗经》中就有"窈窕淑女，琴瑟友之"的句子。古代文人修养讲究"琴棋书画"，为首的"琴"即是古琴。"士必操琴，琴必依士"，古琴音乐可以说是中国文人音乐文化的象征。古琴音乐具有深沉蕴藉、潇洒飘逸的风格特点和感人至深的艺术魅力，最擅长用"虚""远"来制造一种空灵的美感，追求含蓄的、内在的神韵和意境。著名的古琴曲有《广陵散》《高山流水》《平沙落雁》等。

古琴音乐所蕴含的音韵在琴曲的标记性、音乐的结构性等方面都是非常优雅的，可以说它集中体现了我国音乐体系的基本特征，尤其是构成了汉族音乐审美的核心。可以说古琴是我国非物质文化遗产的一个精髓，然而目前我国精通古琴艺术的人并不是很多，这种艺术已经衰落到濒临消失的地步。由于古琴所具有的深刻的艺术价值和所面临的濒危状况，2003年11月，具有千年历史的古琴艺术，继昆曲之后作为第二个中国文化门类被列入第二批《世界非物质文化遗产名录》。

四、民族风情浓郁的民歌

我国的民歌最早是劳动类的歌曲，像蒙古族的"猎歌"、景颇族的"杵歌"、川江上的"船夫号子"都属此类。另外，民歌中的大量山歌、牧歌、田歌等，虽然并不一定直接用于劳动，却从不同的侧面反映了人民的生活。流行于我国的民歌是一种很有特色的传统声乐形式，有汉族民歌和少数民族民歌两大类。

汉族民歌是劳动人民的口头创作，从音乐体裁上又可以分为号子、山歌和小调。号子是伴随集体性重体力劳动唱的民歌，旋律简单，节奏鲜明，洋溢着刚健雄浑的情韵。山歌产生于野外的劳动生活中，具有直抒胸臆、顺口成歌、曲调高亢、节奏自由等特点，有鲜明的地域色彩，如信天游。小调是在休息、娱乐、节庆等场合演唱的民歌，其形式较为规整，旋律性较强，比号子、山歌更加细腻含蓄，如云南的《绣荷包》、河北的《小白菜》、江苏的《紫竹调》等。我国56个民族都有自己的文化个性，大多数少数民族都能歌善舞，几乎每一个少数民族都有自己的洋溢着浓郁民族风情的民歌。2006年6月7日我国公布的《第一批国家级非物质文化遗产名录》中就收录了蒙古族长调民歌、河曲民歌、花儿、川江号子、侗族大歌等33种民歌形式。2005年11月25日，我国和蒙古国共同合作，将蒙古族长调民歌成功地申报入联合国教科文组织第三批《世界非物质文化遗产名录》。

蒙古族长调民歌作为一种古老的文化形式，早在蒙古族形成时期就已经存在。蒙古族长调民歌与草原和蒙古民族的游牧生活方式息息相关，是蒙古民族生产生活和精神性格的标志性展示。同时，它也是一种跨境分布的文化。我国的内蒙古自治区和蒙古国是蒙古族长调民歌最主要的文化分布区。

蒙古民歌分为长调和短调，其中长调字少腔长、高亢悠远、舒缓自由，宜于叙事，又长于抒情。长调民歌由马头琴伴奏更具草原文化的韵味。长调一般为上、下各两句歌词，演唱者根据生活积累和对自然的感悟来发挥，演唱的节律各不相同。长调歌词绝大多数内容是描写草原、骏马、骆驼、牛羊、蓝天、白云、江河、湖泊等。

作为一种人类非物质文化遗产，蒙古族长调民歌唯一的传人是蒙古族民间歌手。但现在内蒙古著名的长调演唱艺人、流派代表人物不是已经去世就是年事已高，一旦师承关系无法延续，独特的演唱方式和方法无法传承，必然危及长调民歌的保护和发展。

五、异彩纷呈的民族歌舞

我国是一个统一的多民族国家，各地皆有歌舞。民族歌舞产生并流行于民间，受民俗文化的制约，即兴表演风格相对稳定。不同地区，由于受生存环境、风俗环境、生活方式、民族性质、文化传统、宗教信仰等因素影响，具有鲜明的民族风格和地方特色。民间歌舞的表现形式丰富多彩，常与武术、杂技相结合，出现了很多技艺性极强的高难度动作，即所谓的"艺中有技，技中有艺"。我国56个民族各有各的舞蹈风格。如维吾尔族舞移颈动肩、眉目传情、热情稳重；傣族舞两手翻动、左右摆摇、轻盈柔美。民间舞蹈是专业舞蹈创作的基础，我国在世界上享有盛誉的《荷花舞》《孔雀舞》等，都是由民间舞加工改编而成的。同时我国的歌舞始终注重自娱性和群体性，如秧歌、花鼓、耍龙、舞狮等都是群体参与、自娱自乐的形式。在节庆日期，人们自发聚在一起自娱自乐，普天同庆的热闹场面极富感染力。

我国民间舞蹈就其内容来看主要有：

（1）表现劳动生活、习武生活的舞蹈，如插秧舞、舂米舞、采茶舞、织布舞、绣花舞、猎熊舞、盾牌舞、刀舞、剑舞等。

（2）表现丰收喜悦、节日愉快和青年爱情生活的舞蹈，如秧歌、刀郎舞、腰鼓舞、阿细跳月、踩堂舞、芦笙舞等。

（3）表现婚丧习俗、宗教祭祀和反映神话传说的舞蹈，如伴嫁舞、迎亲舞、跳丧、跳神舞、巫舞、傩舞、罗汉舞、刘海戏金蟾等。

（4）模拟自然景物和生物的舞蹈，如狮子舞、孔雀舞、荷花舞、鱼灯舞等。

图7-6 新疆维吾尔木卡姆艺术演奏（中国）

2005年11月25日，新疆维吾尔木卡姆艺术（见图7-6）成功入选第三批《世界非物质文化遗产名录》。"木卡姆"是一种维吾尔族古典音乐曲牌的音译名称，有"古典音乐"的含义，融音乐、文学、舞蹈和民俗表演为一体。它被誉为反映新疆维吾尔族人民生活的百科全书和活文物，在文化、历史、社会、哲学、审美等方面具有很高的科学价值。它像蒙古族的《江格尔》、藏族的《格萨尔》、柯尔克孜族的《玛纳斯》等英雄史诗一样，具有世界性的影响。

新疆维吾尔木卡姆艺术是集歌、舞、乐于一体的一种大型综合艺术形式，以"十二木卡姆"为代表，包括"刀郎木卡姆""吐鲁番木卡姆"和"哈密木卡姆"。除新疆外，木卡姆艺术还分布在中亚、南亚等19个国家和地区。作为东西方乐舞文化交流的结晶，新疆维吾尔木卡姆艺术记录和印证了不同人群乐舞文化之间相互传播、交融的历史，被誉为"华夏瑰宝""丝路明珠"。在所有的木卡姆音乐中，唯有我国新疆的木卡姆结构最庞大、流传时间最长、形态最丰富。长期以来，"十二木卡姆"师徒相传，口传心授，在新疆凡是有维吾尔族聚集的地方必有木卡姆艺术。

思考与练习

1. 简述旅游中的绘画艺术。
2. 试述达·芬奇的作品《最后的晚餐》及其在世界旅游文化中的意义。
3. 试述卢浮宫《蒙娜丽莎》《米洛的维纳斯》《胜利女神》在旅游文化中的影响力。
4. 举例说明东西方雕塑艺术的特点。
5. 试论我国《世界非物质文化遗产名录》中的昆曲的文化内涵及其旅游文化意义。
6. 简述《世界非物质文化遗产名录》中的古琴与其具有的旅游文化意义。

第八章 园林文化

园林，凝聚着人类对自然的向往和追求，蕴含着人类对自然的理解和诠释。园林独特的造园艺术不仅给人以美的享受，还将民族的文化、特色等融合其中，形成独具地方特色的一方天地。我国园林追求的天人合一，"虽由人作、宛若天开"的造园准则和西方追求的改造自然的原则，形成了我国自然山水式园林和西方几何规则式园林并行发展的格局。如果把西方园林比作一部明朗欢快的交响乐，我国古典园林就是一首委婉细腻的抒情诗，二者各有千秋，同为佳品。

在世界范围内，古代造园体系分为三大类。

1. 东方园林体系

东方园林体系源于我国，我国的造园理论与园艺技术不仅传播到邻近的日本和朝鲜半岛，还于18世纪传播到英国。东方园林以自省、含蓄、蕴藉、内秀、恬静、淡泊、循矩、守拙为美，重在情感上的感受和精神上的领悟。哲学上东方园林追求的是一种混沌、清静无为、天人合一和阴阳调和的境界，与自然之间保持着和谐、相互依存的融洽关系，是模拟自然、追寻自然的封闭式园林。

2. 西亚园林体系

西亚园林主要是指古巴比伦、古埃及、古波斯的园林，其主要特色是花园与教堂园。它们采取方直的规划、齐正的栽植和规则的水渠，园林风貌较为严整。

3. 欧洲园林体系

欧洲园林表现为开朗、活泼、规则、整齐、豪华、热烈、激情。其主导思想是以人为自然界的中心，必须按照人的头脑中的秩序、条理、模式来改造大自然，以中轴对称规则形式体现出超越自然的人类征服力量，人造的几何规则景观超越于自然。

在上述三种造园体系中，西亚园林的辉煌时间较短，对后世的影响较小，故存而不论；东方园林体系和欧洲园林体系对世界影响较大，以下将着重对东方园林体系和西方园林体系进行简要介绍和剖析。

世界上已知的列入《世界遗产名录》的园林包括：承德避暑山庄及周围寺庙、苏州古典园林、北京颐和园（中国）；皇家展览馆和卡尔顿园林（澳大利亚）；申布伦宫殿和园林（奥地利）；克罗梅日什花园和城堡（捷克）；凡尔赛宫及其园林、枫丹白露宫及其花园（法国）；帕多瓦植物园（意大利）；维尔茨堡宫、宫廷花园和宅邸广场，波兹坦与柏林的宫殿、庭院，德绍-沃利茨园林（德国）；斯塔德利皇家公园和喷泉修道院遗址、基尤皇家植物园（英国）（见图8-1）；拉合尔古堡和夏拉玛尔花园（巴基斯坦）；卡尔瓦利亚·泽布日多夫斯卡——别致建筑、园林景观和朝圣公园（波兰）等。

图8-1　基尤皇家植物园（英国）

第一节　我国园林发展史

园林是指在一定的地域和范围内，利用并改造天然山水地貌，或者人为地开辟、塑造山水地貌，结合植物的栽植和建筑的布置，形成优美的景观，构成一个供人们观赏、游憩、居住的环境。园林蕴含着人类对山林野趣的理解和诠释，对美好环境、美好生活的构筑和建造。

我国园林艺术具有悠久的历史，蕴含着中华民族的人文观与对美学理想的追求，以东方文化精神的独特性与辉煌的艺术成就为世界所瞩目，在世界园林艺术中颇负盛名。然而遗憾的是，我们永远无法直接看到明清以前任何一座具体完整的园林作品，它们似乎都被湮没在历史的尘埃里。但我们仍然能够从古代的神话、文学作品、绘画、笔记、方志、经史子集等传世作品中寻觅到它们的踪迹。"园林"作为中华民族古老历史文化的见证，其发展分为以下几个不同的阶段。

一、先秦时期

先秦时期是我国园林艺术形成的萌芽阶段。一般认为，我国古典园林与先秦的"台""苑""囿"等密切相关，它们是我国古典园林的雏形或先导。早在黄帝时代，我国已有园林的雏形。从各种史料记载中可以看出商朝的苑，多是借助自然景色，让自然环境中的草木鸟兽及猎取来的各种动物滋生繁育，加以人工挖池筑台，掘沼养鱼。苑的范围宽广，工程浩大，一般都是方圆几十里，或上百里，供奴隶主在其中游憩、举办礼仪活动等。到了西周，苑被称为"囿"。周文王建有灵囿，"文王之囿，方七十里"。最初的"囿"，就是把自然景色优美的地方圈起来，放养禽兽，供周天子狩猎，所以也叫游囿。天子、诸侯都有囿，只是范围和规格等级上有所差别，"天子百里，诸侯四十里"。

春秋战国时期，诸侯纷纷割据争雄，建宫设囿以图游乐享受的风气盛极一时，如魏国的温囿等。这时的苑囿中出现了土木、池水和高台等成组的风景，并且继续圈养各种猎兽，开始有目的地种植很多树木花草。此时的"园林"虽然还仅是一种简陋粗糙的原始状态，但对后世影响颇大。

二、秦汉时期

园林发展到秦汉时期，在造园风格和艺术表现手法上已有较大的进步，我国园林的基本模式逐渐形成。秦汉时期，园林演变为专供帝王理朝和生活游乐之地。宫殿建筑和园囿组合成一体，成为宫苑，此时所建宫苑数量超过300处。由于当时神仙思想弥漫，帝王多求长生不死，所以园林亦以天堂神仙境界为基本格调。秦始皇在咸阳建了"上林苑"，并在园中建起阿房宫。汉代在秦代的基础上把早期的游囿，发展成以园林为主的帝王苑囿行宫，除布置园景供皇帝游憩之外，还举行朝贺，处理朝政。汉代的"上林苑"、建章宫等，都是这一时期的著名苑囿。其中汉武帝的"上林苑"是在秦"上林苑"的基础上修复和扩建而成的，离宫别院数十所广布苑中，太液池运用山池结合手法，造蓬莱、方丈、瀛洲三岛，岛上建宫室亭台，植奇花异草，自然成趣。这种池中建岛、山石点缀的手法，被后人称为秦汉典范。综观秦汉皇家苑囿，物质与精神、君权与神权、山水与建设、珍禽与奇葩共处一体，可谓"珍物罗生，焕若仙境"。

在帝王大兴土木建筑园林的同时，王公贵族、富绅官僚等也兴起建造私家园林之风。如梁孝王刘武的梁园、茂陵富人袁广汉的私家园林等，大都以皇家苑囿为标准，只是规模略小。尽管此时的苑囿景色仍然比较粗放，但是人工雕琢的痕迹已明显增多。

三、魏晋南北朝时期

魏晋南北朝是我国园林史上一个重要的过渡阶段，以自然美为核心的美学思想直接影响到造园活动，由模拟自然山水发展到艺术地再现自然山水之美。园林功能基本转向游赏，追求景观美的视觉享受。

在魏晋南北朝的300年间，山水林泉成为造园的主题。由于战争频繁，社会动荡，人们产生了消极遁世的思想。文人儒士崇尚清谈，礼佛养性，高逸遁世，居城市而迷恋自然山林野趣，突破了皇家宫苑的藩篱，山居别业层出，官僚贵族园林更不在话下，并且大都扬弃了秦汉时期以宫室建筑为中心的构园法，转向以山水为主体的新园林。豪富们纷纷建造私家园林，把自然式风景山水缩写于自己的私家园林中。私家园林的兴起使园林艺术由写实发展到写意，受山水诗文、山水绘画意境的影响。这一时期的私家园林虽然规模较小但艺术造诣极高，叠山理水、种植、建筑的细致设计使园林表现出了源于自然又高于自然的意境。此外，宗教祭祀园林也在这一时期开始兴盛。当时许多佛教寺庙都是在住宅园林、宫苑园林的基础上改造而成的。当时南朝寺庙的盛况，可从一首唐诗中窥见一斑："千里莺啼绿映红，水村山郭酒旗风。南朝四百八十寺，多少楼台烟雨中。"

四、隋朝及唐宋时期

唐宋是造园艺术的成熟时期。这一时期的园林不仅数量多、规模大、类型多样，而且在造园艺术上达到了一个新的水平。皇家园林表现出恢宏的气势与光彩；私家园林力求达到园中有诗、园中有画的艺术境界；寺庙园林也获得长足的发展，具有明净、流动和静谧的气韵。

隋朝结束了魏晋南北朝后期的战乱状态，社会经济一度十分繁荣，造园之风大兴。隋炀帝亲自看天下山水图，求胜地造宫苑。迁都洛阳之后，征发大江以南、五岭以北的奇材异石，以及嘉木异草、珍禽奇兽，都运到洛阳去充实各园苑，一时间古都洛阳成了以园林著称的都城。在城市与乡村日益隔离的情况下，那些身居繁华都市的封建帝王和朝野达官贵人，为了玩赏大自然中的山水景色，便就近仿效自然山水建造园苑。唐代时期，唐太宗"励精图治，国运昌盛"，社会进入了盛唐时代，宫廷御苑设计也愈发精致，特别是由于石雕工艺已经娴熟，宫殿建筑雕栏玉砌，显得格外华丽。"东都苑""翠微宫"等，都旖旎空前。宋代是绘画艺术中山水画成熟与高度发展的时代，同时也是造园艺术中摹写山水高度发展的时代。皇家园林以宋徽宗所建"寿山艮岳"为代表，规模宏大，造型奇特，布局合理，叠石堆山技巧达到极高水平。此外，当时还有"宜春苑"等一些名园。此时的私家园林也相当兴盛。南宋都城临安修建宅第园池亦蔚然成风，大批文人、画家参与造园，他们具有独特的鉴赏能力，置石、叠水、理水和植木都十分考究，构景日趋工整精致，进一步加强了写意山水园的创作意境。

唐宋时期，佛教、道教、儒教迅速发展，寺观的建筑布局形式趋于统一，即为伽蓝七堂式。此时的寺观不仅仅是举行宗教活动的场所，还是民众交往、娱乐的活动中心。此时的文人也把对山水的认识引入寺观氛围，这种世俗化、文人化的浪潮促使寺庙园林的建设发生了飞跃。如苏州的玄妙观就发展成规模宏大的寺庙园林。

五、明清时期

明清时期是我国古典园林的全盛时期。皇家园林、私家园林和寺庙园林在这一时期达到了历史的巅峰。造园活动在数量、规模和类型方面都达到了空前的水平，造园艺术、技

术日趋完善，文人、画家积极投身于造园活动中，这一时期还出现了一些专业匠师。该时期不仅人才辈出，还出现了一些关于造园的理论著作。

皇家园林的创建以清代康熙、乾隆时期最为活跃。当时社会稳定、经济繁荣，给建造大规模写意自然园林提供了有利条件，这时的园林在选址、立意、借景、山水构架的塑造、建筑布局与技术、假山工艺、植物布置乃至园路的铺设上都达到了令人叹服的地步。著名的颐和园和避暑山庄是我国皇家园林的典范，是千百年来古典园林艺术集成式的历史结晶。被英法联军所毁的圆明园，更是扬名中外，被誉为"万园之园"，它不只继承和集中了中国古典园林艺术的精华，还大胆地吸收了西方园林和建筑的优点，是中外并容、东西融合而又和谐统一的辉煌艺术典范。

这一时期，私家造园之风也极为兴盛，出现了许多优秀的私家园林，其共同特点在于选址得当，以假山水池为构架，穿凿亭台楼阁。树木花草朴实自然，托物言志，小中见大，充满诗情画意。著名的南方私家园林有无锡的寄畅园，扬州的个园，苏州的拙政园、留园、网师园、环秀山庄、狮子林、沧浪亭、艺圃、耦园和同里的退思园等；北方私家园林则有萃锦园、勺园、半亩园等。

这一时期写意山水园林的发展达到空前的高度，造园艺术更加趋于成熟、完美。无论是帝王将相还是文人士大夫，都在园林中追求更真实的生命体验，寄寓更多的审美情怀。明清时期，寺庙园林建设达到高潮。清代皇帝极为重视与蒙古等国首领的友好关系，汉藏风格相结合的永安寺、承德的普陀宗乘之庙与须弥福寿之庙都是见证，其中普陀宗乘之庙是在汉族传统建筑的基础上融合藏族建筑特点建造的，它是汉藏建筑艺术交融的典范。同时，明末还产生了园林艺术创作的理论书籍《园冶》，该书系统地论述了空间处理、叠山理水、园林建筑设计、树木花卉合理配置等许多具体的艺术处理和制作技术。

到了清末，造园理论上的探索停滞不前，加之当时外来侵略、西方文化冲击、国民经济崩溃等原因，园林创作由全盛转向衰落。但我国园林的成就却达到了历史的巅峰，造园手法被西方国家所推崇和模仿，在西方掀起了一股中国园林热。我国园林成为全世界公认的世界艺术奇观。

第二节　园林的构景要素及其含义

一、园林的山和水

山水是园林的骨架和血液。如果没有山水，园林也就变成了城市中的建筑群，或者变成一座有房有舍的苗圃。在园林中，以山相隔，以水相连，山和水的巧妙安排，可以使景区隔而不散，联而有致，生动活泼。

（一）山

山是园林的筋骨。山的体量高大，可以将园林分割成不同的空间，构成不同特色的景区景点，并形成制高点，供游人登临鸟瞰全园景色。例如，颐和园的万寿山南坡呈现一片华美、欢跃的气氛；而北坡则富于幽静、宁静的意境美。如果不借助山，要想达到这种艺术效果是比较难的。

山的形象比较高大雄伟，容易引人注目。游人一进园林就想到登高远眺，舒襟坦怀，扩展视野，饱览全园和园外景色。回转山周，各面的景色尽收眼底，登石阶、戏耍在隧道深洞之中，可使游人感到趣味无穷。

园林中的山有真有假，所谓"真"是在园林建造之初，以真山实地的景色为依托围砌成园。如北京的香山公园、承德的避暑山庄、大连的老虎滩公园等，都是借助于真山建造园林。所谓"假"是指园林的山石靠人工堆砌而成，这种假山石是我国古代园林的独特创造，也是我国大多数园林的特色。它的出现，使中国园林从概念到形象都区别于任何外国园林体系。在假山叠石的艺术上，扬州的个园是一例典范，它以这方面高超的技艺而闻名中外，故有"扬州以名园胜，名园以叠山石胜"之说。

自古以来，筑山就是造园的主要因素之一。秦汉的上林苑，用太液池所挖土堆积成岛，象征东海神山，开创了人为造山的先例。东汉梁冀模仿伊洛二峡，在园中累土构石为山，从而开拓了从对神仙世界的向往转向对自然山水的模仿，标志着造园艺术以现实生活作为创作起点。魏晋南北朝的文人雅士们，采用概括、提炼的手法，所造山的真实尺寸大大缩小，力求体现自然山峦的形态和神韵。唐宋以后，由于山水诗、山水画的发展，以及玩赏艺术的发展，对叠山艺术更为讲究，最典型的例子便是爱石成癖的宋徽宗，他所筑的艮岳是历史上规模最大、结构最奇巧的以石为主的假山。明代造山艺术更为成熟和普及，明代计成在《园冶》的"掇山"一节中，列举了园山、厅山、楼山、阁山、书房山、池山、内室山、峭壁山、山石池、金鱼缸、峰、峦、岩、洞、涧、曲水、瀑布17种形式，总结了明代的造山技术。清代造山技术更为发展和普及，清代造园家创造了穿形洞壑的叠砌方法，用大小石钩带砌成拱形，酷似天然峭壑，比明代以条石封合收顶的叠法要合理高明得多。现存的苏州拙政园、常熟的燕园、上海的豫园，都是明清时代园林造山的佳作。

（二）水

水是园林的血脉。有山必有水，有水必有山，山水相映成趣。水以形、质、色、声给人们带来特有的美感。园林中只有有了水，才会显得多姿多彩，生动活泼，富有生机。水以它的形姿、动态、声响与光影为园林增添了无穷的魅力。

不论哪一种类型的园林，水都是最富有生机的因素，无水不活。园林中的水，有湖、池、沼、河、溪、涧、泉、瀑、潭等，一般分为动、静两种形态。如河流、溪涧、泉瀑都是动态的水，湖泊、池沼则是静态的水。动静相辅，体现了平淡、宁静、素朴的文人意趣。最常出现的水景是水池，往往与假山相配合，构成山水园的基本格局。通常园林水景以静态为主，以表现水平如镜或烟波浩渺的寂静深远境界为特点。人们或观赏山水景物在水中的倒影，或观赏水中怡然自得的游鱼，或观赏水中芙蕖睡莲，或观赏水中皎洁的明月。颐和园昆明湖的水面设计，是大面积静水设计的范例。园林中的水景也有以动水闻名天下的，如泉城济南的趵突泉、黑虎泉均以动态水为园林胜景。

有些园林的水景得幸于天然之水，如杭州的西湖、扬州的瘦西湖等。而许多的私家园林则须承前人"引水注入"之法，平地凿池，临水堆山，岸边植柳，架桥建屋，即理水。大凡造园都要理水，手法有高下，效果有优劣。古代园林理水之法，一般有以下三种。

（一）掩

以建筑和绿化，将曲折的池岸加以掩映。临水建筑，除了主要厅堂前的平台，为突出建筑的地位，不论亭、廊、阁、榭，皆前部架空挑出水上，水似自其下流出，用以打破岸边的视线局限；或临水布蒲苇岸、杂木迷离，造成池水无边的视觉印象。

（二）隔

或筑堤横断于水面，或架曲折的石板小桥，或涉水点以步石，正如计成在《园冶》中所说，"疏水若为无尽，断处通桥"，如此则可增加景深和空间层次，使水面有幽深之感。

（三）破

水面很小时，如曲溪绝涧、清泉小池，可用乱石为岸，怪石纵横、犬牙交错，并植配以细竹野藤、朱鱼翠藻，如此虽是一洼水池，也似有深邃山野风致之美感。

二、园林的花木

花木是园林的毛发，能增添生气，制造气氛，引起丰富的联想。园林对花木的选择标准：一讲姿美，树冠的形态、树枝的疏密曲直、树皮的质感、树叶的形状，都追求自然优美；二讲色美，树叶、树干、花都要求有各种自然的色彩美，如红色的枫叶，青翠的竹叶，白皮松，白色的玉兰，紫色的紫薇等；三讲味香，要求自然淡雅和清幽，最好四季常有绿，月月有花香，其中尤以蜡梅最为淡雅，兰花最为清幽。花木对园林山石景观起着衬托作用，往往也和园主追求的精神境界有关，如竹子象征人品清逸和气节高尚，松柏象征坚强和长寿，莲花象征洁净无瑕，兰花象征幽居隐士，玉兰、牡丹、桂花象征荣华富贵，石榴象征多子多孙，紫薇象征高官厚禄等。

我国古典园林在植物的配置上虽然姹紫嫣红，争妍斗艳，但仍以树木为主调。这是因为树木花草在造园中能构成优美的环境，渲染宜人的气氛，并起到衬托主景的作用。我国古典园林中花草树木的栽种并不成列，而是随意参差，不拘一格，并以三株五株为丛，给人葱郁之感，着重显示纯自然的天成之美，表现一种似自然的风景。

古树名木对创造园林氛围非常重要。古木繁花，可形成古朴幽深的意境。所以如果建筑物与古树名木矛盾时，宁可挪动建筑以保住大树。构建房屋容易，百年成树艰难。除花木外，草皮也十分重要，或平坦或起伏或曲折的草皮，也同样令人陶醉。

三、园林的建筑

建筑是园林的眼睛。园林属于休闲场所，建筑在我国古典园林中具有使用与观赏的双重功能，是园林的基本要素之一，常在山石、水景和花木的陪衬下成为园林的主景。园林建筑不像宫殿庙宇那般庄严肃穆，而是小体量分散布景。特别是私家庭院里的建筑，更是形式活泼，装饰性强，因地而置，因景而成。我国园林建筑最早可以追溯至商周时期苑、囿中的台榭。魏晋以后，自然景观成为主要观赏对象，建筑和自然环境相协调，体现了自然山水的诗情画意，使人在建筑中能更好地体会自然之美。我国园林建筑最基本的特点就是与自然景致融洽和谐。

建筑是园林的主要构成物质，有无建筑是区别园林和自然风景区的标志。园林建筑是宫苑和住宅的延伸，人们结合居住、读书、作画、抚琴、品茶、宴饮、游憩等需求，建造了各种园林建筑，处处体现了人与社会生活的关系，是人们生理需要和精神享受的双重选择。园林建筑具有满足人们生活活动需要、愉悦感官的价值。我国自然式园林的建筑形式多样，有堂、厅、楼、阁、馆、轩、斋、榭、舫、亭、廊、桥、墙，其中最具风采的是园林中的亭、廊、桥。

（一）亭

亭是一种开敞的小型建筑物。汉代许慎《说文解字》中曰："亭，停也，亦人所停集也。"主要供人休憩观景，可眺望，可观赏，可休息，可娱乐。在园林风景中，亭是天然的图画，富有生机的点睛之笔，以独特的建筑美点画出园林风景的神采。亭在造园艺术中的广泛应用，标志着园林建筑在空间上的突破。亭或立山巅，或枕清流，或临涧壑，或傍岩壁，或处平野，或藏幽林，在空间上独立自在，布局上灵活多变。在建筑艺术上，亭集中了我国古代建筑最富于民族形式的精华。按平面形状分，常见的有三角亭、方亭、六角亭、八角亭、圆亭、扇面亭、梅花亭、套方亭。按屋顶形式分，有单檐亭、重檐亭、攒尖亭、盖顶亭、歇山亭。按所处位置分，有桥亭、路亭、井亭、廊亭。凡有佳景处都可建亭，画龙点睛，为景色增添色彩和气质；即使无佳景，也可以从平淡之中见精神，使园林更富生气和活力。苏州的沧浪亭，拙政园中的松风亭、嘉实亭都是著名的亭。

（二）廊

廊是我国园林中独特的建筑物，一般都叫长廊，形曲而空长，随形而曲，依势而折，或蟠山腰，或穿水际，通花渡壑，蜿蜒伸展，与景物融为一体。长廊有直廊、曲廊、波形廊、复廊四种。颐和园的长廊是我国园林中最长的廊（全长728米），廊中建有留佳、寄澜、秋水、清遥四亭，分别象征春、夏、秋、冬四季。颐和园长廊以建筑精美、曲折多姿和丰富多彩的绘画装饰而称绝于世。廊又因建造的位置不同而有水廊与爬山廊之分。例如，苏州拙政园的廊驾于水面，叫水廊；北京北海公园"琼华岛"北坡的廊筑在起伏的山坡上，叫爬山廊。

（三）桥

桥在园林中不仅供交通运输之用，还有点饰环境和借景障景的作用。桥可以有效划分园林空间。园林中的桥，一般采用拱桥、平桥、廊桥、曲桥等类型，有石制、竹制、木制等，富有民族特色。园林中的桥不但有增添景色的作用，而且还可用来隔景，在视觉上产生扩大空间的作用，增加游客的游兴。特别是南方园林和岭南类型园林，由于多湖泊河川，桥也较多。

总之，优秀的园林作品，即使建筑物比较密集，也不会让人感觉到被围于建筑空间之内。虽然处处有建筑，却处处洋溢着大自然的盎然生机。这种和谐，在一定程度上反映了我国传统的"天人合一"哲学思想，体现了道家对大自然"为而不恃，主而不宰"的态度。

四、园林的题额与楹联

在我国的古典园林中存在着大量的题额（或题匾，或匾额）与楹联，它们既是诗文与造园艺术最直接结合以表现园林"诗情"的主要手段，也是文人参与造园创作和表现园林意境的主要手段。它们往往用最精湛的语言，将景观的美妙之处以题额或楹联的形式"点睛"出来，使得园林内的大多数景观"寓情于景"，随处皆可"即景生情"。

（一）题额

题额是指悬置于门楣之上的题字牌。题额以二字、三字、四字居多，也有字数更多的。其中以四字题额最有特色，不仅念起来朗朗上口，而且富有诗情画意，容易引起人们的联想和想象。题额可为游人点出景观的美学特点，如承德避暑山庄的"锤峰落照""西岭晨霞"可观朝晖夕影，"月色江声"可赏月色波粼；拙政园的"倒影楼"可看池中倒影；颐和园的"玉琴峡"及耦园的"听橹楼"，可听水声淙淙；承德避暑山庄的"曲水荷香"、狮子林的"双香仙馆"、沧浪亭的"闻妙香室"，可闻鲜花馨香。

园林中的题额主要被用作题刻园名、景名，陶情、写情、咏景或颂人写事，这些题额典雅含蓄，立意深邃，融辞、赋、诗、文、意境于一体，系诗情画意于一词。题额使景物获得灵魂和生气，人们得以涵咏其中，神游境外。如留园楠木厅悬挂的清代著名金石学家吴大澂篆书题额"五峰仙馆"，将人们的注意力投向厅南的湖石峰峦上，"庐山东南五老峰，青天削出金芙蓉"，主人仿效的正是李白的风流潇洒。

（二）楹联

楹联是指门两侧柱上的竖牌，往往与题额相配，或树立门旁，或悬挂在厅、堂、亭、榭的楹柱上。楹联是一种由两串等长、成文和互相对仗的汉字序列组成的独立文体。也就是说，上下联字数不限，但必须相等；联文是有意义的，或可以理解的；平仄要合律，对仗要工整。楹联是我国独有的文学形式，是中华民族传统的文化瑰宝。

楹联始于五代，盛于明清，迄今已有1000多年的历史。楹联最早为桃符，经历了三个发展高峰时期：北宋时期，宫廷楹联繁盛，官宦之家群起效仿，就连寻常百姓人家每当春节期间也都"总把新桃换旧符"。到明代，百姓家家贴对联，楹联文化得到了空前的普及。到清代，特别是康熙、雍正、乾隆三个帝王，都喜欢作对联，影响了整个朝野。楹联的使用，深入社会生活的各个方面，楹联和书法的有机结合，更使楹联的发展达到极盛。

五、构景手法

在人与自然的关系上，我国早在春秋战国时期就已进入和谐的阶段，所以在造园构景中也就运用了多种手段来表现自然，以求得渐入佳境、小中见大、步移景异的理想境界，取得自然、淡泊、恬静、含蓄的艺术效果。在微观处理中，通常有以下几种构景手法，当然也可将其作为观赏手段。

（一）抑景

抑景又称藏景，即把园林中的某些景点隐藏起来，不使游人一览无遗，然后再通过曲径转弯略展一角，撩人心弦，最后才豁然开朗。采取抑景的手法，可使园林显得有艺术魅力。抑景可用山、高大建筑或树木等来遮掩，如苏州园林的留园、怡园、拙政园的门口风景，都运用了这一手法。

（二）添景

当甲风景点在远方，无论是自然的山，还是人为的塔，如没有其他景点在中间或近处作过渡，就会显得虚空而没有层次；如果在中间或近处有乔木、花卉作过渡，景色就会显得有层次美；这中间的乔木或近处的花卉，便叫作添景。例如，当人们站在北京颐和园昆明湖南岸的垂柳下观赏万寿山远景时，万寿山因为有倒挂的柳丝就显得生动起来。

（三）夹景

当甲风景点在远方，无论是自然的山，还是人为的建筑（如塔、桥等），它们本身都很有审美价值，如果视线的两侧大而无当，就显得单调乏味；如果两侧用建筑物或树木花卉作为屏障，就能使甲风景点显得更有诗情画意，这种构景手法即为夹景。例如，在颐和园后山的苏州河中划船，远处的苏州桥主景，为两岸起伏的土山和美丽的林带所夹峙，构成了明媚动人的景色。

（四）对景

对景，即互相观赏、互相烘托的构景手法。对景的组合视实际情况而定，有时一个景点只有一处对景，有时则四面对景。对景手法的运用，可使园林的观赏内容更加丰富多彩。例如，在园林中，或登上亭、台、楼、阁、榭，可观赏堂、山、桥、树木等；或在堂、山、桥、树木等处，可观赏亭、台、楼、阁、榭等。

（五）框景

园林中建筑的门、窗、洞，或乔木树枝抱合而成的景框，往往会把远处的山水美景或人文景观包含其中，这便是框景。其作用主要有两点：（1）使景物别无旁涉，使散漫的景色得以集中、凝练；（2）优化审美对象，把自然美升华到艺术美，呈现一种"画中情"。

（六）漏景

漏景是由框景进一步发展而来的，即在园林的围墙上、走廊（单廊或复廊）一侧或两侧的墙上，设以漏窗，或雕以带有民族特色的各种几何图形，或雕以民间喜闻乐见的葡萄、石榴、老梅、修竹等植物，或雕以鹿、鹤、兔等动物，使游人透过漏窗的窗隙见到园外或院外的美景。

（七）借景

借景就是把园外的景物巧妙地组合到园内来，以充实园内的空间，丰富园内景色，使园内、园外景色融为一体，达到园外有园、景外有景的效果。例如，无锡寄畅园借惠山、锡山等景，颐和园借西山和玉泉宝塔。借景的作用主要有四个：（1）打破界限，扩大空间；（2）丰富景观层次，使景致回味不尽；（3）使景与周围的自然环境沟通和协调起来；（4）增添艺术情趣，使景富于诗情画意。

（八）分景

所谓分景就是以山水、植物、建筑等在某种程度上隔断视线或通道，造成园中有园，景中有景，岛中有岛的境界。分景依功能与景观效果的不同，可分为障景与隔景。障景是利用园林中屏障物以起到抑制视线、引导空间作用的构景手法。障景往往

用于园林入口处自成一景，是园林景观的序幕，增加园林空间层次，将园中佳景加以隐障，达到柳暗花明的艺术效果。隔景是用以分割园林空间或景区的景物，隔景的材料有各种形式的围墙、建筑、植物、假山、堤岛、水面等，隔景的方式有实隔、虚隔和虚实相隔等。

第三节　我国古典园林的分类

在我国园林的发展过程中，由于政治、经济、文化、背景、生活习俗和地理气候条件的不同，形成了众多各具特色的园林。从地域分布角度来看，我国古典园林大致可分为北方园林、江南园林、巴蜀园林、岭南园林四大类。北方园林主要分布在北京、山东、山西、河北、河南、陕西等地，其典型代表有北京的颐和园、北海公园，河北承德避暑山庄，山东济南大明湖，山西太原晋祠，陕西西安华清池，河南郑州少林寺、登封嵩阳书院等。江南园林主要分布在浙江、江苏、上海等地，古典园林中的上乘之作多集中于此，其典型代表有江苏苏州的沧浪亭、拙政园、狮子林、留园、网师园、环秀山庄、艺圃、耦园、退思园，江苏扬州的瘦西湖、个园、何园，江苏南京的瞻园，江苏无锡的寄畅园，上海的豫园，浙江绍兴的沈园等。巴蜀园林主要指四川一带的园林，具有代表性的有四川成都的武侯祠、望江楼，四川江油太白故里等。岭南园林主要分布在广东、广西、福建、海南等地，以广东园林为主流，代表园林有岭南四大名园——顺德清晖园、东莞可园、广州余荫山房、佛山梁园。

从居住者身份这一角度来看，我国古典园林可分为皇家园林、私家园林和宗教园林。其中皇家园林和私家园林是我国园林中成就最高、最典型的两大类。

一、气势恢宏的皇家园林

我国皇家园林主要分布在北京、河北、陕西、河南等地，其典型代表有：北京颐和园、北海公园，河北承德避暑山庄，陕西西安华清池等，其中北京颐和园和河北承德避暑山庄已被列入《世界遗产名录》。

我国皇家园林的规模非常宏大，大多采用真山真水布局，山林湖沼都可以成为造园的元素。承德避暑山庄在这方面是集大成者，承德避暑山庄虽然是一座园林，却最大限度地保持了大自然的原生环境，承德避暑山庄的湖区由上湖、下湖、澄湖、东湖、镜湖、如意湖6个风景各异的湖泊组成。草原区面积广大，北倚山，南临湖，东与武烈水相邻。山峦风景区位于西南面，占山庄总面积的五分之四，整个山峦风景区峰峦叠起，丛林满坡，满山遍野苍松翠柏。真山真水使得承德避暑山庄形成了迥异于其他类型园林的独特风格，体现了皇家园林的磅礴大气。

皇家园林往往功能齐全，集处理政务、受贺、看戏、居住、游园、祈祷以及观赏、狩猎等功能于一体，有的甚至还设"市肆"，以便买卖。例如，清朝著名的皇家园林颐和园在总体上可以分为三个景区：第一个景区是宫廷区，位于全园的东部，包括仁寿殿、玉澜堂、宜芸馆、乐寿堂以及各种服务性建筑，建筑高大雄伟，威严壮观，雍容华贵。第二个景区是前山前湖区，在万寿山的中央面南建有佛香阁建筑群，这些殿堂依山就势而建，最高处是供奉佛像的佛香阁。这一组建筑是颐和园全园的标志和风景中心。第三个景区是后山后湖区，在万寿山北麓，营造了一条苏州水城式买卖街。后山中央建有一组藏传佛寺须弥灵境建筑群，佛殿、日台、月台、喇嘛塔等沿着北山坡形成颇为壮观的佛教建筑群，显示了清王朝与西藏民族团结和睦的历史胜景。

我国传统园林受风水理论的影响很深，这在园林的选址方面表现得尤为突出。北京著名的香山静宜园、玉泉山静明园、万寿山颐和园、畅春园和圆明园等大型皇家园林，都是以风水思想作为选址依据的。

二、精巧玲珑的私家园林

私家园林又称"府宅园林"，是建在城市府邸宅院里的山水环境。我国的私家园林往往意境深远、构筑精致、艺术高雅、内涵丰富，堪称古典园林的集大成者。我国的私家园林主要分布在苏州、扬州、杭州、南京、上海、无锡、湖州以及常熟等地，如苏州的"四大名园"——沧浪亭、拙政园、狮子林和留园，扬州的瘦西湖、个园、何园，南京的瞻园，上海的豫园，无锡的寄畅园，绍兴的沈园等，其中以苏州、扬州的园林最具代表性。目前江南九大名园——拙政园、留园、网师园、环秀山庄、沧浪亭、狮子林、艺圃、耦园、退思园作为苏州古典园林的代表已被列入《世界遗产名录》。

由于造园者个人财力有限，私家园林规模往往比较小，却小得精致、小得灵秀。如网师园占地面积虽小，但全园主题突出，布局紧凑，清秀典雅，通过运用比例陪衬和对比手法，使人觉得空间虽小，但宽绰而不显局促，被誉为"小园极则"。

私家园林善于把握有限的空间，巧妙地组合成千变万化的园林景色，充分体现了我国的造园风格，广泛吸取了我国山水画的理论，通过精心营造达到较高的艺术水平，即使是墙角、路面也精心点缀，故精巧别致，幽深秀美。如狮子林既有亭、台、楼、阁、厅、堂、轩、廊等古建筑之美，更以假山叠石竭尽奇巧、洞壑深邃有致扬名于世，其假山的布置堪称一绝，素有"假山王国"的美誉。

私家园林造园者不追求帝王园林的威严壮观，只希望营造一种宁静、平和的意境，因而私家园林的主题十分突出。如环秀山庄是苏州历史悠久的一座名园，全园布局一反小园以水池为中心的布置手法，而以山为中心，辅以池水，虽面积不大，但因布局设计巧妙，湖山、池水、树木、建筑融为一体，咫尺之地，显出深山幽谷之意，被行家评为中国古典园林之冠。而拙政园整体布局以水池为中心，主要建筑物大多临水而建，池水交汇与转折之处以廊或桥相连，将人的视线引向远方，艺术地再现了江南水乡的天然之美，而且巧妙地布置花草树木，与山水建筑相得益彰，形成了一幅境界悠远、令人遐思的美丽画面。

在色彩方面，无论是无锡的寄畅园，还是苏州的拙政园，都是深灰色的屋顶，栗皮色或深棕色的门窗和立柱，白色的墙。这样的色调极易与自然界中的山、水、树等相调和，而且还能给人以幽雅、宁静的感觉。白粉墙，褐色的梁架，黑色的望砖，配上木材本色的家具，营造出一种清静无为、淡泊雅致的意境，创造出一种暗香盈袖、月色空庭的闲淡宁静，表现了这些文人士大夫携隐林下、远离尘嚣的精神追求。

第四节　我国古典园林的特征

我国古典园林是风景式园林的典型。人们在一定空间内，运用各种造园手法，通过精心设计，将山、水、植物、建筑等加以组合形成源于自然又高于自然的有机整体，将人工美和自然美巧妙地结合起来，从而达到"虽由人作，宛若天开"的境界。这种"师法自然"的造园艺术，以自然界的山水为蓝本，将人工形成的曲水假山，奇石幽径点缀其间，以此借景生情，托物言志。我国古典园林还将中华民族的文化气质表现了出来，如端庄、含蓄、幽静、雅致等。它能使人足不出户便可领略多种风情，于潜移默化之中受到大自然的陶冶和艺术的熏染。我国园林艺术还通过曲折隐晦的方式反映出人们企望摆脱封建礼教的束缚、憧憬返璞归真的意愿。明代大官僚王献臣在苏州修建拙政园即寓有"拙者为政"之意。

一、崇尚、追求自然

我国古典园林的根本特征是"自然"，这是古代中国人自觉追求的艺术目标和境界。我国古典园林是一种既摹绘自然又超越自然的园林艺术，其景观特征是将万木争荣、百鸟争鸣的大自然浓缩于一园，即将大自然的风景题材，通过概括与提炼，再现于园林之中，并在园林中创造出各种理想的意境，从而形成我国园林所独有的写意特征。我国园林呈现出来的是山环水抱、曲折幽深，既不要求轴线对称，也没有任何规则可循，花草树木任意自然生长，园林建筑也尽量顺应自然，参差错落，从而形成一种"虽处城市犹在山林"的意境和美感。

扬州瘦西湖（见图8-2）是典型的湖上园林景观，它在原有河流、山丘的基础上，充分利用自然风貌的特点，亭、廊、楼、阁依山而筑、傍水而建，桥廊相接，美不胜收。"两岸花柳全依水，一路楼台直到山"，形象地说明了瘦西湖自然风貌和人工山水巧妙结合的特征。

图8-2 扬州瘦西湖（中国）

我国古典园林在细部处理与装饰上，也努力追求自然之妙。连接不同景点景区的道路蜿蜒曲折，以达到曲径通幽的审美效果。小路多由卵石铺就，拼出各种花纹图案，掩映在绿树青瓦之间。建筑上的门窗种类繁多，如长方门、圆洞门、八角门、梅花门、花窗、漏窗、空窗等。门窗的边沿附有不同的线脚，窗上的花格条纹做工十分精细。如寄畅园贝叶形的门洞曲线优美，在阳光的照射下，在廊下投下贝叶的光影，透过门洞，绿草碧树、花坛石峰、通幽曲径等犹如一幅幅精致的图画，使景色富于变化而倍添情趣。

古人对自然的态度，直接连接到我国传统哲学美学思想的基本精神——"天人合一"。我国传统文化的儒家、道家和佛家都主张顺应自然，认为人与自然应是一种和谐统一的关系。特别是道家认为"自然为万物之本"。《道德经》里也讲"人法地，地法天，天法道，道法自然"。因此，我国园林从一开始就以和谐、亲近的态度对待自然，主张将概括提炼后的自然形象再现于园林中。在造园过程中，讲究对自然界的模仿和创造，力求再现自然界中各种事物的自然气韵。

二、讲究和谐、含蓄

我国古典园林是由文人、画家、造园匠师们创造出来的自然山水式园林，追求天然之趣是我国造园艺术的基本特征。在我国园林里，不规则的平面中自然的山水是景观构图的主体，为了便于观赏和营造文化品位，通过布设各类建筑，配以自由布置的植物、回环曲折的小径，达到一种自然环境与审美情趣水乳交融的境界，形成富有自然山水情调的园林艺术空间。我国园林中的建筑基本上是木框架结构的个体建筑，这种建筑的内、外墙可有可无、可隔可透，空间可虚可实，因此很容易与周围的山水建筑融合在一起，彼此协调、互相补充，构成一幅幅富有诗意的画面。

含蓄是我国传统文化中的一种艺术法则，表现为深远、含而不露、意在言外的艺术风格。我国的园林组景往往追求含蓄曲折，忌讳一览无余。为了实现园林的含蓄美，古代匠师以及参与园林设计的文人士大夫采用了很多建筑技艺与艺术手法。苏州留园就以对建筑空间的处理见长。全园的精华是中部的山水景区和东部的建筑庭院景区，进入留园大门口，是一个宽敞的前厅，从右侧进入窄长的通道，通向古木交柯，长达50余米。造园师巧妙地采用空间大小和光线明暗的对比变化，将这段原本沉闷的行程变得富于变化，减小了游人行走时的单调感和闭塞感。进入古木交柯，视线由暗而明，由窄而阔。透过花眼露窗，山水景观若隐若现，直到曲溪楼下的六角形园门时，才会产生豁然开朗的感觉，登上濠濮亭，美景尽入眼帘，柳暗花明、峰回路转的感觉便会涌上心头。

暗喻和象征也是中国古典园林表达含蓄的较为重要的手法，这在江南私家园林中表现得尤为突出。心忧天下、济世安邦历来都是中国士大夫、知识阶层的人生理想，当目标难以实现时，他们常常选择独善其身，不问世事，隐居山水之间。但是，这些士大夫虽然隐逸遁世，却没有彻底忘怀君国和天下，仍然坚持操守，待到时机成熟，则出山从政。这样的人生追求与思想历程在文人园林中不能明目张胆地出现，大多以含蓄的方式表达出来。柳宗元被贬为永州司马之后，修建了一座私园愚溪。园中景物命名都以"愚"字打头：溪水取名"愚溪"，山谷叫作"愚谷"，水池名为"愚池"，岛屿叫作"愚岛"，水泉叫作"愚泉"，以此表达改革失败后内心的苦闷，同时表达一心希望重回京师报效祖国的坚定决心。

三、融合诗情画意

我国园林的造景一方面是自然风景的提炼、概括、典型化，另一方面又参悟于绘画的理论和技法而以山水、花木和建筑进行三维空间的立体布局。如果说我国的山水画是自然风景的升华，那么园林则把升华了的自然山水风景又再现到现实生活中来。优秀的造园作品能够给人以置身画境、如游画中的感受。

"诗情画意"是我国园林的精髓，也是造园艺术所追求的最高境界。诗文与造园艺术最直接的结合莫过于"匾"和"联"了。这是我国园林的独特艺术形式，凡重要的建筑物上一般都有题额和楹联。它们以文字点出景观的精粹所在，作者的借景抒情往往会感染游人。拙政园内有两处赏荷花的地方，一处建筑物上的题额为"远香堂"，另一处为"留听阁"。前者得之于周敦颐咏莲的"香远益清"，后者出自李商隐"留得残荷听雨声"的诗句。一样的景物，由于题额的不同给人不一样的感受。颐和园内临湖的"夕佳楼"，"夕佳"二字的题额取意于陶渊明的诗句"山气日夕佳，飞鸟相与还"。游人面对夕阳残照中的湖光山色，若能联想陶渊明诗中的意境，则对眼前景物的鉴赏势必会更深一层。题额和楹联不仅文字内容十分丰富，其工艺形式也多种多样。除了常见的长条形之外，还有蕉叶形的"蕉叶联"、竹节形的"此君联"以及"书卷额""扇面额"等。它们犹如绘画上的题跋一样，把诗文乃至书法艺术直接融合到园林景观之中。

园林作为我国传统文化的一部分，它的发展、繁荣是为满足封建统治阶级游憩生活的需要，也浸入了当时文人的艺术趣味。从文化背景上来分析，"天然图画"与道家思想有较多渊源。我国古典园林素来追求诗情画意的艺术效果，正是由于其在取法大自然的非几何性美这一点上与我国的山水画同出一辙，所以人们常用"天然图画"来形容园林景观特征。

第五节　西方园林简述

一、西方园林的产生

西方园林的产生受古代亚述帝国和巴比伦时期园林的影响较大，当时建造园林的目的主要是供有权势者观赏用。至古希腊时代，神殿周围建有被视为圣林的树木园林。进入古罗马时代，私家园林开始出现，特权阶层盛行建别墅、园林。到了中世纪，以意大利为中心的修道院园林和以英法为中心的城郭园林已十分普遍。在文艺复兴时期的意大利，以佛罗伦萨为中心的田园风格园林流行；之后，由布拉曼特或拉斐尔设计的罗马台地式园林成为欧洲园林的一种典型样式。从17世纪下半叶开始，欧洲园林艺术的中心由意大利转到了法国，法国勒诺特设计了气势恢宏的平面法式园林，并设计了著名的凡尔赛宫园林。进入18世纪，以赞美自然为基本观念的风景式园林在英国日益盛行，开始独领欧洲园林艺术的风骚，园林设计人才也相继出现。在此之后，随着美国的崛起，现代园林的发展中心又逐渐由欧洲转移到美国。

二、西方园林的特征及文化内涵

西方园林的发展深受地域文化影响，园林建造者们奉行的是"天人对立，改造自然"的哲学观。因此，在园林建造中完全排斥自然，力求体现严谨的理性，一丝不苟地按照纯粹的几何结构和数学关系设计。在线条中他们崇尚直线，认为直线代表人的意志，以直线为美。因而，西方园林建造以几何体形的美学原则为基础，以"强迫自然接受匀称的法则"为基本原则，追求一种纯净的、人工雕琢的盛装美。

（一）园林表现出强烈的规律性，建筑物是园林绝对的主宰

建筑是一种综合性的艺术，它积淀着人类的历史，尤其是文化史，体现了各国人民丰富的想象力和独特的思维方式。西方园林建筑主要有以下特点：（1）采取几何对称的布局，整座园林通常都以主轴线为中心，以若干副轴线相辅进行规划。水池、广场、树木、雕塑、建筑、道路等都在中轴上依次排列，在轴线高处的起点上常布置着体量高大、严谨对称的建筑物，建筑物控制着轴线，轴线控制着园林，因此建筑也就统率着园林，园林从属于建筑，如瑞典的德罗特宁霍尔摩王室领地（见图8-3）。（2）造园主要使用石质的建筑材料，建筑强调向上挺拔，突出个体建筑。（3）在建筑文化的主题上，西方古典建筑以宣扬神的崇高、表现对神的崇拜与爱戴为中心。

图8-3　德罗特宁霍尔摩王室领地（瑞典）

（二）园林表现出强烈的科学色彩和技能色彩

在西方园林中，处处呈现出平面的、立体的形状，一切景物都体现出精确的数字关系。园林中开辟有笔直的道路，在纵横交叉点上分布有小广场，呈点状点缀着水池、喷泉、雕像或小建筑等，整个布局呈现出几何图案。园林中的花木严格修剪成锥体、球体、圆柱体等，草坪和花圃勾画成矩形、菱形或圆形，完全按几何图形剪裁，尽力抹去自然的痕迹。园林理水也非常规则，水面被限制在整齐的池子里，池子被砌成圆形、方形、矩形或椭圆形等，池中布局有人物雕像和喷泉，整体表现出严谨的理性精神。

第六节 西方园林的不同流派及其特征

一、意大利式传统园林

意大利是古罗马文化的中心,经过15世纪中叶的文艺复兴,造园艺术成就很高,在世界园林史上占有重要地位,其园林风格影响到法国、英国、德国等欧洲国家。意大利园林的独特风格就是台地园。典型代表为帕多瓦植物园。

(一)修坡筑台

意大利所处的地理位置和气候条件,使得那里夏天非常炎热,因此,只有把庄园建在山坡上,白天才能感受到海风的吹拂,夜晚则能感受来自山区的凉意。意大利人巧妙地将山坡改造成一级级台地的形式,为造园提供空间。因此,意大利园林又被称为台地园或露台园。园林中的台地除用于建造别墅外,主要还用于修建喷泉和花坛、栽种植被、陈列雕塑作品等,有时也被用作欣赏园内外景色的观景台。

(二)规划设计

意大利的规则式园林一般规模较小,位于庄园的主要位置,是庭院的主要部分。意大利园林艺术成就最大的部分就是规则式园林,其影响也最大。规则式园林的设计源于古罗马园林,设计时常以一定的轴线为主,通常以纵横交错的轴线为中心,辅以方格式布局区划。轴线通常以园路、步道、阶梯和瀑布等表现出来。规则式园林往往以轴线两侧对称的图案、对称的设置、对称的形状来表现出对称美、和谐美和韵律美。对称美是构成意大利园林艺术美的重要基础。

(三)构景要素的特色

1. 理水手法多样

理水在意大利有着古老的传统,最初兼有实用和装饰功能,形式有水渠和水池,既可浇园又可戏水淋浴,同时也可增加空气中的水分。在意大利园林艺术中,理水形式多种多样,使用最为广泛的一种形式就是喷泉,人们将喷泉视为意大利园林的重要特征之一。其他理水形式还有水池、瀑布、水剧场等。

2. 植物的使用

植物是意大利园林中造景的重要材料之一。在植物的选择上,由于受地理条件和气候因素影响,意大利园林中多使用常绿树种,而较少使用花卉植物。意大利园林在植物材料的运用上,对树木多采用对植、行植、带植、丛植及片植的方式。在应用植物材料造景方式上,意大利人的树木修剪术(又称植物雕塑、绿色雕塑)技艺堪称一流。植物常见的造型有各种几何形状（如球形、方形、圆锥形等）、各种动物和人物造型，以及建筑造型（如拱门、壁龛等），让人叹为观止。

3. 雕塑陈列

雕塑的运用丰富了意大利园林艺术的内涵，也提高了艺术水准。起初雕塑仅置于喷泉、壁龛之中，后来雕塑作品与园林中的各种建筑和装饰结合起来。同时，也有大量雕塑作品以单体形式陈列于花园中。这些不同形式雕塑作品的运用，不仅丰富了园林的观赏内容，而且提高了造园的艺术水准，使园林艺术变得更为综合化。雕塑作品的题材最初都是古希腊、古罗马神话故事中的主人公，也有古希腊雕塑作品的复制品，之后又创造了一批巨人和怪兽等形象。后期雕塑作品的题材更加广泛，造型也更加生活化、生动化。

二、法国式传统园林

法国式传统园林崇尚开放，流行整齐、对称的几何图形格局，通过人工美来表现人对自然的控制和改造，显示人为的力量。法国式传统园林一般呈具有中轴线的几何格局：地毯式的花圃草地、笔直的林荫路、整齐的水池、华丽的喷泉和雕像、排成行的树木（或修剪成一定造型的绿篱）、壮丽的建筑物等。其中最具有代表性的是凡尔赛宫、枫丹白露宫，它们均已被列为世界文化遗产。

（一）设计形式规整，气势磅礴

法国式传统园林的几何形规则布局源于西方建筑的悠久传统。这类园林线条简练，布局规则，构图明快，效果强烈，大量采用了古希腊建筑的艺术表现手法，因而素有"绿色建筑"之称。

法国式传统园林往往地表平坦开阔，极少依山而建，一般为平地园。凡尔赛园址原为一片丘陵沼泽分布其间的准平原，整个园林就建造在经过削平丘陵、填平沼泽后形成的人造平原上。不过，因为法国式传统园林中的喷泉需要水源，也有园林家主张在山麓平原选址造园，枫丹白露宫的园址正是依据这一标准选取的。

法国式传统园林平坦的地势使得其占地面积和园内的建筑、装饰、植被等都有很大的规模，给人一种气势磅礴的感觉。这种规模上的宏伟和体量的巨大，不仅展示了法国式传统园林在设计和布局上的独特魅力，更显示出法国人民唯我独尊的意识和文化优越的心态。

（二）构景要素设计手法多样

1. 理水手法多样

法国园林十分重视园内的水体，但不论是在沃·勒·维贡特还是在凡尔赛宫，无论是在面积巨大的十字大河渠，还是在仅三五平方米的喷泉小池，几乎所有水体都是间断分

布的。法国园林推崇人工美,喷泉发展得十分充分,如我国园林的假山一样,成为最能代表法国式传统园林风格特征的景观要素之一。凡尔赛宫园林中的上千喷泉,以墨绿的林荫为背景,与洁白的大理石雕像相映衬,跳珠喷玉,散琼扬雪,涌银珠于清池,挥白练于碧空,蔚然成其水景大观,并创下了园林史上最大喷泉集群的纪录。

2. 植物选材丰富,运用新颖

法国式传统园林的树木和花卉都是规则式或行列式种植,灌木都修剪成几何形,如球形、半球形、棱柱形、圆锥形等。法国式传统园林的理论基础来自建筑学,树木的规则式种植、几何形修剪,正是为了构成"绿色建筑"的规则造型。单一植物品种丛植能使整个群落在形状、色彩、季相变化、生长速度等方面保持一致,从而保证"绿色建筑"的稳定性。在理论上,法国园林家们强调树木胜过强调花卉。

(三)装饰手法精湛,风格华丽

法国式传统园林在装饰上较为讲究,追求奢侈和排场,努力运用各种形式,将园林打扮得非常美丽。法国式传统园林在装饰上的华丽,最主要表现在布局上,不仅构图优美,各部分比例协调,而且常能恰当运用营造气氛的景物,如对喷泉的运用。以凡尔赛宫园林为例,园林中散布着大大小小的喷泉成百上千个。花坛是最能反映法国式传统园林精巧优美装饰手法的代表。花坛中各种曲线、涡形线的运用,展示了高超的技巧美;而五彩缤纷的花卉的运用,则展示了丰富的色彩美。雕塑在法国式传统园林中不仅起到了陈列和装饰的作用,而且作品的题材和园林也形成了密切的联系。例如,凡尔赛宫中雕塑的主题就有四时、四季、四元素、四大洲、四种气质等多个主题,而且雕塑制作技艺高超,造型生动优美、栩栩如生。

三、英国式传统园林

英国式传统园林兴起于18世纪初期,其风格否定纹样植坛、笔直的林荫道、方正的水池、整形的树木,扬弃了一切几何形状和对称均齐的布局,代之以弯曲的道路、自然的树丛和草地、蜿蜒的河流,讲究借景和与园外的自然环境相融合。英国式传统园林的典型代表是基尤皇家植物园。

(一)回归自然

英国式传统园林不仅在形式上摆脱了园林与自然相对割裂的状态,使园林与自然景观结合起来,而且在内容上摆脱了园林就是表现人造工程之美、表现人工技艺之美的模式,形成了以形式自由、内容简朴、手法简练、美化自然为特点的新风尚。英国自由式园林形成的意义,不仅在于它是对园林风格的改造,而且在于它从新的角度审视了人与自然之间的关系,扩大了人们的审美领域,进而也扩大了园林艺术的发展空间。

英国式传统园林以天然的真山真水为造园基址，辅以必要的人工改造，配以各种建筑小品和装饰等，借以营造出不同的湖光山色、田园情趣，使人既能领略自然之美，又能品味艺术之美，同时还能借景抒怀、陶冶情操。

（二）自由式的设计

园林设计上的自由灵活、不守定式是英国式传统园林有别于意大利式传统园林和法国式传统园林的独特之处。英国式传统园林把自由灵活的形式、人与自然的和谐、风景画般的景色作为追求的境界。自由式的设计为园林设计师提供了广阔的创作舞台，使他们可以更好地图解和诠释他们各自的审美理念，创造和描绘出他们心中的美景。

（三）构景要素的配置

1. 建筑小品的运用

建筑小品是英国式传统园林的重要构园和构景要素。一般建筑小品有以下几类：神庙，包括希腊式、古罗马式、古埃及式，甚至有印度式和中国孔庙式；亭阁，多为圆形，亭子中央多安放一尊大理石雕像，常以维纳斯像为主；碑牌，为点景之物，有缅怀先人、感怀历史之意。此外还有游桥、石栏杆、园门、壁龛等多种形式的建筑小品。

2. 植物材料的选用

植物是英国式传统园林中的主角，是造景的重要材料之一。首先是大面积草场的使用。英国畜牧业发达，人们对具有田园诗般浪漫景色的天然牧场情有独钟，所以草地铺到了每一个角落。其次是林木的运用。高大的乔木和低矮的灌木都是英国园林造景的重要素材。最后是花卉的运用。英国人对花卉的喜爱达到了如痴如醉的程度，这既与他们的民族传统有关，也与英伦三岛夏日阴霾的天气有关。英国式传统园林中一般建有专门的花卉园，花卉园四周以灌木相围，在风景园的小径两侧也常用带状的花卉进行装饰，以期达到天然野趣的效果。英国式传统园林在植物种植丰富的情况下，运用了对自然地理、植物生态群落的研究成果，创建了各种不同的人类自然环境，后来则发展成以某一风景为主题的专题园，如岩石园、高山植物园、水景园、沼泽园以及以某类植物为主题的园林，如蔷薇园、百合园等。这种专题园对自然风景有高度的艺术表现力，对造园艺术的发展有一定的影响。如英国基尤皇家植物园收集有世界最多种类的植物和植物标本，因其在植物学上的突出地位已被列入《世界遗产名录》。

第七节　中外园林赏析

一、中国古典园林

（一）苏州古典园林

1997年，以拙政园、留园、网师园、环秀山庄为典型代表的苏州古典园林被列入《世界遗产名录》。2000年，沧浪亭、狮子林、艺圃、耦园和退思园作为苏州古典园林扩展项目也被列入《世界遗产名录》。世界遗产委员会对这些园林做出的评价是：没有哪些园林比历史名城苏州的九大园林更能体现出中国古典园林设计"咫尺之内再造乾坤"的理念。苏州古典园林被公认为这一流派的杰作。这些建造于11—19世纪的园林，以其精雕细琢的设计，折射出中国文化中源于自然而又超越自然的深邃意境。

苏州位于江苏省南部，既是一座有2000多年历史的文化古城，也是一座著名的园林城市，素有"上有天堂，下有苏杭"之美誉。苏州园林历史悠久，可以上溯至公元前6世纪春秋时吴国的离宫别苑，私家园林始于东晋，盛于宋、元、明、清。苏州古典园林承载着我国历史上政治、经济、文化发展的大量信息，以其意境深远、构筑精致、艺术高雅、文化内涵丰富而成为具有历史价值、文化价值、艺术价值和科学价值的珍贵的世界文化遗产。

拙政园：拙政园（见图8-4）位于苏州娄门，是苏州最大的一处园林，也是苏州园林的代表作。现存园貌多为清末时所形成。拙政园以水为中心，风格明朗清雅、朴素自然。全园分东、中、西三个部分，中园是其主体和精华所在。远香堂是中园的主体建筑，其他一切景点均围绕远香堂而建。

图8-4　苏州拙政园（中国）

留园：留园坐落在苏州市阊门外，全园大致分为中、东、西、北四部分，中部以山水为主，是全园的精华所在。留园中建筑数量较多，其空间处理之突出居苏州诸园之冠，充分体现了古代造园者的高超技艺和卓越智慧。

网师园：网师园（见图8-5）位于苏州市东南，是苏州最小的园林。园中有屋宇、亭廊、泉石、花草，体现了苏州庭院布置的精粹。网师园的亭台楼榭无不面水，全园处处有水可倚，布局紧凑，以精巧见长。

图8-5　苏州网师园（中国）

环秀山庄：环秀山庄位于苏州市景德路，面积不大，造园者移天缩地，叠石造山，成就这一方名园。园景以山为主，池水辅之，建筑不多。园虽小，却极有气势。环秀山庄大厅四周都种植有青松、翠柏、紫薇、玉兰。万树成碧，花气袭人，为山池、建筑平添了几分生机和意趣。

沧浪亭：沧浪亭位于苏州城南三元坊内，是苏州最古老的一处园林，造园艺术与众不同。园内以山石为主景，全园清幽古朴，适意自然，如清水芙蓉，洗尽铅华，无一丝脂粉气息。

狮子林：狮子林（见图8-6）位于苏州市园林路。狮子林的湖石假山既多且精美，洞穴岩壑、奇巧盘旋、迂回反复。狮子林主题明确，景深丰富，个性分明，假山洞壑匠心独运，一草一木别具神韵。

艺圃：艺圃位于苏州市阊门内。园内景致宜人、风格质朴，较好地保存了建园初期的格局，具有很高的历史价值和艺术价值。全园以约占园内面积五分之一的池水为中心。艺圃以池水、石径、绝壁相结合的手法，取法自然而又力求超越自然，这是明清时期苏州一带造园者最为常用的布局技法。

第八章 ◎ 园林文化

图8-6　苏州狮子林（中国）

耦园：耦园（见图8-7）位于苏州市内仓街小新巷。耦园布局独树一帜，以四进厅堂的宅地为中心，东西两园与住宅之间以重楼相通。主体建筑坐北朝南，是一组重檐楼厅建筑。园内最著名的景观为东花园的"黄石假山"，修筑于"城曲草堂"楼厅之前。东西两半部之间有谷道。园内池水随假山向南延伸，池南端有阁跨水而筑，称"山水阁"，隔山与"城曲草堂"相对，形成了以山为主体的优美景区。

图8-7　苏州耦园（中国）

213

退思园：退思园（见图8-8）位于苏州市吴江区同里镇。全园简朴淡雅，水面过半，建筑皆紧贴水面修筑，园如浮于水上，是我国唯一一处贴水园建筑，体现了晚清江南园林建筑的风格。退思园一改以往园林的纵向结构，而变为横向建造，左为宅，中为庭，右为园。全园格局紧凑自然，结合植物点缀，呈现出四时景色，给人以清朗、幽静之感。退思园集清代园林建筑之长，园内的每一处建筑既可独自成景，又与另一景观相对应，具有步移景异之妙，堪称江南古典园林中的经典之作。

图8-8　苏州退思园（中国）

（二）颐和园

颐和园（见图8-9）于1998年被列入《世界遗产名录》。世界遗产委员会对它的评价是：北京颐和园始建于1750年，1860年在战火中严重损毁，1886年在原址上重建。其亭台、长廊、殿堂、庙宇和小桥等人工景观与自然山峦、开阔的湖面和谐、艺术地融为一体，堪称中国风景园林设计中的杰作。

颐和园是世界著名的皇家园林，地处北京西北郊，旧称"清漪园"，于1886—1895年重建，后改名为"颐和园"。颐和园规模宏大，占地面积达2.93平方千米，主要由万寿山和昆明湖组成。园内有各种形式的宫殿园林建筑上千间，这些建筑大致可分为行政、生活、游览三个部分：以仁寿殿为中心的行政活动区，以乐寿堂、玉澜堂和宜芸馆为主体的生活居住区，由万寿山和昆明湖等组成的风景游览区。

颐和园自万寿山顶的智慧海向下，由佛香阁、排云殿（见图8-10）、排云门、云辉玉宇牌楼，构成了一条层次分明的中轴线。山下是一条长728米的"长廊"，号称"世界第

图8-9 颐和园(中国)

一廊",长廊枋梁上有彩画8000多幅。长廊之前即是碧波荡漾的昆明湖,昆明湖的西堤是仿照西湖的苏堤建造的,昆明湖北岸有巨大石舫(见图8-11),雕梁画栋,精彩无比。万寿山后山、后湖古木成林,环境幽雅,有藏式寺庙、苏州街。后湖东端有仿无锡寄畅园而建的谐趣园,此园小巧玲珑,被称为园中之园。

颐和园整个园林艺术构思巧妙,在中外园林艺术史上地位显著,是举世罕见的园林艺术杰作。

图8-10 颐和园排云殿(中国)

图8-11 颐和园石舫(中国)

二、西方古典园林

（一）凡尔赛宫及其园林

凡尔赛宫及其园林于1979年被列入《世界遗产名录》。世界遗产委员会对其的评价是：凡尔赛宫是法国国王路易十四到路易十六的王宫，经过数代建筑师、雕塑家、装饰家、园林建筑师的不断修饰，一个多世纪以来，一直是理想的欧洲王室官邸的完美典范。

凡尔赛宫及其园林位于距巴黎西南约20千米的凡尔赛，是17世纪专制王权的象征，也是法国古典主义艺术最杰出的典范。凡尔赛宫最初是路易十三修建的用于狩猎的行辕，路易十四当政时开始建宫。宫殿两翼是宫室和政府办公处、剧院、教堂等。中部的镜厅是凡尔赛宫最著名的部分，尽显当年王室的奢华之风。拱形天花板上是描绘中世纪人们生活场面的巨幅油画。厅内两旁排有古罗马皇帝的雕像和古天神的塑像。

凡尔赛宫的园林在宫殿西侧，面积约6.7平方千米，呈几何图形，具有欧洲古典园林艺术的风格特征。园林以水池为中心，南北两端皆为花坛。跑马道、水池、喷泉、花坛、河流与假山、亭台楼阁一起，使凡尔赛宫的园林成为欧洲古典主义风格园林艺术的杰作。

（二）德绍-沃利茨的皇家园林

德绍-沃利茨的皇家园林建于18世纪，是欧洲园林建筑的典范之一，于2000年被列入《世界遗产名录》。

18世纪中叶，在欧洲大陆一些以往的几何式花园被改为风景园的同时，一些新建的园林则直接采用了自然风景园的风格，较早的实例是德国德绍附近的沃利茨园。沃利茨园位于易北河边凹地，是河谷式风景，中心是长条形的沃利茨湖，通过水面把全园划分为几个景区，有哥特式小建筑、中国桥、人造小火山等。沃利茨园在刚建好时就以其出色的景观而吸引了大批著名的人物。由于受到英国与意大利园林及建筑的双重影响，沃利茨园成为自然与艺术相结合的出色作品。

思考与练习

1. 简述我国园林的发展史。
2. 简述园林的构景要素及其特点。
3. 试论我国皇家园林颐和园在旅游文化中的意义。
4. 简述苏州古典园林拙政园的特征及其文化内涵。
5. 举例说明东西方园林的特征与文化内涵。
6. 在世界范围内被列入《世界遗产名录》中的园林有哪些？

第九章　名人故居文化

　　每一位名人都是一本厚厚的书，而每一处名人故居都记载了名人成长的某些过程；每一位名人都在自己有限的生命中创造了永恒的辉煌和传奇，而每一处名人故居都铭刻了一段奇妙的故事。在名人故居中仿佛可见名人的音容笑貌，可以感受到名人的伟大精神、胸怀和情操。故居是一个家园，也是一种旅游资源，还是一种文化。

第一节　名人故居概述

一、名人故居的概念及内涵

　　名人故居是指名人出生或青少年时期居住过的地方，或者是名人在人生中最为关键或最有成就的岁月所居住的寓所。真正意义上的故居，应该是与这位名人的成长经历或是与其思想形成阶段有关的地方。所以，名人故居一般是一人一处，特殊的也可以有两个，而故居的确定标准主要取决于居住地的人文价值。所谓名人，一般是指在历史上有过一定功绩或影响力的人。名人的精神、风范、德行、情操曾经影响过一代或几代人。后人为了纪念他们，更为了解学习其在历史长河中积淀下的人文精神，便将他们的典型的和具有象征意义的生前居所开辟出来，放置和保存与名人有关的物品以供人们观瞻和缅怀。

　　对于名人的成就，后人可以从历史典籍中完整地获知，名人故居的存在能给人们以直观的感受，强化感性认识，并能让人感悟和还原对于名人及其文化精神的想象。随着岁月的流逝，名人所留下的一屋、一物便成了后世不可多得的文物。名人故居沉淀了他们的生命、思想的成长轨迹。名人故居的存亡与其受关注的程度，是由后人和某一时代所倡导的精神所决定的。名人故居的冷暖折射出名人在后世的影响力。因此，要使名人故居旅游整体趋热，一个重要的环节便在于发掘这些历史文化名人的价值，找寻其与时代精神的契合点，使之与时俱进，更好地服务于当世。

　　名人故居是历史文化的重要坐标，是一项不可再生的历史文化资源。作为历史文化遗存中珍贵的人文资源，名人故居深化了现代化城市的人文内涵，增添了其文化魅力。同时，名人故居还是一种重要的旅游文化资源，充分挖掘名人故居中的文化内涵，倡导

文化旅游,是提高旅游品位,促进旅游持续、健康发展的重大举措。因此,名人故居具有丰富的人文价值、旅游价值和审美价值。

二、名人故居的价值

1. 人文价值

名人故居是人类社会和文化发展历史长河中的一朵朵浪花、一个个标志。人们常说建筑是凝固的音乐,其实这也从一定意义上道出了名人故居所具有的人文内涵。

第一,名人故居具有文化孕育场所的功能。名人故居建筑体或建筑群对名人的成长,特别是对他们心理性格包括人格的成长具有某种特别而潜在的影响。故居是名人成长和心理生成发展的摇篮。如果说童年的心理生成与发展会对一个人成年之后的心理演变与发展产生深远影响的话,那么,故居环境所具有的文化孕育场所的功能,对名人的成长所产生的影响是显而易见的。故居一般是名人童年或青少年时期生活的主要场所,其文化孕育场所的功能有着深厚的人文内涵,这一点也为不少名人在回忆时提到。游览和考察名人故居,有助于人们从居住环境等角度来解读名人的成长历史,感受故居所展现的文化氛围。故居曾经潜移默化地影响着名人的成长,这种影响如同春雨润物那样无声,滋润着名人的心田。

第二,名人故居具有历史和文化的传承与研究价值。历史和文化随着岁月的流逝而积淀,同时也在不断地发展和更新。名人故居是特定历史条件、特定区域、特定民族和民俗文化的产物,具有当时当地的历史和文化特色,继承着家庭、家族和民族的历史与文化传统,从建筑学、民俗学、审美学等多种角度来考察、审视名人故居的建筑本身、建筑物内所保存的物品以及建筑环境,都可以看到它所具有的历史文化价值。因此,考察和研究名人故居,对了解不同地区,不同时代,不同家族、民族和国家的历史文化及其根源等都具有重要的意义。同时,名人故居也记录了名人心灵成长和思想形成过程的点点滴滴,其作为人文景观所包含的文化氛围,可以使后人了解、感悟名人的精神和思想在当世的影响。故居所包含的特定历史、文化和名人精神,也会随着时代的发展和岁月的累积,在与后世的时代精神风尚的碰撞契合中,不断呈现新的人文价值。

第三,名人故居具有"家园"的原型和象征的意义。可以说,故居是人们共同的精神家园。文化的信仰从本质上来说即是人生的信仰,其功能和意义是要让人们寻找和构建精神的家园。"家园"精神性的价值是指"家"代表的"还乡"情结。从这个意义上来说,故居或名人故居的人文价值是永恒的,它们会长久地留存在人们的心灵世界,成为人们的精神和心灵的家园。故居作为实体存在的"家"和作为精神归宿存在的"家园",往往成为现实生活中人的精神的"支撑点"。将故乡、故居作为生命旅途中的精神的"支撑点",价值就在于对故乡、故居寄托了生命的理想和情怀、生命的价值与意义。从这个意义上来说，故乡、故居不仅仅是单纯的历史存在和建筑存在，同时也是一种文化的精神的存在。

另外，作为保存、延续和传承历史文化的载体，名人故居也是发挥学习和社会教育功能的重要场所。一方面，游览和参观名人故居，可以从故居的整体和局部的一物、一器中了解名人所处的时代、故居的文化韵味等，从中得到知识的积累和心灵的净化。另一方面，名人故居对于青少年的教育功能也体现出重要的人文价值。名人故居是人们特别是青少年学习历史和传统文化、缅怀先贤功绩和弘扬前人美德的重要场所，具有教化和陶冶情操的功能。人们通过对名人故居的参观、瞻仰，可以从中感受到它所传递出来的诸如民族主义、爱国主义及其他各种道德思想，还可以产生心灵的震撼和精神的激励。

2. 旅游价值

名人故居的旅游价值是建立在其人文价值的基础上或以之为前提的。具体来说，名人故居的旅游价值可以分为两个方面。一方面，对于开发者来说主要是市场价值即经济价值；另一方面，对于旅游观光者来说则主要是其人文价值。

随着社会经济的发展，保护和开发旅游资源已成为世界各国旅游业发展的一个新动向。世界各地在旅游业的发展中，都逐渐注重打出"文化品牌"，这体现了时代和旅游业发展的需要。作为重要的人文旅游资源，名人故居自然成为这些旅游文化品牌中不可忽视的一种。名人故居既有助于提高当地的知名度，吸引国内外更多文化界、经济界、科技界人士等的关注，有力地推动当地旅游业的发展，也可以提高当地人们的自豪感，满足人们的精神追求，进而直接或间接地促进当地经济的发展。在世界相当多的国家中，一个拥有名人故居的旅游地是能吸引到很多国内外游客前往参观的，甚至有不少游客是专门为瞻仰某个和某些名人故居而去某地旅游的。这样的旅游地，理所当然地也因名人故居而带动了旅游业的发展，进而产生可观的经济效益。

3. 审美价值

审美价值也称艺术价值，因为艺术价值的本质即审美。从根本意义上看，旅游观光本身就是一项综合的审美实践活动。名人故居的建筑和建筑环境，以及故居内的文物、绘画、雕塑、陈设、古董等艺术载体都可以作为旅游者的审美对象。旅游者在了解名人故居所蕴藏的名人和其所处时代的历史文化内涵的同时，也可以欣赏这些本身就是艺术的各种形式的实物，从而进一步获得审美的愉悦感受。通过名人故居和故居内各种形式的艺术载体，旅游者可以形象地感受到当时的历史人文，包括名人和其所处时代地区人们的生存状态、生活方式、生活习俗，以及名人自身性格、人格、思想和情感的成长与发展历程。游览名人故居所得到的这种审美享受，本身就是极大的收获，同时对于旅游者体悟和发现名人故居的人文价值，了解和学习其所传达的历史文化信息，获得自身思想道德情操的教育和熏陶，也都可以起到一定程度的启迪和促进作用。

第二节　世界名人故居

一、思想家故居

思想家是人类智慧的集大成者，如果把人类比作一个躯体，那么思想家无疑就是人类的大脑和灵魂。思想家以其聪慧的头脑思考人类及自然中高度抽象的、一般性的和根本性的问题，形成一系列的思想体系，并不断对其进行更新。这些思想体系影响着人类的思维方式、价值观念、意识形态，推动着人类文化、文明的形成、进步和发展。思想家的故居见证了思想家们生活、学习和成长的过程，也见证了他们精神思想的形成和发展。

我国著名的思想家故居有：山东省曲阜市孔子故居、山东省曲阜市孟子故居、河南省鹿邑县太清宫镇老子故里、河南省民权县庄子镇庄子故居、山东省惠民县城孙子故园、山西省安泽县荀子文化公园、山东省滕州市墨子故里、福建省武夷山市五夫镇朱熹故居等。

外国著名的思想家故居有：法国波尔多孟德斯鸠故居、法国菲尔奈伏尔泰故居、瑞士日内瓦卢梭故居、德国斯图加特黑格尔故居、德国法兰克福叔本华故居、德国魏玛尼采档案馆、德国特里尔马克思故居、德国伍珀塔尔恩格斯故居、奥地利维也纳弗洛伊德故居、瑞士库斯纳赫特荣格故居。

这里主要介绍孔府、黑格尔故居和马克思故居。

1. 中国伟大思想家孔子的故居——孔府

孔子是我国春秋末期的思想家、政治家、教育家及儒家学说的创始人。自汉代以后，孔子的学说成为中国2000余年封建文化的正统，影响极大。

孔子故居在山东省曲阜市，这里有中国现存最完整的古建筑群之一的孔庙，有号称"天下第一家"的孔府（见图9-1），有世界延时最长、规模最大的家族墓地孔林。孔府收藏了大批历史

图9-1　孔府（中国）

文物，著名的有"商周十器"，亦称"商周十供"。"商周十器"形制古雅，纹饰精美，原为宫廷藏青铜礼器，于清乾隆三十六年（1771）被赏赐给孔府。孔府还收藏有金石、陶瓷、竹木、牙雕、玉雕、珍珠、玛瑙、珊瑚以及元、明、清各代各式衣冠剑履、袍笏器皿，另有历代名人字画，还有平金七梁冠。孔府共存有明嘉靖十三年（1534）至1948年的档案9021卷，共25.8万件，这些档案内容丰富，从不同角度反映了我国古代政治、经济、思想、文化的发展，具有重要的历史价值。孔府档案是世界上持续年代最久、范围最广、保存最完整的私家档案。

1994年，曲阜孔庙、孔林和孔府被列入《世界遗产名录》。

2. 辩证法大师出生的地方——黑格尔故居

黑格尔1770年8月出生于德国的斯图加特市，并一直在斯图加特市生活到1788年，他在青少年时代受过良好的家庭教育。1829年，59岁的黑格尔就任柏林大学校长，其哲学思想才最终被定为普鲁士国家的钦定学说。1831年，黑格尔在柏林去世。黑格尔故居在斯图加特市中心，是一幢4层楼房，静静地伫立在车水马龙的繁华环境中。黑格尔故居包括"1770—1831年黑格尔时代的斯图加特"和"从斯图加特到柏林：黑格尔的生活之路"两个展览主题。故居展中有黑格尔的半身石膏塑像、照片、手稿和世界各地的出版物，以及黑格尔时代的各种实物，让人能够联想到黑格尔在这里的日日夜夜。

黑格尔是德国古典哲学、客观唯心主义、辩证法哲学的集大成者，彻底的客观唯心主义者。马克思和恩格斯在创立唯物辩证法时，批判地吸取了黑格尔哲学中的辩证法。黑格尔一生著述颇丰，其代表作品有《精神现象学》《逻辑学》《哲学史讲演录》《美学讲演录》《哲学全书》等。对喜爱德国历史以及哲学的游客来说，黑格尔故居是一个值得一览的去处。

3. 19世纪伟大思想家的诞生地——马克思故居

德国摩泽尔河畔的特里尔市是伟大思想家、共产主义革命导师卡尔·马克思的诞生地。马克思故居位于布吕肯街10号，是一座莱茵地区典型巴洛克风格的白色三层小楼，1818年5月5日，马克思诞生于此。他在这里生活了17个年头，并与其终身伴侣燕妮留下了一段"青梅竹马"的佳话。马克思故居第一层的展室是用来举办专题展览的，还有录像放映室。第二层有马克思出生的房间，展室展出有马克思的出生证书、马克思与燕妮的结婚盟约和结婚证书等，展台里还陈列着马克思和恩格斯的许多著作以及有关历史资料。第三层介绍了马克思的共产主义理论，玻璃橱窗里陈列着《共产党宣言》和《资本论》的各种版本，还有马克思赠送给父亲的诗集手抄本和马克思为燕妮收集的民歌等珍贵文物。

二、政治家故居

政治家以政治为职业，具有崇高而现实的政治理想和政治主张，他们既掌握国家权力或参与国家最高决策，也掌握政治艺术，以自身的社会政治实践活动推动社会历史的发展，是进步阶级或集团的代表人物。政治家具有远大的理想和追求、百折不挠的精神和强大的人格力量、高瞻远瞩的目光、高超的领导能力、坚定的意志，为领导人民追求最广大的公平、平等、幸福和自由贡献自己的一生。政治家能在最大程度上影响一个国家和民族的历史进程，他们个人的思想和行为都会对社会和历史产生一定程度的影响。

我国著名的政治家故居有：湖南省双峰县荷叶镇曾国藩故居、湖南省湘潭市韶山冲毛泽东故居、江苏省淮安市周恩来故居、四川省广安市协兴镇邓小平故居、上海市香山路孙中山故居、北京市西城区后海宋庆龄故居等。

外国著名的政治家故居有：英国伊利奥利弗·克伦威尔故居、英国伍德斯托克丘吉尔故居、法国巴黎罗伯斯庇尔故居、法国科西嘉拿破仑故居、格鲁吉亚哥里斯大林故居、俄罗斯乌里扬诺夫斯克列宁故居、美国佐治亚州亚特兰大马丁·路德·金故居、美国华盛顿郊区华盛顿故居、美国弗吉尼亚州夏洛维茨尔杰斐逊故居、美国伊利诺伊州春田林肯故居、美国加利福尼亚州约巴林达尼克松故居、日本京都伏见区桃山城丰臣秀吉故居、朝鲜平壤万景台区金日成故居、越南河内胡志明故居、委内瑞拉加拉加斯玻利瓦尔故居、古巴哈瓦那何塞·马蒂故居、阿根廷上格拉西亚切·格瓦拉故居、南非索韦托曼德拉故居。

这里我们主要介绍曾国藩故居、毛泽东故居、邓小平故居、宋庆龄故居、丘吉尔故居、拿破仑故居、列宁故居、华盛顿故居和曼德拉故居。

1. 中国封建社会为官典范之家——曾国藩故居

曾国藩是清朝时期的军事家、理学家、政治家和文学家，也是我国历史上最有影响力的人物之一。曾国藩治学严谨，崇尚儒学，其学术思想以程朱理学为主体，他把中国封建文化归纳为"义理""辞章""经济""考据"四门学问，见解独到，对当时社会和后世均有一定影响。

富厚堂又名毅勇侯第，是曾国藩的侯府，位于湖南省双峰县荷叶镇富托村，全宅占地约4万平方米，建筑面积近1万平方米。富厚堂内有山有水，古木参天，亭阁相映，后山有鸟鹤楼，荷花池中有凝芳榭等5座亭阁，还有"缉园十景"，是一座典型的园林。富厚堂是一座我国乡间少见的明清回廊式建筑群体，具有很高的文化内涵，保护价值不言而喻。

另外，这里的藏书楼曾藏书达30余万卷，是我国保存完好的最大的私家藏书楼之一。曾国藩故居是全国重点文物保护单位。

2. 红太阳升起的地方——毛泽东故居

毛泽东出生于湖南省湘潭市，是伟大的马克思主义者，杰出的无产阶级革命家、战略家、理论家，中国共产党、中国人民解放军和中华人民共和国的主要缔造者和领袖。

毛泽东故居位于湖南省湘潭市韶山冲，是一栋普通的农舍。毛泽东在1910年外出求学之前，在这里度过了他美好的童年和少年时光。故居的前面是毛泽东儿时游泳的池塘，附近建有毛泽东纪念馆、毛泽东铜像、毛泽东诗词碑林等。故居从厨房往东，便是横屋（为现代的餐厅），再往里是毛泽东父母的卧室，室内的物件都依原样摆放，仿佛将人带回到以往的岁月。相邻的房间便是毛泽东少年时代的住房，房内陈设简单朴素，床边的一盏桐油灯，曾伴随少年毛泽东度过无数不眠之夜，墙上有毛泽东三兄弟与母亲的合影，室内木楼上有一个开口，1925年韶山第一个党支部就是在这个木楼上秘密成立的。

1961年3月，国务院公布将韶山毛泽东故居列为全国重点文物保护单位，至今，它已经成为我国重要的革命纪念地，也是红色旅游的重要景点之一。成千上万的人前往毛泽东故居，探寻这位伟人的足迹。

3. 改革开放总设计师的家——邓小平故居

邓小平是伟大的无产阶级革命家、政治家、军事家、外交家。

邓小平故居位于四川省广安市协兴镇牌坊村，是红色旅游的景点之一，1997年被命名为"全国爱国主义教育基地"；2001年，被确定为全国重点文物保护单位；2017年，被确定为第一批全国中小学生研学实践教育基地。在这里有大量珍贵的图片，共分八个部分，展现了伟人光辉的革命历程。

在距离邓小平故居仅一步之遥的一片生态林半坡地上，建有邓小平故居陈列馆。陈列馆的建筑既有川东民居特色，又洋溢着浓浓的现代气息。陈列馆中最别具匠心的建筑便是右边的3个斜坡屋面，寓意邓小平"三落三起"的不平凡经历。

4. 国家名誉主席的家——宋庆龄故居

宋庆龄，中华人民共和国名誉主席，是举世闻名的爱国主义、民主主义、国际主义和共产主义的伟大战士，是杰出的国际政治活动家、中华人民共和国卓越的领导人。

宋庆龄故居（见图9-2）位于北京市西城区后海北沿46号。这处宅院充满了传奇色彩：这里曾经居住过清朝鼎盛时期的两位权臣——明珠和和珅，这里有清朝后期的两位亲王（嘉庆的兄长成亲王永瑆、溥仪的生父载沣）生活的足迹。

宋庆龄故居中绝大部分的房间都被开辟为宋庆龄的生平展厅。展出的物品中有宋庆龄留美临行时母亲送给她的胸针和羊毛衫，有和孙中山先生的结婚照，有结婚时母亲送的被面，还有宋庆龄为中国福利院的孩子们亲手制作的花卉贺年片等，所有这些展

图9-2 宋庆龄故居（中国）

品让每一位参观者都被这位美丽、端庄、勇敢、正义、慈祥的伟大女性所深深鼓舞着、感动着。

5. 英国才华横溢的斗士诞生地——丘吉尔故居

温斯顿·丘吉尔是世界著名的政治家、演说家及作家，1953年诺贝尔文学奖获得者，1940—1945年和1951—1955年两届英国首相，被认为是20世纪最重要的政治领袖之一，带领英国获得第二次世界大战的胜利。

丘吉尔故居即布莱尼姆宫（见图9-3），位于英国伍德斯托克镇附近。丘吉尔于1874年诞生于此。布莱尼姆宫建于1705年，是当时安妮女王赐予约翰·丘吉尔（丘吉尔的祖先）的，以表彰他在1704年8月击败法军的战绩，直到1722年才全部建成，沿袭了16世纪伊丽莎白时期的文艺复兴和哥特式风格。布莱尼姆宫拥有巨大的拱门，周边是开阔的草坪、宽阔整洁的甬道。这里是英国最大的私人宅院，布莱尼姆宫内装饰富丽堂皇，保存着大量油画、雕塑、挂毯和许多精美的家具。

6. 法国著名将军的住所——拿破仑故居

法国的科西嘉岛是世界著名的旅游胜地，是法国最大的岛屿，也是拿破仑·波拿巴的故乡。科西嘉岛位于法国大陆东南地中海，与意大利撒丁岛相望。法国小说家巴尔扎克形容科西嘉岛是"在意大利阳光照耀下的法国岛屿"。由于生态完好，景色美丽，科西嘉岛

图9-3 布莱尼姆宫（英国）

的波尔托湾：皮亚纳-卡兰切斯、基罗拉塔湾、斯康多拉保护区于1983年被列入《世界遗产名录》。

1769年拿破仑出生于科西嘉的阿雅克修城，是法兰西第一帝国的缔造者。拿破仑还主持制定了《法国民法典》，这部法典至今还发挥着重要作用。如今，整座阿雅克修城都留有他的遗迹，位于街道旁的拿破仑故居被重点保护。这是一幢古朴典雅的四层楼房，拿破仑就出生在这里。故居的楼上可以看到拿破仑家族的起居室、休闲室、餐厅等，里面的家具陈设、装饰、收藏画等都依照当年的样子放置且保存完好。拿破仑故居的外观和当年几乎相同。

7. 俄罗斯伟大无产阶级革命导师的家乡——列宁故居

俄罗斯的乌里扬诺夫斯克是列宁的故乡。1870年4月22日，列宁出生于此，并在这里度过了童年和少年时代。列宁的故乡是俄罗斯人们心目中的圣地，列宁也是这座城市的名片。位于市中心的列宁博物馆是乌里扬诺夫斯克的标志性建筑。这里展出了与列宁有关的上千件展品。列宁博物馆后面的白色二层小楼便是列宁的出生地。这是一座简朴的木制房屋，分上下两层，一楼是会客室、办公室和列宁父母的卧室，二楼则是列宁及其兄弟姐妹的卧室。

位于莫斯科东南40余千米处的哥尔克，是列宁度过一生中最后时光的地方。列宁的

《无产阶级革命和叛徒考茨基》《论粮食税》《共产主义运动中的"左派"幼稚病》等一系列重要著作都是在这里撰写的。这处故居包括一大一小两座黄色小楼,即主楼和北侧楼。1918年起,列宁来到这里居住。1924年1月21日,列宁在主楼的卧室里与世长辞。庄园里的钟表永久停留在6点50分——列宁离去的时刻。故居里还保存了一些珍贵的纪念品,如列宁专用的劳斯莱斯轿车等。

8. 美国之父的生前住所——华盛顿故居

乔治·华盛顿是众所周知的美国之父、美国第一任总统。华盛顿的故居更是美国人心目中的圣地,它吸引着人们到此来观瞻和缅怀。华盛顿故居坐落在华盛顿市区郊外,这里又被称作弗农山庄。山庄内布局整齐,草坪绿茵如毯。草坪南端正中的二层楼白色主建筑即华盛顿的起居所。一楼大餐厅是主楼内最大的房间,为正式宴会之用。华盛顿故居走廊的楼梯口挂着一幅素描和一把用来开启法国巴士底狱的黑色大钥匙。它们是率法军为美国独立战争助战的拉法伊特将军于1790年转呈给华盛顿总司令的,拉法伊特将军称华盛顿为"自由之父"。

9. 黑人民族英雄的居住地——曼德拉故居

曼德拉是著名的黑人解放运动领袖,1951年担任南非非洲人国民大会全国副主席,1994年5月,当选为南非第一位黑人总统。曼德拉为黑人民族解放事业奉献一生,深受人民的爱戴。曼德拉故居位于南非最大的城市约翰内斯堡西南的索韦托镇。索韦托是南非最大的黑人居住区城镇,其历史古迹比比皆是,被誉为南非的革命圣地,曼德拉和图图大主教等著名人物都曾在此战斗和生活过。曼德拉故居是一座两室一厅的红砖平房,面积约为五六十平方米,四周由砖墙和木栅栏围着。房间里摆满了世界各国赠送的礼品。在厨房墙边的玻璃柜里,陈列着曼德拉获得学位和律师资格的各种证书。卧室里的双人床上铺着用猞猁皮制成的床罩——这是曼德拉酋长家族身份的象征,另外还有全为木制家具的餐厅兼客厅。

三、文学家故居

文学家具有渊博的文化知识,他们利用高超的语言文字造诣创造出诸如小说、散文、戏剧(剧本)、诗歌等艺术作品,形象地反映客观现实,带领人们认知和感悟人类世界的一切知识、思想和情感,走进心灵的家园和精神的国度,追求人类的幸福、自由和理想,更给予人们以审美的享受和精神的启迪。文学家们通过他们所创造的文学作品,反映社会生活,表达自己的情感、认识和思想,并通过审美这一中间环节,影响人们的感情、思想以及行为,进而间接地影响社会现实。文学家们的经典作品始终为人们所津津乐道、爱不释手,文学家们的故居同样也令人追思感怀、心向往之。

我国著名的文学家故居有：四川省江油市青莲镇李白故里、四川省成都市西郊杜甫草堂、江苏省南京市半山园王安石故居、浙江省绍兴市陆游故居、山东省济南市李清照故居、江苏省盐城市施耐庵故居、山西省太原市清徐县罗贯中故里、北京市广渠门内大街曹雪芹故居、浙江省绍兴市鲁迅故居、江苏省镇江市赛珍珠故居、北京市西城区前海郭沫若故居、浙江省桐乡市乌镇茅盾故居、江苏省扬州市朱自清故居、山东省青岛市中国海洋大学闻一多故居、北京市东城区丰富胡同老舍故居、福建省福州市杨桥东路冰心故居、湖南省凤凰城沈从文故居、北京市西城区大翔凤胡同丁玲故居、上海市静安区常德路张爱玲故居等。

外国著名的文学家故居有：意大利佛罗伦萨但丁故居、德国魏玛歌德故居和席勒故居、德国吕贝克托马斯·曼故居、英国斯特拉斯福莎士比亚故居、英国伦敦狄更斯故居、爱尔兰都柏林萧伯纳故居、法国巴黎巴尔扎克故居、法国巴黎雨果故居、丹麦奥登赛安徒生故居、捷克布拉格卡夫卡故居、俄罗斯莫斯科屠格涅夫故居、俄罗斯圣彼得堡普希金故居、美国新泽西州肯登惠特曼故居、美国密苏里州汉尼伯马克·吐温故居、哥伦比亚阿拉卡塔卡马尔克斯故居、印度加尔各答泰戈尔故居、日本京都紫式部故居、日本熊本夏目漱石故居、日本镰仓川端康成故居、智利黑岛聂鲁达故居等。

这里我们主要介绍李白故里、鲁迅故居、赛珍珠故居、老舍故居、沈从文故居、但丁故居、歌德故居、莎士比亚故居、雨果故居、泰戈尔故居和聂鲁达故居。

1. 诗仙的家——李白故里

李白，字太白，号青莲居士，唐代著名诗人，也是我国文学史上继屈原之后又一位伟大的浪漫主义诗人，素有"诗仙"之称。李白写有《秋浦歌》《梦游天姥吟留别》《蜀道难》《行路难》《古风》《答王十二寒夜独酌有怀》等著名诗篇。

李白的故里位于四川省江油市青莲镇（即李白故里风景名胜区），青莲镇左有通口河环绕，右有涪江环抱，在唐代就是古绵州的重要城镇，直至清代，这里仍是水运发达的商贸重镇。青莲镇是李白青少年时期生活的地方，蕴含着深厚的历史文化内涵，是我国现今反映李白文化最完整的地方。李白故里风景名胜区内有太白祠、陇西院、粉竹楼、名贤祠、衣冠墓、洗墨地、太白碑林等历史悠久的文物景点，可以让游人追寻诗人的遗迹，了解李白出生、成长的故事，体会1000多年前诗人当初辞亲远游、仗剑去国的冲天壮志；漫坡古渡、红岩夜雨等遗址的动人传说，则会令人产生无尽遐想，流连忘返。

2. 中国伟大的文学家故居——鲁迅故居

鲁迅是我国现代伟大的文学家。他一生写了很多表现出爱国主义和彻底的民主主义思想特色的作品，包括《狂人日记》《呐喊》《坟》《热风》《彷徨》《野草》《朝花夕拾》《华盖集》《华盖集续编》《阿Q正传》等。

鲁迅故居（见图9-4）位于浙江省绍兴市，目前和百草园、三味书屋、鲁迅生平事迹陈列厅组成鲁迅纪念馆。这里是鲁迅童年和青少年时期成长、生活和学习的地方。室内陈设按当年原样摆放，不少家具和用品均是原物。百草园是周家原已荒芜的菜园，是童年鲁迅休憩和玩耍的乐园，现基本保持原样。三味书屋是清朝末年绍兴城内颇负盛名的一处私塾，鲁迅曾在此读书。鲁迅生平事迹陈列厅有大量实物、照片、手稿、书信、图表等展品，生动形象地再现了鲁迅一生的光辉业绩和由民主主义者转变为共产主义者的思想发展历程。

图9-4　绍兴鲁迅故居（中国）

3. 让西方世界了解中国的地方——赛珍珠故居

赛珍珠是现代美国著名女作家、1938年诺贝尔文学奖获得者。她在中国生活、学习、工作了近40年。

赛珍珠在我国一共有三处故居，它们分别位于安徽省宿州市、江苏省镇江市和南京市，其中江苏省镇江市赛珍珠故居（见图9-5）是目前保存较好的一处。这是一栋东印度式的两层青砖小楼，由一株株高大参天的法国梧桐掩映着，四周花木扶疏。她在这里度过了童年、少年和青年时代，她曾在这里陪伴、照顾病中的母亲，婚礼也是在楼前的小花园里举行的。这里目前的一切陈列都是按赛珍珠的回忆和笔下所描写的场景布置的。

南京市的赛珍珠故居则鲜为人知。它位于南京大学校园深处，是一座并不起眼的二层小楼。但就是在这栋普通的欧式风格的小楼里，赛珍珠开始了她的文学创作。她的处女作《放逐》和获得诺贝尔文学奖的《大地》都创作于此。

图9-5　赛珍珠故居（中国）

4. 中国"人民的艺术家"创作的地方——老舍故居

老舍，原名舒庆春，字舍予。中国现当代著名作家。他生在北京，长在北京，写了一辈子北京，一生写了约计800万字的作品。主要著作有：《骆驼祥子》《四世同堂》《鼓书艺人》《月牙儿》《龙须沟》《茶馆》等。

老舍故居（见图9-6）位于北京市东城区丰富胡同19号，是一个比较小的庭院，约有400平方米，小院是典型的二进三合院风格，大门坐西朝东。进入二进门有一块很少见的五彩木影壁，影壁中间贴着一个"福"字，是老舍夫人著名画家胡絜青的亲笔。院中有两棵柿树是老舍夫妇1953年亲手种下的，因此，这个小院被人们亲切地称为"丹柿小院"。老舍故居有正房三间，明房和西次间为客厅，东次间是老舍夫人的卧室兼画室。老舍在这里度过了生命中的最后16年，写下了《方珍珠》《龙须沟》《茶馆》等24部著作。西耳房是老舍自己选的卧室兼书房，他

图9-6 老舍故居（中国）

曾说这是全院中最静的地方，现在这里悬挂着一幅老舍夫人的牡丹，另一幅是老舍夫人年老时为悼念老舍先生所作的《甲子感怀》。

5. 中国浪漫主义乡土文学开始的地方——沈从文故居

沈从文，原名沈岳焕，是我国著名的文学家、历史学家、文物专家。他的文学作品被英、美、日、法、瑞士等几十个国家翻译，如《边城》《湘西》《中国古代服饰研究》等。他的作品风格趋向浪漫主义，在国内外有重大影响。

沈从文故居（见图9-7）建于清同治五年（1866），位于湖南省湘西凤凰古城中营街10号。沈从文故居是一座南方典型的古四合院建筑，分前后两进，中有方块红石铺成的天井，正房、厢房、前室大小共10余间。房屋系穿斗式木结构，马头墙装饰的鳌头，镂花的门窗，小巧别致，古色古香。整座建筑清静典雅，具有浓郁的湘

图9-7 沈从文故居（中国）

西明清建筑特色。1902年沈从文出生在这里,并在这里度过了他的童年。沈从文故居里陈列有沈从文先生的遗墨、遗稿、遗物和遗像等,这里现已成为凤凰古城最吸引人的人文景观之一。

6. 文艺复兴运动先驱者的诞生地——但丁故居

欧洲文艺复兴运动的发源地——意大利的佛罗伦萨,是一个大师巨匠辈出的地方,这其中就包括被恩格斯称为"中世纪的最后一位诗人,同时又是新时代的最初一位诗人"的但丁。佛罗伦萨是一座历史名城,作为文艺复兴的象征,从它13世纪的大教堂中就可以看到它那600年来非凡的艺术魅力:圣玛利亚大教堂的建造是文艺复兴建筑诞生的标志,乌菲奇美术馆、皮蒂宫是欧洲著名的艺术宝库。1982年,佛罗伦萨历史中心被列入《世界遗产名录》。

但丁故居位于市政广场东边的一条小巷里,是一座砖石结构的三层小楼,与周围的建筑相比显得古朴而宁静。但丁故居的展室里有来自久远年代的羊皮纸装订而成的《新生》《神曲》等诗作的珍贵手稿。墙上挂着的油画中最引人注目的是《但丁与贝雅特丽齐邂逅》。这幅画所描绘的美丽动人的故事就发生在阿尔诺河的老桥上,这座典雅的廊桥因为见证了但丁那段美好的初恋而出名。正是这段感情成就了但丁的早年诗作《新生》。在二楼展柜里,展出有1302年3月佛罗伦萨法庭的一张对但丁的判决书,是为历史的铁证。1302年,但丁因反对教皇及其在佛罗伦萨的追随者而被判决流放。流放期间,但丁大多数时间都寄居于拉韦纳,并在那里完成了《神曲》的写作。如今,世界各地的仰慕者都会到佛罗伦萨追寻但丁的足迹,缅怀这位伟大的诗人。

7. "魏玛的孔夫子"居住的地方——歌德故居

歌德出生于德国南部的法兰克福市,1770年4月起在斯特拉斯堡大学上学,并在这里完成他的《少年维特之烦恼》和《浮士德》初稿。

歌德另一处著名的故居位于德国东部的历史文化名城魏玛,1998年古典之城魏玛被列入《世界遗产名录》,1999年又继雅典、巴黎之后,成为"欧洲文化之都"。歌德故居位于老城区,是一幢杏黄色巴洛克风格的三层楼房。二楼的会客室是歌德接待客人的地方,室内有一台光亮醒目的三角钢琴,为当年歌德和来访的席勒、黑格尔、克拉拉·舒曼等一起举行"音乐沙龙"时所弹奏的乐器。后面的房间为歌德的卧室和工作室,在工作室里,歌德完成了他的最后一部名著,即与《荷马史诗》、但丁的《神曲》和莎士比亚的《哈姆雷特》并称为"欧洲文学四大名著"的《浮士德》。

8. 英国戏剧大师和诗人的出生地——莎士比亚故居

威廉·莎士比亚的故居位于英国中部埃文河畔的小镇斯特拉特福。这是一座二层木架构的简单老式乡屋,1874年重建后依然保持着原始的都铎式风格。走进故居,可见有莎士比亚父亲、手套制造商及羊毛商约翰的文物，包括未完成的作品及原料；还有壁炉、长椅、圆桌、烛台、木床、绘画、纺织品等珍贵的早期家具、家居物品，莎士比亚故居的起居室如图9-8所示。在莎士比亚出生的房间有扇橱窗整齐地镶嵌着一些玻璃或黑色的石板，上面刻着曾经的来访者们（如狄更斯、爱默生等这样的知名人物）的留言。

莎士比亚于1564年4月23日出生于斯特拉特福，年轻时他前往伦敦，在伦敦进行了文学写作，创作出了如《哈姆雷特》《罗密欧与朱丽叶》等传世佳作，成为文艺复兴时期欧洲文学最杰出的代表，马克思称他为"人类最伟大的天才之一"。晚年的莎士比亚又回到了斯特拉特福，与他的家人共享天伦之乐，直到1616年去世。之后，斯特拉特福便成为纪念这位英国最伟大剧作家的文学圣地和全世界文学爱好者的朝圣之所。

图9-8　莎士比亚故居起居室（英国）

9. 浪漫主义文学运动领袖的故居——雨果故居

法国著名作家雨果是19世纪前期积极浪漫主义文学的代表作家，他一生中写过多部诗歌、小说、剧本，以及各种散文、文艺评论和政论文章，在法国及全世界有着广泛的影响力。他的主要著作有《巴黎圣母院》《悲惨世界》《笑面人》等。

雨果在巴黎的故居位于市中心孚日广场6号，他于1833—1848年在此居住，许多作品也在这里写成。这幢建筑物为三层加一层阁楼，故居内存放有雨果的画像、雕塑、照片和家庭的纪念品，雨果的手稿和书信，以及他亲手绘制的家人肖像和亲手制作的木雕家具等物。宽敞的客厅四壁皆装饰以红绸，故有"红客厅"之称，这里曾是一代作家们的聚会之处，如维尼、大仲马、巴尔扎克等都是这里的常客。雨果故居中还有一间名为"中国饭厅"的房间，里面全是按照中国风格布置的。

10. 东方文学泰斗的故居——泰戈尔故居

泰戈尔故居位于印度加尔各答泰戈尔国际大学的一座大院里。这是一座英式三层楼房，故居的大门内便是画室，里面陈列着泰戈尔晚年所绘的三十几幅水彩画和粉笔画。泰戈尔的重要诗作有诗集《故事诗集》《新月集》《飞鸟集》等，中长篇小说有《沉船》等，1913年，他因英文版《吉檀迦利》而获得诺贝尔文学奖。泰戈尔还是一位音乐家，他的画室后面即是音乐室，他在这里写下了许多歌曲。

泰戈尔是一位多才多艺多产的杰出文学家和艺术家，他的创作鲜明地反映了在英国殖民统治之下的印度人民的反帝反封建的爱国热情，为近代的孟加拉语文学和印度文学的发展做出了巨大的贡献。泰戈尔不仅深受印度人民的热爱，而且在世界上享有很高的声誉。

11. 拉美伟大诗人的住所——聂鲁达故居

聂鲁达是智利著名诗人、外交家，1971年诺贝尔文学奖获得者。聂鲁达在智利有三处故居，分别在他出生的城市帕拉尔、智利首都圣地亚哥和濒临太平洋的海滨小城黑岛。"黑岛"原只是聂鲁达故居的名字，此处面向大海，风景优美，由于对面海中有个小岛呈黑色，所以聂鲁达就把他的寓所称为"黑岛"，这栋由他亲自设计施工的两层小楼是他最喜欢的住处，他在这里度过晚年并直到生命结束。如今，黑岛早已成为这座小城的名字，成为南太平洋岸边一个著名的旅游景点。

位于黑岛的聂鲁达故居傍山而建，分为厨房、餐厅、会客室、卧室、家庭酒吧、书房等。故居内摆满了具有异国风情的艺术品，如锡兰的水罐、波利尼西亚的面具、意大利的音乐匣、墨西哥的油画、中国的唐三彩、法国的海螺等。从楼顶上聂鲁达写作的圆形小阁楼向下俯视，诗人的故居就像停泊在大海上的一条航船。聂鲁达在这里写下了许多不朽的诗篇，如著名的《黑岛纪事》等。聂鲁达的其他代表作品有《二十首情诗和一支绝望的歌》《西班牙在我心中》《诗歌总集》等，《诗歌总集》被誉为一部拉丁美洲的史诗。在他故居院后临海的山坡上，是他与妻子马蒂尔德合葬的墓地，黑色大理石墓碑上刻着他俩的名字和生卒年月。

四、艺术家故居

艺术家是指具有较高的审美能力和娴熟的创造技巧，并从事各种形式的艺术（如建筑、工艺、绘画、雕塑、音乐、舞蹈、戏剧、电影等）创作且有一定成就的艺术工作者。艺术家具有较高的思想修养、良好的艺术修养、发达的审美感受能力、创造性的想象力、丰富的情感、娴熟的艺术表现技巧和高尚的道德品格，他们在所创造出来的艺术作品中以生动丰满的艺术形象反映客观世界和现实生活，表现自己的认识、情感、思想、价值观念、审美感受和审美理想，满足欣赏者的审美需求，并让欣赏者通过艺术欣赏活动获得对于自然、社会、历史和人生的认识，得到心灵的净化和慰藉、精神的激励和鼓舞、道德情操的教育和陶冶、情趣品位的形成和提高，指引他们追求真理、善良和美，潜移默化地引起他们思想情感、人生态度、价值观念和行为方式的深刻变化，进而作用于社会实践，影响社会经济文化的发展和制度的变革。游览艺术家故居，可以感受到艺术家们的艺术魅力，享受别样的人文气息。

我国著名的艺术家故居有：云南省玉溪市聂耳故居、北京市西城区跨车胡同齐白石故居、北京市西城区护国寺街梅兰芳故居、江苏省宜兴市徐悲鸿故居、浙江省桐乡市石门镇丰子恺故居等。

外国著名的艺术家故居有：德国波恩贝多芬故居，德国茨维考舒曼故居，德国魏玛李斯特故居，瑞士琉森瓦格纳故居，奥地利维也纳莫扎特故居、海顿故居、舒伯特故居、施特劳斯故居，波兰热拉佐瓦·沃拉肖邦故居，捷克布拉格德沃夏克故居，俄罗斯科林柴可夫斯基故居，俄罗斯列宾诺·列宾故居，意大利佛罗伦萨和法国克洛吕斯堡达·芬奇故居，法国巴黎吉维尼莫奈故居。

以下选择其中部分艺术家故居做简要介绍。

1. 中西合璧的绘画大师的家——徐悲鸿故居

徐悲鸿是兼采中西艺术之长的现代绘画大师，中国现代美术事业的奠基者，杰出的画家和美术教育家，主要作品有《松鹰图》《五骏图》《愚公移山》《珍妮小姐画像》等。他的画融古今中外技法于一体而又有其独特风格。马是徐悲鸿先生一生中最爱描绘的题材。他画的奔马，笔墨淋漓潇洒，带着时代的风雷驰骋在画坛上，给当时的中国画坛带来了清新、有力、刚劲的气息。

江苏省宜兴市徐悲鸿故居，位于屺亭桥塘河西侧的亦园，为砖木结构三开间阁楼房屋，故居包括徐悲鸿原生活起居间、弟妹生活间、书房及一个天井，堂屋有铜铸徐悲鸿头像。徐悲鸿故居内常年陈列着徐悲鸿生平介绍、历史图片、有关徐悲鸿生平艺术的书籍、徐悲鸿使用过的物品及其不同历史时期的书画作品等。此外，故居内还陈列有徐悲鸿的学生及许多当代著名书画家（如吴作人等）的书画作品。

2. "乐圣"的住所——贝多芬故居

贝多芬故居（见图9-9）位于贝多芬出生的德国波恩市波恩巷20号。这是一幢简朴的三层巴洛克风格小楼，在展厅里可以看到贝多芬最早公演的证明——1778年3月26日在科隆公演的海报，还可以看到贝多芬在波恩时所演奏的重音提琴、管风琴等。墙壁上，有为数众多的音乐家的剪影，如贝多芬的老师莫扎特、海顿等。纪念馆内还展示着贝多芬的乐谱手稿，其中

图9-9　贝多芬故居（德国）

包括交响乐第6号作品《田园》、钢琴奏鸣曲《月光》等。贝多芬故居顶层的小阁楼即贝多芬诞生的房间。贝多芬的作品集古典音乐之大成，开浪漫主义音乐之先声，他的《英雄》交响曲充满了激情，第九部交响曲取材于德国诗人席勒的《欢乐颂》，如今已经成为

欧盟的盟歌。贝多芬被后人称为有史以来最伟大的交响曲作家。

贝多芬晚年频繁迁居，他曾在有"多瑙河的女神"之称、同样也是欧洲古典音乐中心的奥地利首都维也纳留下了很多足迹。1802年，贝多芬在"哈利根施塔特小屋"立下了遗嘱，即《哈利根施塔特遗嘱》，这封并未寄出的信的原件如今仍然完好地被保存。1803—1804年贝多芬在"英雄小屋"写下了著名的同名交响曲。1804—1815年，贝多芬又曾多次居住在一个叫作"帕斯克拉蒂小屋"的地方。在那里，他经历了创作的鼎盛期，第五、六、七、八部交响曲，第四钢琴协奏曲和歌剧《菲德里奥》都是在那里完成的。

3. 多才多艺的艺术家居住地——达·芬奇故居

达·芬奇诞生于意大利佛罗伦萨附近的芬奇镇，童年和青少年时期他都住在那里。文艺复兴时期，佛罗伦萨成为真正的人文艺术中心，达·芬奇在这里认识了米开朗琪罗和拉斐尔，并与他们一起奠定了以后西方艺术的方向。三人中尤以达·芬奇最为突出，恩格斯称他是"巨人中的巨人"。壁画《最后的晚餐》、祭坛画《岩间圣母》和肖像画《蒙娜丽莎》是达·芬奇一生的三大杰作，是整个欧洲艺术的拱顶之石，是他为世界艺术宝库留下的珍品中的珍品。

达·芬奇在法国还有故居，即杜尔城克洛吕斯堡。杜尔位于法国中部卢瓦尔河流域，这一带被称为"法兰西庭院"，是最具有法国特色的地区。卢瓦尔河畔的古堡区拥有众多文艺复兴时期浪漫的古堡。2000年，卢瓦尔河畔的叙利和沙洛讷之间的卢瓦尔河谷被列入《世界遗产名录》。达·芬奇的最后住所——克洛吕斯堡，是砖石结构的宅第，宅内有卧室、厨房、工作间、文艺复兴风格的大厅及礼拜堂等。达·芬奇在该城堡度过了生命中的最后三年。城堡附属的公园则展现了大师艺术与科学上众多超前的创作，在这座知识的公园里，人们可以在达·芬奇的世界中自由漫步。

4. 印象派开山祖师的家——莫奈故居

法国印象派著名画家克劳德·莫奈的故居位于法国巴黎以西的吉维尼镇，这里被誉为"艺术家们不远万里的朝拜圣地、印象画派最重要最完美的作品"。莫奈故居是一栋乡村式二层建筑，灰瓦屋顶、粉红外墙嵌以绿色门窗。屋内陈列的生活和绘画用品，保持了莫奈在1926年12月5日离世时的场景，色彩鲜明如画，每个房间都有自己的风格和故事。主人常在这里和友人聚会，这里至今还保存着他亲自设计的招待罗丹等好友们的菜单。庭院里花海缤纷、翠竹夹道、池塘精巧，有日式小桥、睡莲垂柳、木船水草，具有融合东方幽雅和法兰西浪漫的风情。

莫奈在吉维尼租下了这座房子后这里的美丽景色给了他丰富的创作灵感。1889年，他和罗丹联手举办了一个展览，印象主义从此诞生，这个称谓就是来自他当时的画作《印象·日出》。晚年的莫奈全身心倾注于庭院里的"仙女池"和睡莲，1897—1926年，他倾注几十年的心血,创作了最辉煌壮美的长卷式巨作——《睡莲》。莫奈晚年把《睡莲》系列画赠送给了国家。罗曼·罗兰说:"莫奈的艺术是一个国家和一个时代的光荣。"

五、科学家故居

科学家给自然以秩序,就如同思想家给历史以秩序、政治家给社会以秩序、艺术家给精神以秩序。科学家具有丰富的、专业的科学知识,他们在科学实践的基础上,通过严密的逻辑论证和推理,总结出关于客观世界各种事物、现象的本质及其运动规律,形成一定的知识体系并不断创新和发展,作为人们改造世界的指南,并转化为先进的物质技术力量,从而推动全人类文明的进步和发展。科学家们从事科学研究,发现和研究科学问题并得出科研成果,受到人们的敬仰和喜爱,也吸引着人们追寻和缅怀他们曾经居住、生活、学习和做科研的地方。

我国著名的科学家故居有:河南省南阳市石桥镇张衡故居、湖南省耒阳市蔡伦故居、湖北省英山县毕昇故居、河北省涞水县祖冲之故居、江苏省镇江市沈括故居、湖北省蕲春县蕲州镇李时珍故居、北京市海淀区李四光故居、浙江省绍兴市上虞区竺可桢故居、江苏省镇江华罗庚故居、安徽省安庆市邓稼先故居等。

外国著名的科学家故居有:意大利比萨伽利略故居,德国雷根斯堡开普勒故居,法国巴黎笛卡尔故居,英国伍尔索普牛顿故居、伦敦达尔文故居,德国汉诺威莱布尼茨故居、德国格丁根高斯故居,瑞典卡尔斯库加诺贝尔故居,俄罗斯圣彼得堡门捷列夫故居,加拿大布兰特福德贝尔故居,瑞士伯尔尼和美国新泽西州爱因斯坦故居,波兰华沙居里夫人故居。

以下选择其中部分科学家故居做简要介绍。

1. 成就《梦溪笔谈》的地方——沈括故居

在我国北宋时期,有一位博学多才、成就显著的科学家,他就是沈括——我国历史上最卓越的科学家之一。沈括故居(见图9-10)位于江苏省镇江市梦溪园巷,是沈括晚年居住的地方。在这里,他写成了科学巨著《梦溪笔谈》,在这部巨著中,他详细记载了劳动人民在科学技术方面的卓越贡献和他自己的研究成果,反映了我国古代特别是北宋时期自然科学达到的辉煌成就。《梦溪笔谈》不仅是我国古代的艺术宝库,而且在世界文化史上也占有重要的地位。

现在的梦溪园共有两幢建筑,前幢为清代修建的硬山顶平瓦房,坐东朝西,当中设正门入园,门

图9-10 江苏省镇江市沈括故居(中国)

上方嵌有茅以升题写的"梦溪园"大理石横额；后幢为清式厅房，坐北朝南，内有沈括全身坐像和文字图片、模型、实物等，展现了沈括在天文、地理、数学、化学、物理、生物、地质、医学等方面的科研成就。室内两对抱柱上的对联是对沈括一生的高度概括和评价。

2. 万有引力发现者的居所——牛顿故居

牛顿故居（见图9-11）位于英国林肯郡伍尔索普，在这里可以看到优美的乡村风光，体验到纯朴的乡村民风。牛顿故居坐东面西，灰白色的石头建筑颇为高大，屋顶上覆着黑瓦，坡度很大。牛顿故居前面分两层，共七扇窗户，不对称地分布着。大门紧靠中间的窗户，门楣上的装饰是一对交叉的骸骨，它的左右上方是两道醒目的拉长的"S"字。参观者必须从后面登上石阶先上二层。

牛顿故居门前至今仍生长着那棵著名的苹果树（见图9-12），就在这棵苹果树下，牛顿领悟到万有引力。恩格斯说："牛顿由于发现了万有引力定律而创立了科学的天文学；由于进行了光的分解，而创立了科学的光学；由于创立了二项式定理和无限理论而创立了科学的数学；由于认识了力的本质，而创立了科学的力学。"所以，作为英国乃至世界伟大的科学家，牛顿对人类的贡献是巨大的。现在，这棵苹果树的下方立着一方绿色的铜质徽章，为伊丽莎白女王颁发的保护令。全英国受到这等保护的名树不到50株。而对于科学家而言，这应该是世间最为神圣和神奇之树。

图9-11 牛顿故居（英国）

图9-12 牛顿故居前的苹果树（英国）

3. 进化论奠基者的居住地——达尔文故居

英国科学家查尔斯·达尔文的故居（见图9-13）位于伦敦市，也是《物种起源》的诞生地。1831年，达尔文乘坐贝格尔号远洋船环球考察，到达1978年被列入《世界遗产名录》的加拉帕戈斯群岛，那里的生物多样性和独特性使他得到启发，从而为他进化论的

图9-13 达尔文故居（英国）

形成奠定了基础。1842年，达尔文考察回来时将伦敦这座白色石砌的3层楼房以及楼后大片的草地和花园买下来，全家搬迁至此。之后达尔文将住宅进行了扩建，在花园中亲手种了一小片树林，还在那里喂养过牛羊等家畜，以此研究动植物的生长情况，发展并论证了他的"进化论"。他在这里生活了近40年，提出了进化论学说，1882年在此逝世。现在达尔文故居里的布置仍是达尔文生前的样子，室内的很多物品都是达尔文当年用过的。故居里还介绍了达尔文的进化论，并展出了达尔文的各种著作的最初版本、大量的手稿和书信，以及与达尔文有关的文献资料等。

4. 20世纪最伟大的物理学家的故居——爱因斯坦故居

爱因斯坦在瑞士首都伯尔尼城的故居位于克拉姆街，是爱因斯坦1902—1909年的旅居之地，1905年他在此提出了著名的相对论。这是一座典型的欧洲式民居，房屋的顶端塑有一头栩栩如生的大熊——伯尔尼的城徽，楼下是一间咖啡馆，终年宾客如云，楼上便是爱因斯坦当年的起居室。故居内展示有爱因斯坦当年来到伯尔尼所登的求职广告、在工作和科研之余为调节生活所拉的小提琴，以及其他许多珍贵物品。

爱因斯坦晚年的栖身地位于美国新泽西州普林斯顿。普林斯顿之所以闻名于世界，是因为这里有普林斯顿大学以及曾经在此居住过许多灿若星辰的大学者们，爱因斯坦就是其中最闪亮的一位。爱因斯坦的居所是一幢白色木结构的小楼，掩映在树木之中。他经常在普林斯顿这些老房子之间漫步，或者坐在自己的办公室里研究统一场论的数学工具。爱因斯坦说过："对我最好的纪念，就是保持房屋原来的用途——供人居住。"这是一种朴素而伟大的思想。

六、故事中人物的故居

1.《罗密欧与朱丽叶》中女主人公的居所——朱丽叶故居

朱丽叶故居位于意大利维罗纳市中心距西尼奥里广场不远的卡佩罗路23号。维罗纳为意大利历史上一座重要的城市,2000年被列入《世界遗产名录》,城内至今仍保存着许多古罗马时代、中世纪及文艺复兴时期的经典建筑,如著名的圆形竞技场、圣泽诺大教堂等。但维罗纳最为世人瞩目的原因在于这里是莎士比亚名著《罗密欧与朱丽叶》的爱情悲剧诞生的地方。

朱丽叶故居是一幢建于13世纪的古老建筑,拥有典型中世纪的高墙大院、圆形拱门,院落和建筑古朴而典雅。朱丽叶故居共有三层,有一间正房和两间厢房,朱丽叶的阳台(见图9-14)位于二层,曾是她与罗密欧约会的地方。如今,阳台下的墙壁上到处都是来自世界各地游客的签名和倾诉爱情的文字。故居中另一个引人注目的就是伫立在庭院中央的朱丽叶全身铜像(见图9-15),她微微低着头,左手微曲,右手轻轻提起罗裙,亭亭玉立,婀娜多姿,她那凄美与哀怨的双眼注视着远方,仿佛是在等待着罗密欧的赴约。

图9-14 朱丽叶的阳台(意大利)

图9-15 朱丽叶全身铜像(意大利)

2. 世界最著名侦探的办公地点——福尔摩斯故居

福尔摩斯是英国杰出侦探小说家、戏剧家柯南·道尔小说集《福尔摩斯探案集》中的主人公,虽然是个想象出来的人物,却有无数人愿意相信他真实地存在着。福尔摩斯利用他那令人难以置信的观察、推理和破案能力,侦查案件从未失手,经他侦查过的重要案件有"血字的研究""四签名"等。

福尔摩斯故居博物馆（见图9-16）位于伦敦贝克街221号，是福尔摩斯的办公地点，从外观到内部都完全按照《福尔摩斯探案集》中的描述进行布置。《福尔摩斯探案集》中的房东"赫德森太太"，身着维多利亚时代的服装在门口处亲自售票。走进福尔摩斯故居博物馆，在书房的桌上可以看到福尔摩斯的帽子和樱桃烟斗，角落里有小提琴和放烟草用的波斯拖鞋。福尔摩斯办案用的工具和做试验用的药品一如往常地"忘了收拾"而堆在书桌上，笔记本上还有主人"刚刚留下"的潦草笔迹。卧室也是完全按照福尔摩斯迷们所熟知的书中情节来设置的，丝毫都不走样。此外，这里还有书中人物的蜡像，有福尔摩斯先生、华生医生等。走进福尔摩斯故居，就仿佛进入福尔摩斯的真实侦探世界。

图9-16　福尔摩斯故居博物馆（英国）

思考与练习

1. 简述名人故居的人文价值和旅游价值。
2. 试述我国著名的名人故居在旅游文化中的地位和意义。
3. 简述鲁迅故居的特征及其文化意义。
4. 简述莎士比亚故居在世界旅游文化中的意义。
5. 简述牛顿故居的主要特征及其在科考旅游中的意义。
6. 简述达尔文故居的特征及其在科考旅游中的意义。

第十章　南极旅游文化

南极洲是最后一个被发现的大陆，那里是寒冷严酷的冰雪世界，有不可思议的神奇动物，有摄人心魄的绝色美景，是远离人类文明的净土。纯净、遥远、神秘，曾是人们对南极的想象。但随着现代科技的发展，南极已不再遥不可及。南极因其纯净而成为世人所向往的旅游目的地。

第一节　概　　述

南极洲是人类最后到达的大陆，也叫"第七大陆"。南极是根据地球旋转方式确定的最南点，它通常表示地理上的南极区域，有一个固定的位置。按照国际上通行的概念，南极是指南纬60°以南的地区，是南大洋及其岛屿和南极大陆的总称。南极大陆（见图10-1）是指南极洲除周围岛屿以外的陆地，是世界上发现最晚的大陆，它孤独地位于地球的最南端。南极大陆95％以上的面积被厚度极高的冰雪所覆盖，素有"白色大陆"之称。

图10-1　南极大陆

第十章 南极旅游文化

南极洲分东南极洲和西南极洲两部分。东南极洲从西经30°向东延伸到东经170°，包括科茨地、毛德皇后地、恩德比地、威尔克斯地、乔治五世海岸、维多利亚地、南极高原和极点。西南极洲位于西经50°到西经160°之间，包括南极半岛、亚历山大岛、埃尔斯沃思地及伯德地（玛丽·伯德地）等。南极洲仅有一些来自其他大陆的科学考察人员和捕鲸队，无定居居民。

南极特殊的地理位置和极端的自然环境，造就了原始恢宏的自然景观和千奇百态的动植物世界，如晶莹的冰山、浮冰，绚丽珍奇的极光、极夜，在其他陆地上罕见的地吹雪、白化天气，可爱的企鹅、海豹、磷虾、地衣等南极动植物。

一、历史

公元2世纪，克罗狄斯·托勒密在绘制的南半球地图上设想了一片未发现地。1538年地图学家墨卡托将其命名为"南方大陆"。18世纪70年代以前，都没有人到过那里。18世纪下半叶至19世纪末，很多探险家驾船寻找南方大陆。1772—1775年，库克船长展开探索，此次虽未发现南极大陆，但却是人类首次进入南极圈。此后，一些猎取海豹的猎人来到南极洲，他们可能就是最早到达南极的人。据记载，人类最早证实看见南极洲可认定发生在1820年，英国人爱德华·布兰斯菲尔德、美国人纳撒尼尔·帕尔默、俄国人冯·别林斯高晋先后于1820年1月30日、1820年11月18日和1821年1月10日发现了南极大陆。1902年，罗伯特·斯科特率领英国探险队前往南极，创造了到达南纬82°17′的纪录。挪威极地探险家罗尔德·阿蒙森的探险队乘着船舰"前进号"，自罗斯冰架鲸湾基地启程，于1911年12月14日登上海伯格冰川，是人类首次抵达地理南极。从1958年6月起，阿根廷、澳大利亚、比利时、智利、法国、日本、新西兰、挪威、南非、美国、英国、苏联12国代表经过60多次会议，在1959年12月1日签订了《南极条约》（1961年6月23日生效）。《南极条约》规定：南极洲只用于和平目的，禁止在南极洲采取任何军事性质的措施，包括核爆炸、处理放射性尘埃。此后，《南极条约》协商国又于1964年签订了《保护南极动植物议定措施》，1972年签订了《保护南极海豹公约》，1980年签订了《保护南极海洋生物资源会议最后文件》。1983年5月9日中国正式加入《南极条约》。

目前，南极洲仍然保留着人类探险活动所留下的遗迹——那些生锈的设备、积雪覆盖的建筑、废弃的船只等。

二、自然奇观

极光：极光是南北极地区特有的一种大气发光现象。极光是常常出现于纬度靠近地磁极地区上空大气中的彩色发光现象。极光一般呈带状、弧状、幕状、放射状，这些形状有时稳定，有时产生连续性变化。在北半球观察到的极光称北极光，在南半球观察到的极光称南极光，经常出现极光的地方是南北纬度67°附近的两个环带状区域，五彩缤纷、变幻莫测的极光被视为自然界中最漂亮的奇观之一。

南极死光：科学家已证实它与极光无关，南极死光是一种异常的天气现象，是南极洲的自然奇观之一。由于极地上空云层密度小，含水汽少，吸收阳光的能力较弱，所以当南极的阳光透过阴沉的天空照射到冰雪覆盖的地面时，光线在冰雪与低云之间来回反射，从而产生一种类似于万花筒的"镜筒效应"。经过"镜筒"来回多次反射，便产生一种令人眼花缭乱的乳白色光线，天空、地面、海洋和周围的冰雪全达到同一亮度，这会令人失去方向感。死光会使周围的景观突然全部"消失"，无论远处的洋面、冰山，还是近处的海岸、雪原，以至于帐篷、旗帜等都会无影无踪，到处是白茫茫的一片，形成乳白天空。死光是极地探险家、科学家和极地飞行器的一个大敌。遇到死光，即便是有经验的极地考察者也很难逃脱厄运，正在滑雪的滑雪者会突然摔倒，正在行驶的车辆会突然翻车，正在飞行的飞机会失去控制而坠机。

死亡冰柱：死亡冰柱是一种发生在地球两极海底的自然现象。当海水温度降低到一定程度后，海水中的盐分被析出，海水发生结冰现象，并呈柱状向海底延伸，所到之处，海洋生物被冻死，这一现象被称为死亡冰柱。

更让人惊奇的是，在南极考察的科学家们发现，在一座巨大的漂浮的冰山上面，有许多冰雕，这些冰雕全是巨型的，高约50米，有巨大的人像，还有海豚、海狮、企鹅等多种动物的造型。

三、生物资源

据英国《每日邮报》报道，科学家2008年12月1日宣布，世界首份有关南极洲海洋与陆地动物的目录已经公布，这里有1224种新物种，其中绝大多数是在海洋中发现的，而且大部分都生活在海底。

南极企鹅：南极企鹅是南极大陆最有代表性的动物，被视为南极的象征。南极企鹅分布广泛，但其主要群落大多生活在南纬45°～南纬55°地区。在南极高纬度地区，常见的有阿德利企鹅、帝企鹅、帽带企鹅。在气候较温和的南极大陆周围的岛屿上，常见的有帝企鹅、跳岩企鹅、马卡罗尼企鹅等。

南极海豹：海豹生活在南极沿海及其附近的海冰，以及亚南极岛屿上。海豹的游泳速度很快，且能潜水。但因为海豹需要呼吸空气，因而不能一直待在水下，大多数种类的海豹生活在水面附近，以磷虾、鱼、乌贼为食。

南极蓝鲸：南极蓝鲸最大体长33.58米，为目前所知世界上最大的动物。20世纪上半叶，一些国家的船队到南极附近海域大量捕杀蓝鲸，总数达到325000～360000头，使蓝鲸的数量大为减少。

南极海域的特色之一是浮游生物如甲壳动物丰富，其中磷虾的蕴藏量就有10亿吨。

南极洲的许多岛上还生活着一些鸟类，包括雪鹱、信天翁、燕鸥等。

南极大陆上现存植物主要是地衣、苔藓、伞状菌等。南极大陆上仅有一些微生物和少数无脊椎动物生存于植物丛、地衣和泥沼中。

四、矿产资源

南极洲地域辽阔，有丰富的矿产资源，主要有煤、石油、天然气、钼、铀、铁、锰、铜、铅、锌、金、银等220多种。南极洲的有色金属主要分布在西南极洲的安第斯成矿区，含南极半岛、埃尔斯沃思地、伯德地。

南极的石油和天然气主要分布在南极大陆的沿海大陆架地区和西南极大陆。南极地区还蕴藏着风能、波浪（或潮汐）能和地热能等能源。南极有世界上最大的铁矿储藏地区之一，南极大陆的铁矿蕴藏丰富，含铁品位高，有"南极铁山"之称，据说可供世界开发利用200年。南极有世界上最大的煤田之一，南极大陆煤层广泛分布于南极山脉地区，储藏量约达5000亿吨。

第二节 自然地理

南极洲被横贯的南极山脉分成东西两部分。这两部分在地理和地质上差别很大，东南极洲是由冈瓦纳古陆分离而来，西南极洲主要包括由火山岩组成的中、新代岛弧褶皱山系。南极是世界上唯一一个有陆地的极地。南极洲平均海拔达2440米，是世界上平均海拔最高的一个洲，最高点文森山海拔5140米。

南极洲位于地球最南端，几乎都在南极圈内，四周濒临太平洋、印度洋和大西洋，是世界上地理纬度最高的一个洲。南极洲总面积1366.1万平方千米，由围绕南极的大陆、陆缘冰和岛屿组成，其中大陆面积1190万平方千米，陆缘冰面积156.8万平方千米，岛屿面积19.3万平方千米。南极洲素有"寒极"之称，仅有冬、夏两季之分。沿海地区夏季月平均气温为0℃左右，冬季月平均气温为零下20℃～零下30℃；内陆地区夏季月平均气温为零下20℃～零下40℃，冬季月平均气温为零下40℃～零下70℃。南极大陆因其淡水资源以永久固态方式存在，气候异常干燥，高原地区年平均降水量为50毫米，沿海地区年平均降水量为500毫米。

南极洲边缘海有属于南太平洋的别林斯高晋海、罗斯海、阿蒙森海和属于南大西洋的威德尔海等。南极洲主要岛屿有奥克兰群岛、布韦岛、南设得兰群岛、南奥克尼群岛、阿德莱德岛、亚历山大岛、彼得一世岛、南乔治亚岛、爱德华王子群岛、南桑威奇群岛等。

第三节　南极考察站

南极洲是世界上唯一没有污染的大陆。南极洲原始的自然环境为科学家进行气象、冰川、地质、海洋、生物等学科的科学研究提供了最广阔的天然实验室。到目前为止，已经有30多个国家在南极建立了150多个科学考察站（见图10-2）。这些考察站根据功能大体可分为常年科学考察站、夏季科学考察站、无人自动观测站三类。其中，常年科学考察站有50多个，夏季科学考察站有100多个。中国的南极长城站、中山站和秦岭站都是常年科学考察站。从各国南极科学考察站的分布来看，大多数国家的南极考察站都建在南极大陆沿岸和海岛的露岩区。只有美国、俄罗斯和日本在南极内陆冰原上建立了常年科学考察站。

图10-2　南极科学考察站

1985年2月，中国考察队在西南极洲南极半岛尖端附近的乔治王岛建成了中国南极长城站，并在水文、气象和生物学方面对南极洲及其附近的南大洋进行了科学考察。1989年2月，中国科学工作者又在东南极洲拉斯曼丘陵地区建立了中国南极中山站。2009年1月，南极内陆上的中国南极昆仑站正式落成，这是我国首个南极内陆夏季考察站，位于南极内陆冰盖最高点冰穹A附近。冰穹A地区还是南极地质研究最具挑战意义的地方。2014年2月，我国于东南极洲冰盖伊丽莎白公主地建成泰山站，这是我国第二个南极内陆考察站。2024年2月，我国在南极建立了第五个考察站——秦岭站，这填补了中国在南极罗斯海区域的考察空白。

第四节　南极旅游

南极旅游业开始于20世纪50年代末。在此后的半个多世纪中，南极旅游呈稳步发展趋势，游客人数明显上升，游览线路日渐成熟，交通方式逐步固定，多国经营者合作模式不断完善。据国际南极旅游组织协会的数据统计，人类去过南极的累计约有30万人次，除科学考察人员，南极旅游人数近20万人次。国外的南极旅游早在20世纪五六十年代就已经起步。由于获利丰厚，一时间阿根廷、智利、西班牙、意大利、新西兰、德国、美国、俄罗

第十章 ◎ 南极旅游文化

斯、加拿大等多个国家的旅游公司，都纷纷租船开展南极旅游活动。中国的南极旅游业起步很晚，近年来随着智利、阿根廷等南美国家成为我国的旅游目的地，我国一些旅游企业和民间团体才开始经南美延伸至南极旅游。

每年的11月到次年的3月属于南极的夏季，气候相对温暖，人类只能在这一时段踏上这片土地。南极没有城市和村庄，只有巨大的冰层以及未知的荒野。大部分游客会选择跟随一艘游轮参观南极，主要旅行线路是从阿根廷的乌斯怀亚或者智利的蓬塔阿雷纳斯开始，许多南极旅游线路都包括福克兰群岛、南乔治亚岛、南桑威奇群岛以及南极半岛。如果时间不充足或者不想穿越德雷克海峡，游人可以直接飞往南设得兰群岛，欣赏冰山、企鹅、鲸鱼、海豹等。

20世纪80—90年代的南极游客大部分是中老年人。他们基本在游轮上观光，偶尔在几个固定点上岸，看看野生动物、历史遗迹或仅仅是访问一两个科学考察站。但如今，旅游项目日渐多元化，除观光外，还有涵盖各类极地活动（如南极高空跳伞、滑水橇、潜水等极富挑战性的活动）的探险旅游。

目前，南极旅游的产品可分为两大类：一类是能够乘船登陆的，游客乘飞机到达南美洲，在智利、阿根廷等国的港口乘坐破冰船，有不同的线路穿越前往南极大陆边缘；另外一类是乘坐巨型游轮，不登陆，以"路过"方式观看南极风光，价格相对便宜。除此以外，还有南极点深度游、飞机直接登陆南极大陆等形式。南极风光如图10-3、图10-4所示。

图10-3　南极风光（1）

图10-4　南极风光（2）

亿万年来，因为人迹罕至，南极洲成为地球上最后一块未被开发的"处女大陆"。然而，至静至净的南极环境，正在面临威胁，因为近年来兴起的南极深度旅游探险项目正在影响着南极的各个角落。极地旅游不可避免地成为最新的旅游热点，南极洲日渐盛行

245

的"极地之旅"加剧了全球变暖。每一位造访者都爱护这里的生态环境是保持极地旅游可持续发展的重要前提。

思考与练习

1. 简述南极洲的地理特征。
2. 南极的自然奇观有哪些？它们的主要特征是什么？
3. 简述南极洲生物资源的特征。
4. 简述南极洲的矿产资源。
5. 试述南极考察站及其对科学考察的意义。
6. 简述南极旅游业的发展历史和现状。

第十一章 世界遗产

世界遗产是指具有突出价值的文化与自然遗产，既是大自然和人类留下的最珍贵的遗产，也是全人类的共同财富。世界遗产分为自然遗产、文化遗产、文化和自然双重遗产，其中部分世界遗产同时属于文化景观遗产。世界遗产是人类历史、文化与文明的象征。

20世纪70年代，随着《保护世界文化和自然遗产公约》（以下简称《公约》）的产生，世界旅游进入一个多元化的新时期。世界遗产旅游作为各国新的旅游产品，极大地促进了旅游业的发展。世界遗产旅游以其独特的魅力为国际旅游业开创了新契机，世界遗产旅游作为可持续发展的一种旅游形式，不仅最大限度地满足了人们寻幽访古和感受自然的愿望，而且还促进了全球性文化交流。

世界遗产是文化与自然的产物，是人类历史、文化与文明的象征，代表着最有价值的人文景观和自然景观，是人类共同的宝贵财富。世界遗产具有科学价值、美学价值、历史文化价值和旅游价值。世界遗产所具有的丰富内涵是社会科学和自然科学取之不尽、用之不竭的知识源泉。

世界遗产具有无可替代的独特价值。文化遗产能反映出文化多样化的重要性，包括艺术创新、科学发现和技术发明；文化遗产能反映出文化的多元性，体现在风格各异的历史名城、建筑群、文物、名胜古迹、考古遗址等上。这些优秀的文化遗产具有艺术创新、科学发现和技术发明等特点，是人类智慧的结晶。

自然遗产反映出的动植物种群的多样性，对于动植物的生存发展，特别是对于保护濒危动植物种群的栖息地，具有重要的意义和价值。自然遗产对于研究生命起源、地球科学、生态系统、生物多样性，以及人类与自然和谐、可持续发展具有重要的意义。

世界遗产不仅可以带动地区的旅游、经济、社会等的发展，更是科研和教育的基地，是探究人类智慧、文明轨迹和自然奥秘的知识源泉。世界遗产的主要价值体现在科学、教育、文化、美学、旅游等方面。利用世界遗产进行科学考察和传播历史文化知识是其价值的真正体现。

第一节 世界遗产的产生、发展及现状

20世纪初，人们在埃及阿斯旺建起大坝时，努比亚遗址就一直面临着被水淹没的危险。20世纪50年代，埃及政府决定重建阿斯旺高坝，控制尼罗河洪水，为国家提供水力发电。按照这个计划，如不采取相关保护措施，努比亚遗址将永远长埋于尼罗河水面下，而遗址中的阿布·辛拜勒神庙是古埃及文明的宝贵财富。1959年，应埃及和苏丹两国政府的要求，联合国教科文组织发起了一个国际保护行动，争取到50个国家的支持，筹集了8000万美元，最终将阿布·辛拜勒神庙和菲莱神庙完整切割，迁至安全地带并重新组合。这表明了国际合作共同保护杰出的世界遗产的重要性。这次成功的国际合作最终促使了《公约》的诞生。《公约》的宗旨是促进各国和各民族之间的合作，为保护世界遗产做出积极的贡献。1976年，为落实《公约》的各项规定，联合国教科文组织成立了世界遗产委员会。1977年，世界遗产委员会公布了第一批世界遗产（共12项）。

人类创造了辉煌的物质文明和精神文明，但随着世界范围内工业化进程的加速，它们受到了严重的威胁。为了保护人类共同的宝贵财富，1972年11月，联合国教科文组织在巴黎通过了《公约》，对文化遗产和自然遗产的标准作了明确规定，同时还确定了实施《公约》的指导方针。这个《公约》是联合国教科文组织在全球范围内制定和实施的一项具有广泛和深远影响的国际准则和文件。《公约》的主要任务之一是确定世界范围内的文化遗产与自然遗产，以便国际社会将它们作为人类共同遗产加以保护。

世界遗产具有明确的定义和供会员国（缔约国）提名及世界遗产委员会审批遵循的标准。关于文化遗产和自然遗产的定义和标准，《公约》和《实施〈世界遗产公约〉操作指南》（以下简称《指南》）都做了详细的阐述。

自《公约》通过以来，截至2024年7月21日—31日在印度首都新德里召开的第46届世界遗产大会，全球被世界遗产委员会批准的世界遗产有1223项，其中文化遗产有952项，自然遗产有231项，文化和自然双重遗产有40项，这些世界遗产分布在168个缔约国中。

世界遗产标志是一个外部圆形、中心方形的图标，象征着世界文化遗产与自然遗产及其相互关系。标志中心的正方形代表人类创造，外部的圆圈代表大自然的创造；两者密切相连，表明了人类与自然的和谐关系。整个标志呈圆形，既象征全世界，也象征对世界遗产的保护。

世界遗产标志是由米歇尔·奥里弗设计的，于1978年在第2届世界遗产委员大会上被采纳。

第二节 世界遗产的定义

世界遗产分为文化遗产、自然遗产、文化和自然双重遗产，其中部分世界遗产同时属于文化景观遗产。此外，为了保护不是以物质形态存在的人类遗产，世界遗产委员会还公布了非物质文化遗产名单。

一、文化遗产

1. 文化遗产的定义

文化遗产是指具有突出的历史学、考古学、美学、科学、人类学、艺术价值的文物、建筑物、遗址等。

《公约》对世界文化遗产的定义如下：

（1）文物：从历史、艺术或科学角度看，具有突出的普遍价值的建筑物、碑雕和碑画，具有考古性质的成分或结构、铭文、窟洞以及联合体。

（2）建筑群：从历史、艺术或科学角度看，在建筑式样、分布均匀或与环境景色结合方面具有突出的普遍价值的单个或相互联系的建筑群。

（3）遗址：从历史、美学、人种学或人类学角度看，具有突出的普遍价值的人造工程、自然与人工结合的工程以及考古遗址地区。

2. 文化遗产的遴选标准

由世界遗产委员会制定的《指南》对文化遗产规定了6项标准。凡提名《世界遗产名录》的文化遗产项目，必须符合其中一项或几项标准方可获得批准。

2005年2月2日联合国教科文组织世界遗产委员会发布的新版本《指南》中，将文化遗产的6条遴选标准和自然遗产的4条遴选标准整合为一体。新版本《指南》保留了文化遗产的6条遴选标准的原来顺序，自然遗产的4条遴选标准顺序有所调整。具体的遴选标准如下：

（ⅰ）代表一种人类创造性的天才杰作。

（ⅱ）展示在一定时期内或世界某一文化区域内人类价值观的重要交流，对建筑或技术、古迹艺术、城镇规划或景观设计方面的发展产生重要影响。

（ⅲ）能为延续至今或业已消逝的文明或文化传统提供独特的或至少是特殊的见证。

（ⅳ）作为一种类型的建筑物、建筑或技术整体，或者景观的杰出范例，展示了人类历史上一个或几个重要阶段的景观。

（ⅴ）是传统人类居住地、土地使用或海洋开发的杰出范例，代表一种或几种文化或人类与环境的相互作用，特别是当它在不可逆转影响下已变得易于损坏时。

（vi）与具有特殊或普遍意义的事件、现行传统、思想、信仰、文学艺术作品有直接或实质的联系（只有在某些特殊情况下或该项标准与其他标准一起使用时才成立）。

二、自然遗产

地球是一切生命的源泉。人类的历史与地球的历史紧密相连。自然遗产本身就是各种生物物种和自然生态系统的资源宝库。自然遗产反映出的动植物种群的多样性，对于动植物的生存发展，特别是对于保护濒危动植物种群的栖息地具有重要意义和价值。自然遗产对于研究生命起源、地球科学、生态系统、生物多样性以及人类与自然和谐、可持续发展具有重要的意义。

1. 自然遗产的定义

自然遗产是指具有科学、保护或美学价值的地质、物质、生物结构、濒危动植物栖息地和自然资源保护区等。

《公约》对自然遗产的定义如下：

（1）从美学或科学角度看，具有突出的、普遍价值的由物质和生物结构或这类结构群组成的自然面貌。

（2）从科学或保护角度看，具有突出的、普遍价值的地质和自然地理结构以及明确划定的濒危动物和植物物种的生态区。

（3）从科学、保护或自然美角度看，具有突出的、普遍价值的天然名胜或明确划定的自然区域。

2. 自然遗产的遴选标准

2005年2月2日联合国教科文组织世界遗产委员会发布的新版本《指南》，对自然遗产的4条遴选标准顺序有所调整。具体的遴选标准如下：

（vii）包括最显著的自然现象或特殊的自然美景，具有美学价值的地区。

（viii）代表地球演化史中重要阶段的突出范例，包括生命记录、地形发展过程中所进行的重要地质过程，或具有重要的地貌或自然地理特征。

（ix）代表进化过程中所进行的重要生态和生物过程，以及陆地、淡水、沿海和海洋生态系统，植物和动物群落发展的突出范例。

（x）在生物多样性保护方面具有最重要意义的生物栖息地，从科学和保护角度看，包括那些含有突出的、普遍价值的濒危物种栖息地。

列入《世界遗产名录》的自然遗产项目必须符合上述一项或几项标准。

三、文化景观遗产

文化景观代表"自然与人类的共同作品"。对文化景观的遴选应基于它们自身突出的、普遍的价值，文化景观应具有地理-文化区域代表性，以及体现此类区域基本而独特的文化因素的能力。文化景观通常体现了持久使用的现代化技术，以及保持或提高景观自然价值的作用。

文化景观主要分为以下三类：

（1）由人类有意设计的建筑景观。这类景观包括出于美学原因建造的园林或公园景观，它们经常（但并不总是）与宗教或其他纪念性建筑物或建筑群有联系。

（2）有机进化的景观。它产生于最原始的社会、经济、行政以及宗教需要，并通过与周围自然环境相联系或相适应而发展到目前的形式。这一类具体又包括两种类别：一是残遗物（或化石）景观，代表过去某段时间已经完结的进化过程，不管是突发的还是渐进的。它们之所以具有突出的、普遍的价值，是因为其显著特点体现在实物上。二是持续性景观，它在当今与传统生活方式相联系的社会中，保持着积极的社会作用，而且其自身演变仍在进行之中，同时又是历史上演变发展的物证。

（3）关联性文化景观。这类景观被列入《世界遗产名录》主要是以它们与自然因素，强烈的宗教、艺术或文化相联系为特征，而不是以文化物证为特征的。

四、濒危遗产

并不是所有被列入《世界遗产名录》的遗产都得到了有效的保护，由于种种原因，有一些遗产正在遭受破坏，而这些遗产有必要得到特殊的关注与保护。设立《濒危世界遗产名录》的目的就是想把全世界的注意力吸引到那些《世界遗产名录》中已受到威胁的遗产上，呼吁国际社会为保护世界遗产贡献力量。

缔约国应当及时向世界遗产委员会通报本国遗产所受威胁情况。个人、非政府组织或者其他团体也可以提请世界遗产委员会关注世界遗产存在的威胁。如果这个警告被证实且问题严重，那么世界遗产委员会就要考虑将这个世界遗产列入《濒危世界遗产名录》。

世界遗产委员会制定《濒危世界遗产名录》的目的就是向国际社会提出警示，列入该名单的世界遗产受到威胁和破坏，必须采取保护措施，在联合国教科文组织和相关国际组织的合作下有效监管、保护遗产。一项世界遗产被列入《濒危世界遗产名录》是为了获得特别的保护。

根据《公约》，世界遗产面临的危险包括：① 蜕变加剧；② 大规模公共或私人工程开展；③ 城市或旅游业迅速发展造成的世界遗产消失威胁；④ 土地的使用变动或易主造成的破坏；⑤ 未知原因造成的重大变化；⑥ 随意抛弃；⑦ 武装冲突的爆发或威胁；⑧ 灾害和灾变，如严重火灾、地震、山崩、火山爆发、水位变动、洪水和海啸等。

存在以上某一种危险情况，某一遗产地就可能被列为濒危遗产，但并不是所有符合要求的遗产都会被列入《濒危世界遗产名录》。有的国家将其与本国的名誉和主权联系在一起，对本国某些面临上述危险的遗产只同意被列入《世界遗产名录》，不同意被列入《濒危世界遗产名录》；有的国家的主管机构或专家建议将自己无力有效管理的世界遗产列入《濒危世界遗产名录》，以促进本国公众和政府关注有关状况，改善世界遗产的管理条件。应当说，《濒危世界遗产名录》的确立，对各缔约国政府和公众确实有警示、督促和约束作用。一个国家的世界遗产被列为濒危遗产，其政治影响是不容低估的，对各遗产地管理机构和政府的压力也是不言而喻的。

2024年在印度首都新德里召开了第46届世界遗产大会，经过本届大会审议和更新后的濒危世界遗产总数为56项，包括非洲20项、亚洲21项、美洲7项、欧洲6项、大洋洲2项。

第三节　世界遗产组织的设立

联合国教科文组织的全称为：联合国教育、科学及文化组织。1945年11月在英国伦敦会议上，通过了教科文组织的《联合国教育、科学及文化组织组织法》。联合国教科文组织总部设在巴黎，宗旨是：通过教育、科学及文化来促进各国之间的合作，以增进对正义、法治及《联合国宪章》所确认的世界人民不分种族、性别、语言、宗教均享有的人权与自由的普遍尊重，对世界和平与安全做出贡献。

一、世界遗产委员会

1972年11月，联合国教科文组织在巴黎通过了《公约》。为了落实《公约》的各项规定，1976年11月，世界遗产委员会在内罗毕举行的第1届《公约》缔约国大会上正式成立。世界遗产委员会是联合国教科文组织的下设机构，负责《公约》的实施。

世界遗产委员会是一个政府间组织，由21个缔约国组成，负责《公约》的实施。世界遗产委员会每年在不同的国家举行一次世界遗产大会，主要决定哪些项目可以列入《世界遗产名录》，对已列入名录的世界遗产的保护工作进行监督指导。

世界遗产委员会承担以下四项主要任务：

（1）在挑选录入《世界遗产名录》的文化遗产和自然遗产时，负责对世界遗产的定义进行解释。在完成这项任务时，该委员会将得到国际古迹遗址理事会和世界自然保护联盟的帮助。这两个组织将仔细审查各缔约国对世界遗产的提名，并针对每一项提名写出评估报告。国际文物保护与修复研究中心也会对世界遗产委员会提出建议，如文化遗产方面的培训和文物保护技术方面的建议。

（2）审查世界遗产保护状况报告。当遗产得不到恰当的处理和保护时，世界遗产委员会可以让缔约国采取特别性保护措施。

（3）经过与有关缔约国协商，世界遗产委员会做出决定把濒危遗产列入《濒危世界遗产名录》。

（4）管理世界遗产基金。对为保护遗产而申请援助的国家给予技术援助或财力援助。

世界遗产委员会还设立了一项保护具有突出的、普遍价值的文化遗产和自然遗产基金——世界遗产基金，其来源包括：缔约国义务捐款和自愿捐款；其他国家、联合国教科文组织、联合国系统其他组织、其他政府间组织、公共或私立机构或个人的捐款、赠款或遗赠；基金款项所得利息；募捐的资金和为本基金组织的活动收入；基金条例所认可的所有其他资金。对世界遗产基金的捐款不得带有政治条件，在不影响任何自愿补充捐款的情况下，缔约国每两年定期向世界遗产基金纳款。

联合国教科文组织还专门设置了世界遗产中心，又称为"公约执行秘书处"。该中心协助缔约国具体执行《公约》，向世界遗产委员会提出建议，执行世界遗产委员会的决定。

世界遗产委员会为了提高考察、评审、监测、技术援助等工作的水平，还特别约请了三个国际上权威的专业机构——世界自然保护联盟、国际古迹遗址理事会、国际文物保护与修复研究中心，作为其专业咨询机构。凡有关遗产的考察、评审、监测、技术培训、财政与技术援助等均由这几个机构派出专家予以帮助。

二、世界自然保护联盟

世界自然保护联盟是世界上规模最大、历史最悠久的全球性非营利环保机构，也是自然环境保护与可持续发展领域唯一作为联合国大会永久观察员的国际组织，主要负责自然遗产方面的工作。该组织成立于1948年，总部设在瑞士格兰德，主要任务是促进和鼓励人类对自然资源的保护与永续利用。

三、国际古迹遗址理事会

国际古迹遗址理事会主要负责文化遗产方面的工作。该组织成立于1965年，总部设在法国巴黎，是国际上唯一从事文化遗产保护理论、方法、科学技巧运用和推广研究的非政府国际机构。

四、国际文物保护与修复研究中心

国际文物保护与修复研究中心主要负责文化遗产方面的技术培训、研究、宣传工作，同时也为专家服务。该组织成立于1956年，总部设在意大利罗马，是国际上文化遗产领域从事培训、专家服务、文献资料与研究的专门机构。

第四节　世界遗产的申报和评定

一、世界遗产的申报

一个国家一旦签署了《公约》，成为缔约国，并保证对本国文化遗产与自然遗产进行保护，就可以开始将本国遗产进行提名申报，由该国政府将提名申报呈交给联合国教科文组织。

一个国家必须决定提名哪些遗产地，这个筛选过程往往被称为识别。《公约》要求各缔约国先将各自具有突出的、普遍价值的遗产地列出。然后，各缔约国将经筛选可能成为世界遗产的暂定名单呈报世界遗产中心。当一个缔约国决定把某地提名为世界遗产时，该国必须填写专门的提名表格。特别要提及的是，各缔约国必须按照世界遗产委员会制定的标准，说明为什么某地独具重要性而应列入《世界遗产名录》，而且还要说明该地目前的保护和管理状况，最好能提供该地与其他同类遗产的比较分析情况报告。至此，文化遗产申报文件将被提交至国际古迹遗址理事会评审，自然遗产申报文件将被提交至世界自然保护联盟评审，文化和自然双重遗产申报文件将被同时提交至以上两个组织。接着国际古迹遗址理事会和世界自然保护联盟派遣专家分别对申报国所申报遗产地进行现场考察和评估，并提交考察和评估报告，并向世界遗产委员会推荐，世界遗产委员会最终做出该遗产地是否入选的决定。

根据《指南》，《世界遗产名录》中遗产地的内容包括：① 遗产的辨认；② 遗产描述；③ 列入理由；④ 保护状况和影响因素；⑤ 保护和管理情况；⑥ 监测情况；⑦ 文件；⑧ 负责机构的联系信息；⑨ 缔约国代表签名。其中每一项都包括许多细则。

二、世界遗产的评定

世界遗产的评定标准主要是《公约》第一、第二条规定，以及《指南》中对文化遗产与自然遗产的规定。遗产地要列入《世界遗产名录》，必须经过严格的考核和审批程序。

每年举行一次的世界遗产大会，对申请列入《世界遗产名录》的遗产地进行审批，主要依据是世界遗产委员会此前委托有关专家对各国提名遗产地的实地考察、评估报告。

关于世界遗产的评定也有一些限制条例，"凯恩斯决定"是2000年在澳大利亚凯恩斯召开的第24届世界遗产大会上形成的，其核心内容是：限制已有较多世界遗产的缔约国申报，一国一年只能申报一项；没有世界遗产项目的缔约国每年可申报2~3项。时隔4年之后，包括我国在内的许多国家的专家都认为，这一决定并不能有效地形成世界遗产战略所期望的世界遗产具有代表性和平衡性，它不利于更多世界遗产的保护。2004年，第28届世界遗产委员大会通过"苏州决定"，将缔约国原先规定的每年只能申报一项世界遗产的"凯恩斯决定"修改为：从2006年起，一个缔约国每年可最多申报两项世界遗产，其中至少有一项是自然遗产。"苏州决定"还规定，自2006年起，世界遗产委员会每年受理的新申报项目从此前的30个增加到45个，包括往届会议推迟审议的项目、扩展项目、跨国联合申报项目和紧急申报项目。"苏州决定"也指出，这一修订仍然是一个"试验性和过渡性"的措施。

第五节　世界遗产发展趋势

1. 保护公约

自《公约》诞生和世界遗产组织成立以来，世界各国和各地区成功地保护了一大批世界著名的文化遗产和自然遗产，为人类文明史保留下众多弥足珍贵的财富，促进了世界遗产地的科学研究与文化交流，推动了全球旅游业的迅速发展。

2. 世界遗产名录

1978年，世界遗产委员会公布了第一批共12项世界遗产，从此在全球范围内世界遗产保护进入一个多元化的新时期。截至2024年7月21日—31日召开的第46届世界遗产委员大会，全球被世界遗产委员会列入《世界遗产名录》的世界遗产有1223项，其中文化遗产有952项，自然遗产有231项，文化和自然双重遗产有40项，这些世界遗产分布在168个缔约国中。

3. 全球战略

1994年，世界遗产委员会发布了"全球战略"，旨在建立一个具有代表性的、平衡的、可信的《世界遗产名录》。它的目标是保证《世界遗产名录》反映具有突出的、普遍价值的世界文化遗产和自然遗产的多样性。

2002年，世界遗产委员会在匈牙利布达佩斯召开的第26届世界遗产大会上通过了《关于世界遗产的布达佩斯宣言》，提出增强《世界遗产名录》的可信性，保证对世界遗产的有效保护，推进各缔约国有效的能力建设，以及通过宣传以增强大众对世界遗产的认识、参与和支持，即所谓的"4C"战略目标：可信性（Credibility）、保护（Conservation）、能力建设（Capacity-building）和交流（Communication）。

2005年2月，《指南》明确提出构建具有代表性、平衡性、可信性的《世界遗产名

录》全球战略。

2006年10月，世界遗产委员会发表了《联合国教科文组织世界遗产中心自然遗产战略》，对自然遗产的任务、战略方向和工作方法进行了论述。此外，该战略还突出反映了自然遗产事业所取得的成就。

2007年，第31届世界遗产大会将社会参与（Communities）作为战略目标之一，最终形成"5C"战略目标。

4. 申遗趋势

世界遗产的平衡性发展已成为国际社会关注的焦点，世界遗产委员会大力提倡、鼓励遗产种类的丰富多样化。平衡性包括地区的平衡、国家遗产增长数量的平衡、遗产种类的平衡。在文化遗产中，工业遗产、农业遗产、廊道遗产、文化线路、文化景观、海洋遗产、跨国项目等成为世界遗产领域提倡并重点支持的项目。此外，现代遗产等逐渐列入世界遗产成为新的趋势。跨区域捆绑型申报方式是突破世界遗产申报瓶颈的创新手段。申遗战略认识上的多元化，具体体现在扩展申遗、联合申遗、跨国申遗等方面。

5. 遗产保护

2007年，在第31届世界遗产大会上世界遗产委员会将阿曼的阿拉伯羚羊保护区从《世界遗产名录》中除名。2009年，在第33届世界遗产大会上世界遗产委员会将德国的德累斯顿易北河谷从《世界遗产名录》中除名。这改变了《世界遗产名录》只增不减的状况，彰显了世界遗产委员会对世界遗产保护和管理的决心、力度。

近年来，数字技术、生物多样性保护技术、古建筑维护技术、环境污染防治技术在遗产资源保护和管理中发挥着重要的作用。人们应运用现代科学技术保护世界遗产，注重科学和技术的应用。2011—2021年，联合国教科文组织国际自然与文化遗产空间技术中心发起"自然与文化遗产空间观测与认知"科学计划，以建立全球自然与文化遗产空间影像数据库、高时相高精度动态分析典型自然与文化遗产演变、全球变化与自然灾害对世界遗产的影响研究等为主要内容，从空间角度为全球自然与文化遗产监测、保护提供科学的方法与决策支持。

全球的世界遗产保护正在向多元化、科技化和综合化方向发展。世界遗产可持续发展多元化目标具体体现在以下几个方面。

（1）科学目标：世界文化遗产具有艺术创新、科学发现和技术发明等特点，是人类智慧的结晶。自然遗产对于研究生命起源、地球科学、生态系统、生物多样性，以及人类与自然和谐可持续发展具有重要的意义。

（2）教育目标：世界遗产是社会科学和自然科学取之不尽、用之不竭的知识源泉，开发其教育功能将会极大地丰富各学科的教学资源。

（3）文化目标：作为文化遗产的世界遗产反映出了文化的多元性，这体现在风格各异的历史名城、古村落、园林、皇家陵寝、考古遗址、工业遗产、农业遗址等类型上。这些优秀的文化遗产是人类创造力和智慧的结晶，是人类文明与进步的象征。世界遗产促进了人类全球性文化交流。

（4）旅游目标：世界遗产旅游不仅可以大大推动旅游产业的发展，而且可以带动国家和地区经济的发展。空前高涨的世界遗产旅游已给旅游业带来了前所未有的经济效益，世界遗产旅游在旅游业中将发挥越来越重要的作用，它必将推动全球旅游业的快速发展。

第六节　我国的世界遗产

我国作为一个历史悠久和文化灿烂的国家，拥有众多的名胜古迹、雄伟的古代建筑、壮观的名山奇峰、纵横交错的河流，文化遗产与自然遗产资源极其丰富，众多的世界遗产是中华民族的历史、文化与文明的象征。

我国于1985年加入《公约》成为缔约国后，1987年拥有了第一批世界遗产，其中文化遗产5项：周口店北京人遗址、长城、北京故宫、敦煌莫高窟、秦始皇陵；文化和自然双重遗产1项，即泰山。截至2024年7月第46届世界遗产大会，我国已有59项遗产地被列入《世界遗产名录》，其中文化遗产40项（含文化景观遗产5项），自然遗产15项，文化和自然双重遗产4项。

我国是拥有世界遗产类别最齐全的国家之一，包括文化遗产、自然遗产、文化和自然双重遗产。我国的世界遗产涉及内容颇为广泛，古人类遗址（周口店北京人遗址）、皇宫（北京和沈阳明清故宫）、皇家园林（北京颐和园、承德避暑山庄及周围寺庙）、古城遗址（元上都遗址）、皇家陵寝［秦始皇陵（秦始皇兵马俑见图11-1）、明清皇家陵寝］、皇家祭坛（北京天坛）、古代城市规划传统（北京中轴线——中国理想都城秩序的杰作）、古墓葬［高句丽王陵（见图11-2）、其他王陵和贵族墓葬］、防御工程（长城）、古典园

图11-1　秦始皇兵马俑（中国）

图11-2　高句丽王陵（中国）

林（苏州古典园林）、古城（平遥古城、丽江古城、澳门历史城区、泉州——宋元中国的世界海洋商贸中心）、古村落（皖南古村落——西递和宏村、福建土楼、开平碉楼和古村落）、考古遗址〔殷墟（见图11-3）、土司遗址、良渚古城遗址〕、古建筑群（武当山古建筑群，拉萨布达拉宫，登封"天地之中"历史建筑群，曲阜孔庙、孔林和孔府）、古建筑和水利工程（青城山和都江堰灌溉系统）、洞窟和石刻（敦煌莫高窟、大足石刻、龙门石窟、云冈石窟）、文化线路（大运河、丝绸之路：长安—天山廊道路网）、文化景观〔庐山国家公园、五台山（见图11-4）、杭州西湖文化景观、红河哈尼梯田文化景观、左江花山岩画艺术文化景观〕、古茶林景观（普洱景迈山古茶林文化景观）、历史国际社区（鼓浪屿历史国际社区）、地质景观（云南三江并流保护区、中国南方喀斯特、中国丹霞、澄江化石遗址）、风景名胜区和自然保护区（九寨沟风景名胜区、武陵源风景名胜区、黄龙风景名胜区、三清山国家公园、新疆天山、湖北神农架、青海可可西里、梵净山、巴丹吉林沙漠—沙山湖泊群）、生物保护区〔四川大熊猫栖息地——卧龙山、四姑娘山和夹金山脉，中国黄海-渤海湾沿岸候鸟保护地（第一期）〕、文化和自然景观（泰山、黄山、峨眉山和乐山大佛、武夷山）。

图11-3　殷墟（中国）

图11-4　五台山（中国）

北京是世界上拥有世界遗产项目最多的城市。北京的长城、故宫、颐和园、天坛、周口店北京人遗址、明清皇家陵寝（十三陵）、大运河（通惠河北京旧城段、通惠河通州段等）、北京中轴线——中国理想都城秩序的杰作均已被列入《世界遗产名录》。

我国苏州九处园林作为"苏州古典园林"以文化遗产被列入《世界遗产名录》。"苏州古典园林"以其意境深远、构筑精致、艺术高雅、文化内涵丰富而成为具有历史价值、文化价值、艺术价值和科学价值的珍贵的世界文化遗产。

我国文化和自然双重遗产有4项，即泰山、黄山、峨眉山和乐山大佛、武夷山，在数量上与澳大利亚的文化和自然双重遗产持平，是世界上拥有文化和自然双重遗产最多的国家之一。

思考与练习

1. 通过《保护世界文化和自然遗产公约》的意义和目的是什么？
2. 世界遗产的定义是什么？文化遗产和自然遗产的含义、内容和特点分别是什么？
3. 举例说明文化景观在旅游文化中的意义。
4. 简述世界遗产的产生、发展和现状。
5. 简述世界遗产在旅游文化中的地位和意义。
6. 举例说明世界遗产对于旅游业发展的推动意义。
7. 简述我国的世界遗产数量、类别和分布特征。
8. 试述我国世界遗产的保护现状及在世界遗产旅游中的意义。

参 考 文 献

[1] 卞利. 江西婺源 [M]. 北京: 中国旅游出版社, 2005.

[2] 蔡宗德, 李文芬. 中国历史文化 [M]. 北京: 旅游教育出版社, 2001.

[3] 曹林娣. 中国园林文化 [M]. 北京: 中国建筑工业出版社, 2005.

[4] 曹诗图. 旅游文化与审美 [M]. 武汉: 武汉大学出版社, 2006.

[5] 晁华山. 世界遗产 [M]. 北京: 北京大学出版社, 2004.

[6] 车吉心. 走进名人故居 [M]. 济南: 山东画报出版社, 2003.

[7] 陈丹红. 南极旅游业的发展与中国应采取的对策的思考 [J]. 极地研究, 2012, 24(1): 70-76.

[8] 蒂姆·杰普森. 国家地理学会旅行家系列—意大利 [M]. 林晓琴, 译. 沈阳: 辽宁教育出版社, 2002.

[9] 方珊, 边国英, 王芊. 多维的视象——雕塑美 [M]. 石家庄: 河北少年儿童出版社, 2003.

[10] 方志远. 旅游文化概论 [M]. 广州: 华南理工大学出版社, 2005.

[11] 胡志翔. 世界文化名人图志: 诞生地·故居·墓地 [M]. 济南: 山东画报出版社, 2005.

[12] 华国梁. 中国旅游文化 [M]. 北京: 中国商业出版社, 2003.

[13] 李希凡, 谭霈生, 陈绶祥. 中国艺术: 下 [M]. 北京: 人民出版社, 2002.

[14] 李永文. 旅游地理学 [M]. 北京: 科学出版社, 2004.

[15] 刘红婴. 世界遗产精神 [M]. 北京: 华夏出版社, 2006.

[16] 刘红婴, 王健民. 世界遗产概论 [M]. 北京: 中国旅游出版社, 2003.

[17] 刘振礼, 王兵. 新编中国旅游地理 [M]. 天津: 南开大学出版社, 1996.

[18] 卢岚. 文街墨巷 [M]. 桂林: 广西师范大学出版社, 2006.

[19] 骆高远, 等. 旅游资源学 [M]. 杭州: 浙江大学出版社, 2006.

[20] 吕东亮, 姚晓华. 中国名人地图 [M]. 北京: 光明日报出版社, 2005.

[21] 马耀峰, 宋保平, 赵振斌. 旅游资源开发 [M]. 北京: 科学出版社, 2005.

[22] 麦克切尔. 文化旅游与文化遗产管理［M］. 朱路平, 译. 天津: 南开大学出版社, 2006.

[23] 牛宏宝. 形与色的魔幻——绘画美［M］. 石家庄: 河北少年儿童出版社, 2003.

[24] 潘宝明, 朱安平. 中国旅游文化［M］. 北京: 中国旅游出版社, 2001.

[25] 潘立勇. 人文旅游［M］. 杭州: 浙江大学出版社, 2005.

[26] 乔修业. 旅游美学［M］. 2版. 天津: 南开大学出版社, 2000.

[27] 沈祖祥. 旅游与中国文化［M］. 北京: 旅游教育出版社, 1996.

[28] 石应平. 中外民俗概论［M］. 成都: 四川大学出版社, 2002.

[29] 史蒂夫·戴维. 仙人指路——此生不可错过的人间天堂［M］. 黄尹, 译. 北京: 东方出版社, 2004.

[30] 苏勤. 旅游学概论［M］. 北京: 高等教育出版社, 2001.

[31] 孙克勤. 地质旅游［M］. 北京: 地质出版社, 2011.

[32] 孙克勤. 风情万种威尼斯［J］. 文化月刊, 2005 (10): 52-56.

[33] 孙克勤. 灵水村古民居［J］. 北京档案, 2005 (8): 46-48.

[34] 孙克勤. 魅力四射的佛罗伦萨［J］. 文化月刊, 2005 (11): 52-56.

[35] 孙克勤. 世界旅游地理［M］. 北京: 旅游教育出版社, 2008.

[36] 孙克勤. 世界文化与自然遗产概论［M］. 2版. 武汉: 中国地质大学出版社, 2012.

[37] 孙克勤. 世界遗产现状与进展［J］. 地理科学研究, 2012 (3): 45-55.

[38] 孙克勤. 世界遗产学［M］. 北京: 旅游教育出版社, 2008.

[39] 孙克勤. 维罗纳——永恒的爱情之城［J］. 文化月刊, 2005 (8): 58-63.

[40] 孙克勤. 驿路边城鸡鸣驿［J］. 中国城乡桥, 2006 (5): 51-55.

[41] 孙克勤. 中国的世界遗产保护与可持续发展研究［J］. 中国地质大学学报: 社会科学版, 2008, 8 (3): 36-40.

[42] 孙克勤, 宋官雅, 孙博. 探访京西古村落［M］. 北京: 中国画报出版社, 2006.

[43] 孙克勤, 孙博. 地球漫步——意大利［M］. 北京: 中国旅游出版社, 2005.

[44] 田卫平. 中国美术史［M］. 长沙: 湖南大学出版社, 2004.

[45] 王恩涌, 赵荣, 张小林, 等. 人文地理学［M］. 北京: 高等教育出版社, 2000.

[46] 王家斌, 王鹤. 中国雕塑史［M］. 天津: 天津人民出版社, 2005.

[47] 王玉成. 旅游文化概论［M］. 北京: 中国旅游出版社, 2005.

[48] 韦燕生. 中国旅游文化［M］. 北京: 旅游教育出版社, 2006.

[49] 乌丙安. 中国民俗学［M］. 沈阳: 辽宁大学出版社, 1985.

[50] 徐泉清, 孙志宏. 中国旅游地质［M］. 北京: 地质出版社, 1997.

[51] 杨滨章, 张杰, 李雷鹏. 旅游美学［M］. 哈尔滨: 东北林业大学出版社, 2002.

[52] 尹华光. 旅游文化 [M]. 北京: 高等教育出版社, 2003.

[53] 尹华光. 旅游文化学 [M]. 长沙: 湖南大学出版社, 2005.

[54] 俞孔坚. 理想景观探源——风水的文化意义 [M]. 北京: 商务印书馆, 1998.

[55] 喻学才. 旅游文化 [M]. 北京: 中国林业出版社, 2002.

[56] 翟文明. 话说中国——绘画 [M]. 北京: 中国和平出版社, 2006.

[57] 翟文明. 话说中国——民俗 [M]. 北京: 中国和平出版社, 2006.

[58] 翟文明. 话说中国——山川 [M]. 北京: 中国和平出版社, 2006.

[59] 翟文明. 话说中国——园林 [M]. 北京: 中国和平出版社, 2006.

[60] 张世满. 旅游与中外民俗 [M]. 天津: 南开大学出版社, 2002.

[61] 张文彦, 潘达. 胡同氤氲: 北京卷 [M]. 北京: 中国画报出版社, 2005.

[62] 章采烈. 中国园林特色旅游 [M]. 北京: 对外经济贸易大学出版社, 1997.

[63] 章海荣. 旅游文化学 [M]. 上海: 复旦大学出版社, 2004.

[64] 赵鸣, 张洁. 试论传统思想对我国寺庙园林布局的影响 [J]. 中国园林, 2004 (9): 66-68.

[65] 赵荣光, 夏太生. 中国旅游文化 [M]. 大连: 东北财经大学出版社, 2003.

[66] 赵朕, 赵叶, 鲁保中, 等. 少数民族的风情 [M]. 北京: 中国旅游出版社, 2006.

[67] 钟敬文. 民俗学概论 [M]. 上海: 上海文艺出版社, 1998.

[68] 周为. 相地合宜构园得体——古典园林的选址与立意 [J]. 中国园林, 2005 (4): 46-48.

[69] 周维权. 以画入园、因画成景——中国园林浅谈 [J]. 美术, 1981 (7): 45-49.

[70] 周斅源. 旅游文化 [M]. 杭州: 浙江大学出版社, 2005.